U0492803

本专著是国家社会科学基金“十四五”规划 2021 年度教育学一般课题“百年（1921-2021）中小学语文教科书的红色文化传承研究”（BHA210143）的阶段性成果。

罗 燕 著

理解与意义

语文教学的哲学诠释学研究

UNDERSTANDING AND SIGNIFICANCE

A Philosophical Hermeneutic Research on Chinese Teaching

社会科学文献出版社
SOCIAL SCIENCES ACADEMIC PRESS (CHINA)

摘要

关于语文教学意义的讨论是学术界长期争论的核心问题，其理论和观点莫衷一是。对语文教学意义的思考实际上就是对语文教学本质的追问。哲学诠释学（Hermeneutics）以理解为中心，深刻阐释了人的本质性存在，揭示了生活世界和生命世界的意义。本研究立足于语文教学论与哲学诠释学的结合点追问语文教学的意义与本质，对语文教学目标、语文教学内容、语文教学师生关系、语文教学方法等进行诠释学解读、现实审视和实践探讨，尝试对语文教学进行反思并期待获得某种超越的可能。

本书共分为六个部分：

第一章主要阐明了研究缘起、研究意义、国内外研究现状的述评、研究思路及方法、概念界定及可能的创新之处。

第二章回溯了哲学诠释学对语文教学的意蕴。哲学诠释学理论中的理解、对话等观点为教育研究提供了坚实的理论基础，为语文教学本质的解读提供了一个适切的理论视域，尤其是在“文本”“前理解”“语言”“情境”等方面两者有着相同的“血脉”。

第三章对哲学诠释学视域下的语文教学目标进行了价值定位，即语文教学的价值在于意义彰显。语文教学目标的哲学诠释学向度主要表现为言语生命意义的存续、生活意义的拓展、审美意义的涵育、文化意义的生成。语文教学实践中意义失落的主要表征有：语文教学之“知”的功利追逐、语文教学之“技”的精神失落、语文教学之“言”的诗意破碎、语文教学之

“意”的灵性禁锢。因此，在确定和达成语文教学目标时，必须凸显语文教学的理解性、体现语文教学的生成性、把握语文教学的关系性、重视语文教学的生活性。

第四章讨论了语文教学中的文本解读，即语文教学意义阐释。主要从语文文本理解的循环、前结构反思、合理性“偏见”、视域融合等维度进行了诠释学解读。审视当前语文教学实践，面临着诸多困境：师生述而不作的文本理解观、师生对文本召唤结构的罔顾、师生对文本的片面理解、师生对文本的过度阐释等。因此，遵循文本理解的历史性、注重文本理解的情境性、尊重文本理解的自主性、强调文本理解的创造性等是语文教学中为解构文本理解的单一性必须做出的行动抉择。

第五章探讨了语文教学中的师生对话，即师生对话是语文教学意义表达的方式。语文教学中的师生对话是一种关系性对话，旨在生命对生命的承领；是一种游戏性对话，旨在去除遮蔽、追求自由；是一种反思性对话，旨在促进师生成长、实现自我理解；是一种精神性对话，它以灵魂的转向、精神的回应为基本特征，旨在创生意义、实现自我超越。当前语文教学中，师生难以跨越“二元对立”的致思障碍，从而导致师生对话关系的疏离。这种疏离主要体现在单向度的教师独白、学生合理前见的悬置、师生对话内容的窄化、对话与精神建构的分离等方面。要弥合师生之间的这种关系，需要我们在语文教学过程中形成师生对话共同体、正确对待学生的前见、引入多元对话、创设师生对话的“边缘领域”。

第六章分析了语文教学方法中的体验，体验的过程即语文教学意义实现的过程。体验是语文教学方法的本体性追求，它的本体性特征主要表现为言语体验的实践性、审美体验的丰富性、生活体验的独特性。在语文教学实践中体验的缺失主要表现为以一己之言代替学生的言语体验、以逻辑分析代替学生的审美体验、以学科训练代替学生的生活体验。单纯采用讲解来进行语文教学，不仅会使语文内在的意义诉求落空，外在的语文能力也难以形成。因此，在语文教学中，学生需要生成自悟自创的言语体验、涵养澄怀味象的审美体验、丰富知行合一的生活体验。

综上所述，对语文教学的目标、内容、师生关系、方法等要素进行哲学诠释学解读的过程也是语文教学意义彰显、意义阐释、意义表达、意义实现的过程。

关键词： 哲学诠释学　语文教学　文本解读

Abstract

The discussion about the meaning of Chinese teaching is the core issue of the long-term debate in the academic world, and its theory and viewpoints are inconsistent. Thinking about the meaning of Chinese teaching is actually the questioning of the nature of Chinese teaching. The philosophical hermeneutics centers on understanding, profoundly explains the essential existence of human beings, and reveals the world of life and its meaning. Based on the combination of Chinese teaching theory and philosophical hermeneutics, this research pursues the meaning and essence of Chinese teaching, trying to reflect on Chinese teaching and look forward to some possibility of transcendence by interpreting and discussing the Chinese teaching objectives, Chinese teaching contents, Chinese teacher-student relationship, and Chinese teaching methods.

This paper is divided into six parts:

The first chapter mainly clarifies the origin and the significance of the research, the review status at home and abroad, its ideas and methods, the definitions as well as some possible innovations.

The second chapter traces back the meaning of philosophical hermeneutics to Chinese teaching. The understanding and dialogues in philosophical hermeneutics theory provide a solid theoretical foundation for education research and provide an appropriate theoretical perspective for the interpretation of the nature of Chinese teaching. In particular, the two have the same bloodline in terms of text, pre-understanding, language and situation.

The third chapter puts a value orientation on the goal of Chinese teaching in the perspective of philosophical hermeneutics, that is, the value of Chinese teaching lies in its significance. The philosophical hermeneutics of Chinese teaching objectives is mainly manifested in the meaning existence of speech life, the expansion of life meaning, the cultivation of aesthetic meaning, and the generation of cultural meaning. The main manifestations of the meaning loss in the practice of Chinese teaching are: the utilitarian pursuit of the knowledge of Chinese teaching, the spiritual loss of the technique of Chinese teaching, the poetic fragmentation of the speech of Chinese teaching, and the spiritual imprisonment of Chinese teaching meaning. Therefore, it is necessary to highlight comprehension, embodying generativeity, grasping relationship, and attaching importance to life in determining and achieving the goal of Chinese teaching.

The fourth chapter discusses the interpretation of texts in Chinese teaching, that is, the interpretation of Chinese teaching meaning. The Chinese texts are interpreted from the perspective of the understanding cycle of the Chinese texts, the reflection of the former structure, the bias of rationality, and the fusion of the horizon. Examining the current Chinese teaching practice, it faces many dilemmas: the textual view of teachers and students, the distraction of the textual summoning structure of teachers and students, the one-sided textual understanding of teachers and students, and the excessive textual interpretation of teachers and students. Therefore, following the historical understanding, the contextuality, the respected autonomy and the emphasized creativity of textual understanding are the action choices that must be made in deconstructing the unity of textual understanding in Chinese teaching.

The fifth chapter discusses the teacher-student dialogue in Chinese teaching, which is the way of expressing the meaning of Chinese teaching. As a kind of relationship dialogue, aiming at life's acceptance of life, Teacher-student dialogue in Chinese teaching is a game-oriented dialogue aiming at removing shadows and pursuing freedom, and a kind of reflective dialogue aiming at promoting teachers and students. Growing up and realizing self-understanding, it is a kind of spiritual dialogue based on the transformation of the soul and the spiritual response. It aims to create meaning and achieve self-transcendence. In the current Chinese teaching, it is difficult for teachers and students to overcome the obstacles of dual opposition, which leads to the alienation of the dialogue between teachers and students. This alienation is mainly reflected in the one-dimensional teacher monologue, the suspension of the students'reasonable foresight and the division, the narrowing of the dialogue, as well as the separation of dialogue and spiritual construction. To bridge this relationship between teachers and students, we need to form a teacher-student dialogue community in Chinese teaching, to treat students'foresight reasonably, to introduce more dialogue contents, and to create a marginal field for teacher-student dialogues.

The sixth chapter analyzes the experience in Chinese teaching methods, which is the process of realizing the meaning of Chinese teaching. Experience is the ontological pursuit of Chinese teaching methods. Its ontological characteristics are mainly manifested in: the practicality of speech experience, the expectation of aesthetic experience, and the uniqueness of life experience. The lack of experience in the practice of Chinese teaching is mainly reflected in the one's own words instead of the student's speech experience, to replace the student's aesthetic experience with the logical analysis, and replace the student's life experience with the discipline training. The simple use of explanations for language teaching will not only make the internal meaning of the language frustrated, but also the external language ability. Therefore, it is necessary to generate a verbal experience of self-enlightenment, to cultivate the aesthetic experience of cherishing the taste, and to enrich the life experience of knowing and doing.

In summary, the process of philosophical hermeneutic interpretation of the objectives, contents, teacher-student relationships, methods and other elements of Chinese teaching is also the process of highlighting, interpretation, expression and realization of the meaning of Chinese teaching.

Keywords: Philosophical Hermeneutics; Chinese Teaching; Understanding Meaning

目　录

第一章　导　论

"有两样东西，人们越是经常持久地对之凝神思索，它们就越是使内心充满常新而日增的惊奇和敬畏：我头上的星空和我心中的道德律。"①

——康德（I. Kant）

"头上的星空"和"心中的道德律"是康德在《实践理性批判》一书中提出的两大崇高原则。在康德看来，只有时刻保持对思辨理性和实践理性的批判，哲学才会一直保持它的魅力。事实上，任何一门学科的发展都离不开思辨理性和实践理性。它既需要人们仰望"头上的星空"，努力构筑心中美好的愿景，也需要人们洞察"心中的道德律"，牢牢把握理性反思的尺度。本研究以哲学诠释学为理论基础，对语文教学实践予以观照，寻求语文教学新发展的可能向度。

第一节　研究缘起

作为语文教学研究者，有两个问题一直在困扰着我：一是面对当前纷繁复杂的语文教学研究成果，我们如何跳出以往研究的视角，以一种新的思考视域

① 〔德〕康德：《实践理性批判》，邓晓芒译，人民出版社，2003。

来重拾语文教学话题；二是现实的语文教学生活不断促使我们去审视当下的教学现场，去思索真实的语文教学应是什么。基于对语文教学理论的思考和语文教学实践的考量，关于本文写作的具体缘起，主要从以下三个方面展开论述。

一　语文教学本质的深度探寻

对于语文教学本质的深度探寻是语文教学理论与教学实践发展的内在必然。国内外对语文教学本质的思考、对语文教学的不懈追问，一直以来都是语文教学理论研究中一个历久弥新的研究课题。检索有关语文教学本质的认识，研究成果较多，例如语文教学认识说、传递说、交往说[①]等。这些提法或观点犹如语文教学研究大观园中竞相开放的花朵，异彩纷呈。虽然这些成果均有其自圆其说的学理成分，但如果要做进一步追问的话，好像离真正的语文教学本质内涵还有一定的距离。

在以上众多的语文教学理论研究成果中，哲学似乎还未能成为研究者的一种自觉的视角。反思当前语文教学研究成果，广泛存在的本质主义的追问方式对语文教学研究造成了严重遮蔽。本质主义认为任何事物都存在一个唯一的本质，它注重的是对事物先在本质的探寻和追问，这种探寻和追问不可避免地造成了对现实生活中人的遗忘和淡漠，割裂了语文教学与社会历史、文化生活、生命体验的有机联系，掩盖了语文教学问题发生的真实境遇。

基于已有的关于语文教学本质研究的成果以及研究中出现的问题，如何肯定各种本质说的理论价值、历史地位和应有的合理性，更有效地分析、评价研究中存在的不足，揭示语文教学本质的真正内涵，依然是每一个语文教学研究者的责任和担当。哲学诠释学作为一门研究理解与意义的理论，与语文教学之间有着内在的关联。因此，本研究拟破除传统认识论的规约，从哲学诠释学的视角对语文教学进行诠释与思考，寻求语文教学本质和语文教学意义的回归。

① 李定仁、张广君：《教学本质问题的比较研究》，《华东师范大学学报》（教育科学版）1997年第3期。

二 语文教学实践变革的诉求

自1904年语文单独设科之后，语文教学就一直受到人们的极大关注。一百余年来，人们在充分感受、肯定语文教学所取得的成绩同时，更多的是在为语文教学“少慢差费”的现实感到担忧，现代语文教学在跌跌撞撞的摸索中走过了一段漫长的岁月。20世纪二三十年代人们对语文教学发出震耳欲聋的感慨，一致认为“中学生国文程度低落”；五六十年代人们一致批判语文“基础知识、基本能力”（简称双基）掌握不牢；70年代末吕叔湘先生又愤慨地责问语文教学中的“咄咄怪事”；一直到20世纪末，关于语文教学的大讨论直接成为语文新课改的导火索。可以说，现代语文教学一直处于水深火热之中无法逃离和回归。作为语文教学研究者，虽然能清醒地意识到这些批评难免有些片面化，但语文教学的发展令人担忧却也是摆在人们面前的事实，关于国民语文水平滑坡的负面评论依旧屡见不鲜。

2007年7月18日《人民日报》第11版发表了王蒙题为《学好汉语没有借口，某些教育形式令人费解》的文章：“我对语文教学持批评态度，是我从自己后辈当中碰到了呆板的教育带来的问题。我的小孙子写了篇作文，说自家的猫每天晚上自己出去，早上回来，是个‘独行侠’，被老师划了‘X’，比喻不当。依我的经验，猫确实不喜欢集体活动，说它是‘独行侠’，似无不可。还有一道选择题，要求选出与‘窗外有棵杨树’意思最接近的一句话，给出的三个选择是：一棵杨树长在窗外；窗外有一棵树，是杨树；从窗内看出去有棵杨树。我觉得都差不多，确实不会做了。”“祖先留给我们的汉语这么美，实在应该好好研究一下怎么传给子孙，而不是一门心思研究让孩子们摸不着头脑的‘标准答案’。”“语言是灵活的，很多时候并没有‘标准答案’，究竟应该怎么教孩子学好母语值得研究。”①

① 王蒙：《学好汉语没有借口，某些教育形式令人费解》，《人民日报》2007年7月18日。

2007~2008年，北大语文教育研究所所长温儒敏做过两次课改调查：一次被调查对象是北大中文系一年级两届近200名新生；一次是在各省所做，被调查的学生都是经历过课改的。两次调查的结论相当一致：对中学语文教学仍然不满乃至反感。①

2013年2月1日，《中国青年报》撰文《北大教授呼吁：救救语文教育》，北京大学张海霞教授因绝大多数学生文稿不通，痛心疾首地批评："这语文都怎么学的?""救救语文教育，救救我们的中华文化。""我们的语文教学真的是出大问题了……这是怎样的一个耻辱和溃败呀!"许多科研工作者撰文附议。②

面对当前语文教学的种种困境，我们不禁要问：这样的国民语文水平能适应信息时代发展的需要吗？语文教学的问题究竟出在什么地方？语文教育从古典到现代转型，历经一个多世纪变革，一次又一次的语文课改，始终未能达到理想的水平，其中的原因究竟是什么？

通过对大量语文教学案例的分析和教学现场的观摩，我们发现受功利主义的影响，语文教学实践过于追求语文教学问题的确定答案，使语文教学变成了单纯追求知识的认知过程，在一定程度上导致语文教学意义世界的失真。主要表现在语文教学与学生生活世界的疏离、学生审美情趣的失落、学生文化视域的狭隘、语文教学活动对生命意义的忽视等方面。如此一来，我们的语文教学实践就呈现只见树木、不见森林的非凡热闹，语文教学缺少了对师生生命意义的关注，遗忘了对师生生命意义存在的追问，这种情况使得我们的语文教学"和最持续关联的事物相分离"（赫拉克利特），致使师生精神生命的成长和完整人格的形成受到限制。

马克思关于人的全面发展的观点认为人是由自然生命和精神生命统一构成，自然生命是精神生命发展的前提，反过来，精神生命又是自然生命的扩展和延伸。那么，如果语文教学只关注知识的传授、技能的提高，而

① 冯直康、潘新和：《"吕叔湘之问"与语文教学范式重构》，《全球教育展望》2017年第5期。

② 高四维：《北大教授疾呼：救救语文教育》，《中国青年报》2013年2月1日。

忽视了师生作为人的精神生命的成长时，人就被物化为学习、考试的工具，而不是作为一个完满的人、自由的人、幸福的人而存在。遗忘了师生精神生命的语文教学，教师和学生就无从谈教学相长，无从谈人格的发展。心理学家惠特海默（M. Wertheimer）对此持一致的观点，他认为失去了意义的知识最终也是无源之水、无本之木，会遵循艾宾浩斯遗忘曲线很快被遗忘，[①] 而结合具体情境理解掌握了的有意义的知识将终生不会遗忘。[②] 也就是说，语文教学实践离不开具体的教学情境，离不开对人的精神生命成长的观照。

那么，当语文教学成为一件空虚、功利的事情时，它要如何使学生心灵的和谐达到完善的境地？如何促进师生精神生命的成长？如何关照师生生命意义的存在？如何“照料人的心魄”（柏拉图）？如何使师生成为“真正高宏之人”（亚里士多德）？尽管现代生活已经追求模式化、碎片化，但师生总是在向往诗意的语文教学生活，“人从不满足周围环境现实，始终渴望打破他的此时——此地——如此存在的界限，不断追求超越环绕他的现实——其中包括自己的当下自我现实”[③]。因此，语文教学实践迫切呼唤师生生命的完整发展，追求师生自然生命和精神生命的共存。

三 哲学诠释学的启发

诚然，对语文教学本质的研究就是对语文教学意义的追寻与追问。那么，语文教学意义究竟是什么？语文教学意义是怎样生成的？这些问题成了笔者思考语文教学本质内涵的研究盲点与困境。其间，受导师的影响和指导，有幸阅读了一些西方哲学著作，无论是赫拉克利特的奇思妙论、柏拉图

① 德国心理学家艾宾浩斯（H. Ebbinghaus）研究发现，遗忘在学习之后立即开始，而且遗忘的进程并不是均匀的。最初遗忘速度很快，以后逐渐缓慢。他认为“保持和遗忘是时间的函数”，他用无意义音节（由若干个音节字母组成、能够读出、但无内容意义即不是词的音节）作记忆材料，用节省法计算保持和遗忘的数量，并根据他的实验结果绘成描述遗忘进程的曲线，即著名的艾宾浩斯记忆遗忘曲线。

② 汪凤炎、燕良轼主编《教育心理学新编》，暨南大学出版社，2006。

③ 〔德〕马克斯·舍勒：《人在宇宙中的地位》，陈泽环、沈国庆译，上海文化出版社，1989。

的“理念”论、亚里士多德的“形而上学”，还是笛卡尔的“我思故我在”、康德的“实践哲学”、黑格尔的“绝对精神”、尼采的“超人”哲学，乃至狄尔泰、海德格尔、伽达默尔的哲学诠释学，都使笔者的理论思维不断得到拓展。尤其是逐步成熟的哲学诠释学，不仅为人文学科的研究提供了认识论、方法论的指引，而且为人文学科研究找到了本体论的理论依据。研究发现，自西方诠释学产生以来，很多诠释学哲学家（思想家）如狄尔泰、伽达默尔谈到了教育教学问题，也有很多教育学家，如德国教育理论家诺尔、福利特纳、韦尼格，美国课程理论专家小威廉姆·多尔、加拉格尔等都自觉运用诠释学的有关概念、理论来论述教育教学问题，在学术界产生了深远的影响。我国学者金生鈜、熊川武、杨四耕、邓友超、周险峰、张光陆、李本友、曹明海等也开始自觉运用诠释学对有关教育教学现象进行初步的思考和研究，并且取得了一些成果。可见，诠释学不失为一种教育教学研究的全新理论视域，能够深刻地理解语文教学中实证主义、理性主义不能解释的许多问题和现象。因此，诠释学尤其是海德格尔、伽达默尔的哲学诠释学顺理成章地拓展了笔者思考语文教学本质问题的研究视野。

苏格拉底曾说“未经审问明辨的生活是不值得一过的”。在苏格拉底看来，哲学离个人的生活并不遥远，它恰恰就是个体生活所包含的内容，是个人生活的基本态度，是离个人生活最切近的学问。如果说哲学就是对个人生活的关切，那么语文教学无疑就是对个体周遭的语文教学生活本身的询问，是对什么样的语文教学实践值得追求的不断追问。哲学诠释学并不是要把我们的视野引向抽象的概念，把我们带入一个悬而未决的抽象王国，恰恰它是让我们更贴近地看待我们身边的语文教学生活，并在对我们周遭的语文教学生活境遇的审慎明辨中改善我们的现身情态。本研究就是要寻找语文教学场景中的人之“在”（海德格尔），诚然我们不是“在”的主人，但人会在对“在”的看护中抵达“在”的真理，这种真理就语文教学而言，就是对语文教学意义世界的不断探寻，对人的生命意义的不断追问。哲学诠释学对语文教学本质研究的介入也许会使本研究柳暗花明。

第二节 研究意义

语言文字是人类精神文化的重要载体，与之紧密对应的语文教学彰显其文化精神显得尤为重要。从哲学诠释学视角来研究语文教学，更能凸显语文教学的本质，对于语文教学理论和实践具有重要的意义。

一 理论意义

（一）丰富和发展语文教学的理论研究

20 世纪 90 年代末，出现了一场关于语文“科学主义”与“人文精神”之争的社会大讨论，经过激烈的讨论之后，专家一致认为人文精神的培育势在必行。语文教学想要逃离“少慢差费”的现实境遇，提高语文教学核心素养，“首先必须着力探讨汉字、汉语、汉文的特点以及中国青少年学习、掌握汉字、汉语、汉文的规律。这是一项带有根本性质的基础工程”（顾黄初语）。因此，人文精神的涵养成了语文新课改的重要任务。2001 年新颁布的语文课程标准中充分彰显了语文教学本体回归的重要性。例如《全日制义务教育语文课程标准（实验稿）》中就明确提出：“语文课程……在教学中尤其要重视培养良好的语感和整体把握的能力。”“语文课程丰富的人文内涵对人们精神领域的影响是深广的……”新课标中对语文课程人文性的强调和凸显、对文化修养和精神生命的重视等，有力地矫正了传统语文教学的工具观，替代了语文教学中以认知为目的、崇尚实用的观念，真正体现了语文教学应有的价值。

哲学诠释学中的“文本”“理解”“体验”“视域融合”等新概念和新观念正在逐步影响语文教学实践的导向和评价标准。在语文教学过程中特别注重新的学生观重塑，主张构建民主、和谐的师生对话关系，教师开始关注学生的主体性、丰富性、独特性、创造性，重视学生在文本理解中的主观能动性，认为教师是平等中的首席，而不是外在的专制者。最主要的是开始倡导一种动态生成的语文教学意义观。大量的语文教学研究表明，“意义生成”“体验”“对话”等已成为近年来语文教学研究中最热门的词语。

当前我国语文教学理论研究的热点与趋势，如转向生活世界、建构生命课堂、回到实践原点、走进田野研究、强化认知理论、引入文化视角等，也要求当下的语文教学理论不能局限在机械的概念演绎上，还应着力拓宽研究视野，试图从哲学理论、文化视域等相关领域汲取营养价值，立足语文教学实践的现实来构建一个独特、丰富的语文教学理论体系。诚如爱默生（R. W. Emerson）所言：“没有纯粹的独创，所有的头脑都要引用别人，每一种东西都不过是新与旧交织而成的织物，其中没有一根线不是新旧两股线织成的。”[①] 在本研究中，哲学诠释学和语文教学就成了两股重要的力量，它突破了以往研究方法的局限，以哲学诠释学为理论指导，以语文教学为逻辑框架，探讨语文教学的目标、内容、师生关系、方法，构建语文教学的哲学诠释学体系。无疑，本研究及其成果进一步丰富和发展了语文教学的理论研究。

（二）进一步澄明语文教学的本体论意义

在这个崇尚科学、崇尚理性的信息技术时代，注重客观分析和逻辑演绎成了人们生存和发展的标准。科学技术在给语文教学带来便利的同时也对语文教学进行着控制，从而造成语文教学中人文精神的衰落。然而，时代所需要的不是“单向度的人”，人不能简单地成为一种“技术性存在”，而是要作为一个发展中的人、独特的人、完满的人、具有生命活力和创造能力的人而存在，这是一种人的“意义性存在”的发展。我们也应该认识到：语文教学需要回归到人的主体性、独特性、创造性上来，这样才能够真正让师生的精神变得愈加高贵、心灵变得愈加丰盈，生命更加焕发活力与激情。唯有如此，语文教学才能够使师生不断朝着完整人格的建构方向迈进。

哲学诠释学注重对事物的整体理解，注重探究事物存在的意义和价值，倡导让每个人都“在场”，让每个人都以“自我”的方式走进文本。哲学诠释学充分体现了对人的尊重、对生命的尊重、对人类文化的尊重，它更能张

① 〔美〕苏珊·桑塔格：《反对阐释》，上海译文出版社，程巍译，2021。

扬人的意义与价值、生命的意义与价值、文化的意义与价值，这对语文教学来说有非常重要的启示作用。面对信息技术给人带来的精神危机，教师迫切需要用语文特有的诗情画意、情感熏陶功能去润泽学生的精神生命，去滋润学生的心灵，去点亮学生的生活世界和生命世界。语文教学也因其特有的人文学科特性当仁不让地成为师生精神皈依的有效途径。

从哲学诠释学的视角来研究语文教学，就是让处于现代社会的师生带着那份久违了的生命激情去重温生命的感动，用语文教学的意义世界建构起师生的意义世界，用语文教学的意义性存在唤醒师生的意义性存在，将师生看作在语言中栖息的生命存在、在文化中滋养的生命存在，从而不断走向个体人格完整的生命存在，这也是语文教学永恒不变的追求。

二 实践意义

（一）有利于寻求语文教学实践的返璞归真之途

从哲学诠释学历史发展来看，它实现了从单纯作为理论哲学的诠释学到具有理论和实践双重任务诠释学的转变，这与亚里士多德所说的“实践智慧”有着异曲同工之妙。可以说，这也是20世纪以来哲学诠释学取得的较大突破。哲学诠释学这一突破对语文教学来说具有相当深刻的范式意义。本研究从哲学诠释学中的理解、对话等概念出发，着重探究语文教学的理解观、意义观、存在观和师生生命意义观，具有强烈的人文关怀。主要表现在：在语文教学目的上，主张学生个性化发展，追求语文教学意义的不断创生，倡导一种动态生成的意义；在语文教学主体上，主张师生是关系中的存在，这弥补了语文教学中主客体二元对立的缺陷；在语文教学内容上，主张文本理解既要遵循其规定和限度，又要防止过度理解和片面理解；在语文教学师生关系上，主张用师生对话的方式来取代教师“一言堂”的教学，充分发挥师生双方的主动性和创造性；在语文教学方法上，更多地依靠内养（内在体验、自我反省、自我完善等）而不是外修。将哲学诠释学运用到语文教学当中，无疑会给当前的语文教学工作者带来一剂清醒剂，有助于寻求语文教学实践的返璞归真之途。

（二）有利于教师应对“互联网+”时代背景下的语文教学

信息时代的技术作为一种具有自主逻辑性的“人为”的技术，已经对语文教学产生了深远的影响。它一方面为语文教学实践提供了有利条件，但另一方面也通过隐性的技术对语文教学加以裹挟，导致语文教学在教学目标、教学内容、教学方法、师生关系等方面存在明显的技术化倾向，面临语文教学价值迷失的问题和困境。从语文教学目标看，表现为学习者“情意”的弱化和剥落；从语文教学内容看，表现为过于注重语文知识的标准和数量；从语文教学手段看，表现为技术嵌入的僵化和固化；从师生关系看，表现为师生间的淡漠。[①] 信息时代的技术在一定程度上使得人类精神文化的载体，如语言、艺术、文学等忽视了审美性、人文性、创造性。那么，教师如何摆脱技术理性带来的机械化、程式化的困境，寻求语文教学的人文向度，这是现代信息技术发展中语文教学的人文诉求。

哲学诠释学强调语文教学中人与人的对话和体验，关注人在语文教学活动中的生存状态和生命价值，注重语文教学意义的动态生成。这就需要教师改变语文教学过于注重知识传授的倾向，转向从精神文化层面来关注人的发展；改变教师过于注重语文的工具性价值，转向工具与人文两者都不可偏废；倡导从关系中去认识和发展师生关系，破除技术时代语文教学可能产生的师生关系冷淡和情感的疏离，让语文教学成为师生性情的自然流露、思想的自由表达、创造力的自发生成、生命的相互滋养的动态活动。

第三节　国内外研究述评

关于语文教学的研究并非一个新话题。古今中外，无论是直接探讨还是内隐于教育学、文化学、语言学之中的探讨，一直是研究者们关注的重点。20 世纪 70 年代以来，诠释学（也译作解释学、阐释学、释义学等）从认识论、方法论，进而发展到本体论，吸收了诸如现象学、存在主义等理论的思

① 罗燕：《现代技术语境下语文教学的人文审视》，《洛阳师范学院学报》2017 年第 3 期。

想精髓，成为人文科学领域重要的致知方式。诠释学尤其是哲学诠释学方法论对教育教学研究产生了较大影响，相关的研究主要集中在关于理解与意义的研究、关于教育教学理解与意义的研究、关于语文教学理解与意义的研究等方面，这些研究成果给本文的写作带来了很多启发。

一 关于理解与意义的研究

国外关于理解的研究主要以施莱尔马赫（Friedrich Schleiermacher）、狄尔泰（Wilhelm Dilthey）、海德格尔（Martin Heidegger）、伽达默尔（Hans-Georg Gadamer）等为代表。文艺复兴后，诠释学发生了第一次重大转折，即从解释圣典转向为整个古代文化。在施莱尔马赫看来，诠释学不再是一种解释圣典的方法和技巧，而是理解的一般原则和学问。他认为理解是一种认知方式，是一种“避免误解的艺术”。话语只要以文本的形式确定下来，文本的意义就是一种确定性的存在，但是受效果历史、时间、传统以及作者创作时具体情境等因素的影响，人们对文本的解释必然会产生误解，诠释学的最终目的就在于恢复理解对象的真实意义。在理解的过程中，理解者必须打破自身的局限，将自己在特定的历史、文化境遇中所形成的前见搁置起来，以恢复文本产生的历史情境和揭示原作者的心理体验，从而达到对文本的真正理解。

狄尔泰则在施莱尔马赫的基础上更进了一步，他把理解作为一种方法论运用到人文科学领域中。在他看来，自然世界是一个机械运动的世界，而人文世界是一个自由创造的世界。人文科学如果失去了对人的看护和对意义的关照，就会导致人们出现精神上的危机，科学实证方法也因其追求客观性和确定性始终无法通达人的心灵和人的意义世界。为此，他提出“自然需要说明，而人则必须理解”的论断，认为理解是人认识自我的一种方式，它借助想象、类比、体验、内省等内化的方式来整体、全面地把握被理解者，从而通达人的生命世界，彰显人的价值和意义。由于人的体验、想象是独特的，是无法复制的，进而他认为，理解是人的一个唯一性的过程，即它是一个既不能从另一个过程派生出来又不能为另一个过程所代替的过程。他力图建立专属于人文科学的独特方法论，把理解扩大为整个人文科学的方法论基础，认为理解是人认识自我的途径。

使理解发生本体论意义转向的是海德格尔和伽达默尔。从本体论意义上来看，海德格尔认为理解是人的存在方式，即“此在”的存在。而伽达默尔认为理解具有普遍性，诠释学是一门研究理解和存在的学问，他关心的是对存在的理解，并探寻理解何以可能的条件。

国外还将理解运用于课程研究领域。西方许多学者将哲学诠释学理论运用到课程上来，试图摆脱传统课程“技术—控制”的局限性，从而为课程论的研究拓展新的途径，主要以美国的派纳（W. Pinar）、格林妮（M. Greene）、阿肯斯（E. Atkins）和加拿大的史密斯（D. Smith）等学者为代表。以派纳、格林妮为代表的“概念重建主义”课程理论，从诠释学出发，运用诠释学的思想理念、概念框架以及理解和解释的方法来对课程理论进行阐释。派纳主张把课程当作文本来看待和把握，认为课程不仅仅是一个机械的、静止的“跑道”，更是“跑道”上的一种运动状态。格林妮运用诠释学的自我意识来理解和解释“此在”意义的理论，认为学校课程应大力培养学生的自我意识，让学生主动参与生活世界的意义建构。阿肯斯则对诠释学、范式论和课程审议有较为深入的研究。她主要从以下三个方面阐述了课程研究的诠释学问题：其一，诠释学是对传统认识论的一种反思与超越；其二，诠释学概念对课程的建构和发展具有重要的启示意义；其三，诠释学在课程理论中的实际运用。可见，阿肯斯从诠释学视角已经基本形成课程理论的大致框架。史密斯则从全球化这一时代背景出发，重点用诠释学中的对话、理解的理论来解释教育问题。他从哲学诠释学的角度提出了“教学文本”的概念，认为教学文本拥有大量的可供解释的空间。[①]

20世纪80年代以来，我国学者对理解问题的研究主要集中在以下几个方面：第一，关于理解是什么的问题。谢善梅分别从生物进化、心理学、教

① 杨明全：《论课程研究的诠释学取向》，《全球教育展望》2002年第2期。

育学的视角阐述了理解的丰富内涵。[①] 第二，关于理解的条件。周险峰从哲学诠释学的角度出发，认为理解的条件包括前理解、语言、间距、解释学循环。[②] 第三，关于理解的构成要素。王金福认为理解的要素包括理解的主体和理解客体，两者相互作用共同构成了一种精神活动。[③] 第四，关于理解的目的。边凤花主张理解目标观有三种：意义重建论、意义创造论和意义实用论。[④] 从以上可以看出，我国对理解问题的研究起步较晚、成果较少。

二 关于教育教学理解与意义的研究

在教育教学中，运用哲学诠释学来研究教育教学的内容主要涉及教育教学理解的研究和教育教学意义的研究两个方面。

（一）关于教育教学理解的研究

从国外研究来看，对教育或教学理解的研究并非始于现代哲学诠释学之发轫，之前赫尔巴特（Johann Friedrich Herbart）、加涅（Robert Mills Gagne）、布卢姆（B. S. Bloom）和大桥正夫（Ohhashi Masao）在有关教育理论和学习理论中都讨论过理解。例如赫尔巴特提出的学习的四个步骤（后经其弟子发展为五个步骤）实质上是一个理解的过程；加涅在《学习的条件》中提出了学习层级的概念，在涉及辨别学习、概念学习、原理学习和问题解决等内容时都是在理解的基础上来谈论的；布卢姆则将教育划分为六种目标水平：识记、理解、运用、分析、综合、评价，他将“理解”分化出了三种技术：转化、解释、推断；而大桥正夫直接将“理解”解释为“站在某个立场”“一是站在自己的立场看他人，即评价性理解，二是站在他人的立场看他人，即移情性理解”。[⑤] 当然，他们在教育教学中所论述的“理解”与现代哲学诠释学的“理解”内涵还有相当大的差距，且大部分是

---

① 谢善梅：《论人类理解的本质及与教育的关系》，湖南师范大学硕士学位论文，2004。

② 周险峰：《教育文本理解论》，广东高等教育出版社，2007。

③ 王金福：《解释学：对理解的理解》，《赣南师范大学学报》2001年第2期。

④ 边凤花：《释义学的意义理论》，《宁夏社会科学》2000年第4期。

⑤ 邓友超：《教育解释学》，教育科学出版社，2009。

从教育心理学的视角来分析。

20世纪初，精神科学教育学在教育领域的日益分化和专业化的教育思潮中得到发展，受狄尔泰的影响，在德国出现了一批重要的代表人物，如斯普朗格（Eduard Spranger）、诺尔（Herman Nohl）、利特（Theodor Litt）、福利特纳（Wilhelm Flitner）和韦尼格（Erich Weniger）。这个时期精神科学教育学要对过去和当代的教育理论、教育纲要，特别是德国和国际教育改革的纲要，还有学校法规、学校规定、教育经验报告和教育传记等文本进行解释与探讨，面临着许许多多必须解释和回答的问题，探讨这些文本材料的科学方法是“诠释学的方法”，也就是科学的理解，相应的理论就是“诠释学”。因此，精神科学教育学有时也被称为诠释学教育学。“不过，总的来说，尽管狄尔泰、斯普朗格、诺尔、利特、福利特纳和韦尼格在其教育理论中运用了诠释学的方法，但在他们的理论中，诠释学的方法还不是非常明显，还没有涉及诸如‘体验’‘生命’等概念。真正把诠释学方法置于精神科学教育学核心地位的是德国现代教育家福利特纳，是福利特纳完成了精神科学教育学向诠释学教育学的转向”①。福利特纳认为教育考察的对象包括体现教育意图和教育观念的所有现象，比如家长和儿童的交往风格，教师和学习者的交往风格，学校或儿童之家的气氛，学校教学中的不同交往方式如口语、手势和模仿等，儿童群体的表达方式和行为方式，跳舞、音乐、运动风格、衣饰、共同活动等。尽管这种研究方法并未完全落实，但它比经验教育学所理解的教育现实要宽广得多。②

从国内研究来看，20世纪90年代初，一些学者试图将诠释学之理解运用到教学实践中，但是这个时期人们对“教学理解”的探讨大多侧重于语文、英语、数学等学科中的理解问题，从教学理论的高度来探讨教学理解问题的文章并不多，主要有邹进（1990）、王锐生（1991）、张莹（1992）等学者。较早地把诠释学引入教育教学中、影响较大且备受关注的一部教育学

① 彭正梅：《现代西方教育哲学的历史考察》，上海教育出版社，2010。

② 彭正梅：《现代西方教育哲学的历史考察》，上海教育出版社，2010。

理论专著是金生鋐的《理解与教育——走向哲学解释学的教育哲学导论》。金生鋐以理解为原点，对理解与教育的意义生成、理解与受教育者的精神建构、理解与师生关系的建构、理解与课程等问题进行了诠释学解释，他开启了教育理论研究中的诠释学先河。[①]

金生鋐作为诠释学领域较有影响力的研究专家，虽然取得了一系列富有创见的成果，但是我们也必须清醒地认识到其研究中的不足，他在此之前并没有正式提出教育理解与教学理解等概念。有关教育理解和教学理解的系统论述是在2000年以后，以熊川武、邓友超、杨四耕等专家为代表。

首先，对教育理解与教学理解等问题的研究最有权威和代表性的专家是熊川武先生及其弟子，他们的理解教育学派在教育领域产生了广泛的影响，为教育教学研究奠定了较好的理论基础。他们从教学理论基础转换的角度来论述理解性教学，用哲学理论分析认识论教学的理论缺陷及现实弊端，由此指出理解性教学的必要性和价值。特别是熊川武教授，对理论和实践都有较深的研究。他认为理解教育是消除误解、增进理解、使师生双方更好地理解对方从而获得更好发展的过程；[②] 他逐渐认识到理解在教育中的重要性，开始从不同的方面分析现行教育中理解的缺失表征，并寻找其原因对策。熊川武还将理解教育的基本理论放置于教育实践中来进行比照，并以此为基点，将理解理论和教育实践结合起来，重点阐述了理解理论对教师发展的作用，认为理解教育的真正目的在于提升教师的教育理解能力，丰富教师的教育智慧，改造教师的教育经验，使得教师的理论智慧和实践智慧得到深度开发。[③] 可见，熊川武是站在教师的立场来阐述理解教育的旨趣。他明确提出教育理解的概念是在2005年，他认为教育理解就是作为理解主体的师生在与教育文本（理解对象）对话的过程中在感情、认知与行为等方面不断筹划并实现自己的生命可能性。[④] 随后，熊川武谈道：理解性是人的本质属性

① 金生鋐：《理解与教育：走向哲学解释学的教育哲学导论》，教育科学出版社，1997。

② 熊川武：《论理解性教学》，《课程·教材·教法》2002年第2期。

③ 熊川武、江玲：《理解教育论》，教育科学出版社，2005。

④ 熊川武：《教育理解论》，《教育研究》2005年第8期。

之一，主要包括三个方面的内容，即理解意识、理解能力与理解行为。[①] 从熊川武的论述中可以看出，他虽然对教育理解和理解教育进行了深入的阐述，但并没有对两者的区别和联系进行辨析，而是混为一谈。

其次是邓友超，他在博士学位论文中提出了教育理解性的命题，他由对理解原义的探讨入手，从教育与理解的关联度出发，系统探讨了教育理解性的四种"意味"[②]。后经修改，出版《教育解释学》。

最后，杨四耕在其论文中详细阐述了教学理解的概念。在他看来，教学理解是理解者对自我的一种审视，教学理解的最终目的在于理解者实现自我理解和自我超越。教学理解活动不仅仅是理解者自身内在意向性的投射，更是理解者与理解对象进行融合，共同生成一种更为开放、更为丰富意义的过程，这个意义生成的过程也是文本视域与理解者视域相互融合的过程。可以看出，在哲学诠释学视域中的教学理解"既非主体向客体趋同的纯客观过程，亦非客体向主体趋同的纯主观过程，而是一个主客体相互作用的辩证过程"。杨四耕认为教学理解活动不是为了去追求客观对象的原义，而是为了理解者在理解过程中的一种自我生命意义的实现和超越，这既是对认识论的一种反思，也有利于师生实现其生命的可能性。

自21世纪以来，教育界对教学理解的探讨日渐增多且逐步深入，人们开始从现象学、生存论或解释学的视角关注理解教育或理解性教学。也有学者从诠释学的视角去回溯理解性教学理论产生的根源，包括教育学根源、心理学根源、哲学根源、社会学根源、文化学根源等，寻找教学理解与教学活动的内在关联及教学理解的终极意义，如熊川武（2002）、唐德海和马勇（2003）、王敏（2003）、杨四耕（2004）、曹正善（2004）。随着理论研究和实践的展开，有学者开始对教学理解进行理论和实践反思，指出生成性课堂存在的误区，认为教育文本的理解要有一定的尺度和解释的客观性。如辛斌（2004）、周险峰（2006）等。周险峰重点探讨了文本理解，认为文本理

① 熊川武：《论师生的理解性》，《教育发展研究》2005年第8期。

② 邓友超：《论教育的理解性》，华东师范大学博士学位论文，2004。

解是师生与文本进行视域融合的动态过程。他还对教育文本理解的历史、本质、机制、循环结构、文本理解的合理性与有效性的评判标准进行了研究。[①] 另外，殷鼎的《理解的命运》介绍了解释学理解的产生、发展、演变过程；靳玉乐的《理解教学》从理论基础、产生背景、教学原则等方面论述了理解教学。

从以上国内关于教育理解或者教学理解的论述来看，研究者们逐渐开始自觉运用哲学诠释学中的理解、文本等概念来诠释教育教学问题，能较为灵活地把握诠释学中的概念、原则、方法、理论，大多基本认同诠释学尤其是哲学诠释学对教育、教学研究的启示，并自觉地将之进行本土化处理，形成了具有我国教育特色的一些重要观点和理论，如熊川武的“理解性教学”、邓友超的“教育解释学”理论，这些研究成果无疑有利于推动和影响我国教育学和教学论的发展。然而，上述关于教育理解的研究更多的是从理论上来分析，相对来说忽视了教学实践，较少关注师生存在的意义世界。

（二）关于教育教学意义的研究

西方学者试图探究哲学诠释学对教育教学的方法论意义，并力图构建哲学诠释学视域之下的教育诠释学。代表性著作是20世纪90年代加拉格尔（Shaun Gallagher）的《诠释学与教育》和派纳（W. Pinar）等主编的《理解作为文本的课程：现象学和解构的观点》。加拉格尔强调哲学诠释学理解观与笛卡尔的认识论有着明显的区别。在加拉格尔看来，哲学诠释学的理解观对于教育理论的发展以及教育实践的开展具有重要的指导意义，其观照下的教育是对传统认识论支配下的教育的批判和超越，主要涉及教育意义、教育对话、权威与解放以及学习等范畴。[②] 由此看来，哲学诠释学为教育教学的研究提供了一种新的研究范式和方法论基础。

美国夏威夷大学麦克尤恩（Hunter Mc Ewan）的 *Teaching and the Interpretation of Text* 一文，对“教学”与“解释”两者关系进行了专门的理

① 周险峰：《教育文本理解论》，华东师范大学博士学位论文，2006。

② 〔美〕加拉达尔：《解释学与教育》，张光陆译，华东师范大学出版社，2009。

论分析，但是文章只是对教学解释进行了概要性的研究。[①] 爱沙尼亚塔图大学 Veronika Kalmus 博士则从方法论的角度反思了学生与课本之间的互动关系，并提出对课本的研究应注意多学科研究方法的综合运用，但其探讨的范围仅限于课本的社会化媒介功能问题。[②] 伦敦学派赫斯特（P. H. Hirst）则重点阐释了理解的性质、条件等内容，主要回答了我们理解何以可能以及其局限性是什么这个根本问题。他认为理解的可能性和局限性都源自对外在客观真理的判断和追求，而非内在的、本体的诉求。

从国内研究来看，关于教学的意义问题引起了学术界的广泛关注。教学意义的追寻关乎对教学本质的认识，直接影响着教学理念、教学目标、教学方式、教学设计、教学活动、教学评价等，在教学实践中具有价值性意义。朱小蔓把教育教学活动与人的生命意义联系在一起。她认为生命的意义与语言的符号两者之间有着密切的关联，教师要充分调动学生的一切生命感官，将语言符号与学生的生活经验、生命体验紧密结合起来，让学生各种感官的机能被充分激活，学生的情绪情感被充分激发，让学生以一种饱满的生命姿态参与到学习中去，让学习成为促进个体精神生命成长的最佳方式，成为学习者的存在方式。

叶澜用动态生成的视角来探讨课堂教学的意义，认为课堂教学的意义在于课堂教学中师生生命情感体验的丰富、生命体验的生成。她认为教学应当被看作师生人生中一段重要的生命经历，是他们生命有意义的组成部分，课堂教学过程应该是师生全身心投入、感受生命跃动和成长的过程。李召存认为人既是一种实体的存在，又是一种意义的存在，是自然生命和精神生命的统一。人是作为意义而存在的物种，人不能忍受无意义的生活。意义世界是人所特有的世界，人对意义的追求和创造使人区别于其他生物，对意义的追问是人的本质诉求。他还强调教学不能简单地向学生传递书本知识，应将观照、提升个体的精神生命作为重要的诉求，知识与个体的精神世界存在意义

---

① Hunter Mc Ewan. Teaching and the Interpretation of Text, *Educational Theory*, 1992. Volume: 42. Number: 1.

② Veronika Kalmus. *Schooltexts in the Field of Socialization*. Tartu, 2003.

关系。无论是叶澜还是李召存都超越了传统知识认知的教学意义，将精神生命的提升视为教学活动的重要内容。

滕衍平强调，教学是一种“人为的”“为人的”“人在其中”的意义世界，因此它也是实现人的生命意义的实践过程。然而，现实教学实践中意义失落现象较为凸显，他认为原因主要有三点：一是实体思维使得人以知识为目的，人成为学习书本知识的手段；二是工具理性导致考试成为学生“谋生”的工具；三是知识拜物教导致了教学活动文化性的丧失。他呼吁回归丰富的意义世界，教学需要由实体思维转向实践思维，由事实立场向意义立场转向，由符号教学向文化教学转向。[①] 陈佑清在其著作和论文中对知识教学的意义有较多阐述。他认为知识本位教学囿于知识的符号认识功能，扭曲了对知识本质的认知，这也是知识教学的局限性所在。为此，我们完全有必要对知识教学进行深刻检视，探寻知识教学的本质以及对学生发展的意义。郑太年从对人类知识建构的分析入手，探讨了知识建构的特点，并融合了哲学、语言学中的理论，从知识与语言意义问题的角度出发，厘清了知识的意义存在于各种关系之中，包括知识与外部世界、知识陈述者、具体环境的关系，以及知识内部各要素之间的关系。李召存基于当前知识话语兴起的背景，结合当代人遭遇的知识性生存境遇以及课程知识与学习者个体生存意义建构的背离等方面对知识教学进行了深入剖析，对课程知识意义性这一核心概念本身做了理论分析并提出了从个体精神生成层面来进行意义建构的途径，提出了课程知识意义性的三个层次：文本层面的意义性、心理层面的意义性、精神层面的意义性。[②] 从以上可以看出，滕衍平、陈佑清、郑太年、李召存详细分析了教学实践中知识意义失落的表征、原因等，他们都一致呼吁语文教学意义世界的回归。

应该说上述关于教学意义或知识意义的探究，对学界后续研究具有启示

① 滕衍平：《教学意义的迷失及回归》，《中国教育学刊》2013 年第 8 期。

② 李召存：《课程知识的意义性研究——生存论的视角》，华东师范大学博士学位论文，2007。

作用，但我国教育界总体上还没有充分认识到知识意义的生成对受教育者的重要性，没有充分认识到知识对于个体精神生命的意义，主要体现为一是将教学看作一种先在的、已知的、固化的教学手段，关注的是教学结果而不是过程，重视教学的科学性、准确性、有效性从而遗忘了教学本身的目的或价值。即使谈及教学注重知识对于个体精神的意义，也从客观上分析了教学意义的回归需重建课程知识观、转化教学实践的逻辑起点等路径，但还是未关注到教学中的“人”，未能从“人”的高度来认识课程和知识与学生人生经验之间的联系，未认识到理解是师生精神生命的存在方式、是联结教学与个体精神的根本方式。二是知识本位的教学把对知识符号的认知看作一切教学活动的出发点和归宿，缺乏对知识意义的深度探寻，抹杀了知识教学的内在价值。

实际上，教学活动不仅关乎知识的“真假”问题，也关乎知识符号背后所蕴含的深刻意蕴，更关乎人的精神生命的成长。基于诠释学的教学意义在于教学要实现从“知识符号”认知走向“知识意义”的探寻，这是对知识教学本质认识的超越。

三　关于语文教学理解与意义的研究

我国学者21世纪初将哲学诠释学理论运用到语文教学中来，并对语文教学进行了深入的探讨，主要集中在以下几个方面。

（一）关于语文文本理解与意义的研究

关于语文文本理解的研究，代表性学说有：曹明海运用本体论诠释学的相关理论建构了文本解读理论，实现了由注重作家、作品的解读到注重理解者对文本解读的转变，更加注重理解者自身对文本的理解，更加尊重理解者的主动性和创造性，这一转变给文本解读带来了较大的发展前景和解释空间。同时，他还提出了几种文本解读观，即解读本质观、解读对话观、解读建构观、解读体验观。[①] 干国祥仔细阐述了多元理解的边界和误区，即多元

① 曹明海：《当代文本解读观的变革》，《文学评论》2003年第6期。

理解存在的问题。[①] 曹海永则从个性化理解的意义和策略以及个性化理解实践中所出现的问题或偏差等方面进行了较为深入的分析。[②] 景洪春辩证地阐述了文本的理解问题，他认为文本理解既不能述而不作，又不能过度阐释，[③] 应该在张扬学生个性与尊重文本之间找到两者的张力。还有的学者站在教师的立场，阐述了教师如何来进行文本解读，以及教师应该在文本理解中扮演一个怎样的角色，比如张弛探讨了文本理解的赋权问题[④]，冯为民探讨了教师如何解读教材问题等[⑤]。

关于语文文本意义的研究，代表性学说有：王岳川认为理解是文本意义不断创新的生成过程，客观事物是一个实体性的存在，它本身并不存在意义，只有当理解者将其作为理解对象来解释时才能获得某种可能的意义，而不同的理解者在不同的情境下来理解同一文本时又会出现新的意义，他还很明确地指出了意义具有不确定性、情境性等特征。曹明海在《语文教学解释学》中消除了文学解释学与语文教学文本解释之间的鸿沟，他将文学解释学的相关理论很自然地运用到语文教学中来，认为文本理解的过程既是文本意义审美生成的过程，也是一种寻求自我理解和自我超越的活动。他将哲学诠释学运用到语文阅读教学中，这是对语文规范性阅读的一种挑战和尝试。

（二）关于语文阅读教学的研究

李镇西认为诠释学对阅读教学不仅有着认识论的意义，而且也有着方法论的意义。他倡导辩证统一的诠释学，坚决排斥理解中出现绝对主义或者相对主义倾向，认为理解是相对和绝对的统一：相对之中有绝对，确定之中有不确定性，差异之中有同一性。[⑥] 童庆炳认为在语文教学实践中单纯采取认

---

① 干国祥：《深度阐释之后》，《人民教育》2005 年第 5 期。

② 曹海永：《从“失真”到“归真”的理想践行——小学语文“文本解读个性化”存在的问题及思考》，《教育实践与研究》（小学版）2008 年第 1 期。

③ 景洪春：《是“张扬个性”还是“尊重文本”》，《小学语文教学》2005 年第 6 期。

④ 张弛：《把课文的解释权还给教师》，《宁波大学学报》（教育科学版）2000 年第 1 期。

⑤ 冯为民：《文本解读与教学设计》，《中国教育学刊》2008 年第 2 期。

⑥ 李镇西：《阅读教学的解释学思考》，《语文建设》2002 年第 9 期。

识论的哲学方法论是完全行不通的，甚至难免会出现技术主义倾向，从而把复杂、生动的语文问题简单化、教条化。因此，我们应该充分尊重语文课程自身的独特性。语文包含了语文知识，但远不止这些，更重要的是要理解文本背后所蕴含的文化内涵、精神旨趣、价值取向等。语文教学带给学生的不仅是认识论层面的内容，更有精神、生命等本体论层面的内容。因此，语文教学改革需要认识论，但更需要存在论。① 黄伟则是从历史主义、实证主义和现代知识观的视角，对阅读教学进行了深入阐释，并大胆地提出了“阅读教学范式”的重建问题。而在李本友看来，文本是一种精神客观物化的形态，阅读教学是以文本为载体的多元主体的对话，其历史性、时代性、不确定性和生成性阐释了阅读教学中教师、文本、学生三者之间的多元复杂关系，体现了作者、师生与阅读教学中隐性社会性主体之间的冲突与交流，形成意义对话与生成的理解关系。② 以上学者从理解的视角出发对阅读教学进行了本体性的解读和阐释。

（三）关于语文对话教学的研究

李海林提出语文课程的“哲学意义”在“对话”，“对话”成为语文教学论的核心、基础性的规定。③ 郝丽琴主张同一文本在多重阅读对话理念下的教学实践中可以从师生与教学文本的对话，教师与学生、学生与学生的对话，师生与外在环境及资源的对话等多个层面确立对话主题。④ 李冲锋通过对语文教学范式的深入探讨，揭示了语文教学对话范式的本质，对语文新课程教学实践富有深刻的启示性意义。⑤

还有很多学者从哲学诠释学中的解释学循环、解除语境关联、视域融合、前理解等重要概念出发，为语文教学的研究开辟了一片新的领域。例

① 童庆炳：《语文教学改革的哲学思考》，《语文建设》2003 年第 8 期。

② 李本友：《文本与理解——语文阅读教学的哲学诠释学研究》，西南大学博士学位论文，2012。

③ 李海林：《论语文课程的哲学基础》，《当代教育论坛》（校长教育研究）2008 年第 4 期。

④ 郝丽琴：《语文阅读教学中多重对话话题的确立及教学设计》，《课程·教材·教法》2013 年第 12 期。

⑤ 李冲锋：《语文教学范式的转型：从接受到对话》，华东师范大学，2004。

如，杨晓新从解释学的有关理论出发，对我国的语文教学进行了反思。他提出应重视对语言文本意义的创造性阐发；应重视语言文本的整体与局部之间的循环性阐发；应重视学生语言文本以外的广泛修养的培养。[①] 华婷也认为现代阐释学与语文教学的关系密不可分。特别是现代阐释学中的解除语境关联、前结构、偏见、视域融合等理念对语文教学中的文本理解产生了指导性的作用。[②]

四 已有研究的述评

哲学诠释学自20世纪80年代被引入我国后，逐步具有了较为深厚的理论根基和较为完善的理论体系。国外尤其是西方学者在运用诠释学研究教育教学问题时的主要特点之一就是从宏观的视野去解读教育教学问题，包括课程、教材文本、教学活动等，以求达到教育教学研究的方法论转向。尤其是从哲学诠释学的本体论角度思考教育教学问题，试图构建全球化时代新的教育教学研究范式和教育教学理论。显然，这种研究具有重要的宏观理论指导意义，有利于进一步加深对教育教学的把握。但西方学者的研究较少涉及学科领域中的微观问题，一些具体的实践性问题还需进一步加强。

虽然很多专家、学者已经尝试将哲学诠释学运用到文学、文艺学等领域，少数学者也尝试从哲学诠释学的视角来探讨语文教学中的宏观问题，但从已有的研究来看，将哲学诠释学与语文教学两者结合起来进行的研究还较少。综观上述国内外的相关研究成果，对语文教学来说，我们发现其研究主要集中在诠释学对语文教学理论的建构方面。显然，这些研究成果预示着语文教学研究的诠释学范式的转向，并构建了具体的研究框架，具有一定的理论价值和借鉴意义，为后续的研究奠定了理论和方法论基础，这是本研究的条件和基础。但同时也发现，上述研究在

---

① 杨晓新：《解释学与语文教学》，《河南师范大学学报》（哲学社会科学版）1998年第1期。

② 华婷：《现代阐释学视角下的语文教学》，《长沙大学学报》2009年第1期。

关注人的社会历史、文化生活、生命意义等方面存在不足和局限，也为本课题的研究提供了广阔的学术空间和可能，归纳起来主要集中在以下几个方面。

第一，语文教学与哲学诠释学的关联问题。以上研究更多的是探讨语文教学文本的理解和解释问题，对于语文教学中的要素和行为，比如语文教学的目的、内容、方法、师生关系等缺少哲学层面的观照。关于哲学诠释学运用于语文教学实践之中的研究比较薄弱，使得诠释学或者哲学诠释学在语文教学中的运用只限于一种教学理想，哲学诠释学的指导作用难以在实践中得到发挥，语文教学实践者也很难真正把握和理解语文教学的本质内涵和意义世界。

第二，语文教学与生活世界的关系问题。现代语文教学研究主要集中在语文教学的原则、方法、过程等方面，将语文教学与学生的生活世界严格地区分开来，过于追求语文教学的效率和结果。这种语文教学研究强调客观对象的准确性、客观性，更多的是一种追求本质主义的认识论模式。它轻视了语文教学的实践生成性与意义可塑性，囿于对语文教学的本质、内涵、原则、规律、方法、效果等进行抽象地还原，妄图从纷繁复杂的语文教学现象背后发现一个永恒的、静止的、确定的本质。这是把语文当作一种“物”来看待，将语文与师生的文化生活、社会历史、生命体验完全割裂开来，对生活世界与语文教学之间的联系缺少必要的思考和关注，对生活世界之于师生的生命意义的提升缺少应有的关怀和重视，使得语文教学研究缺少人文学科研究中应有的人文情怀和生命叩问。这样一来，遮掩了语文教学发生的真实境遇，使语文教学研究陷入了“玄学”的泥潭，从而偏离了智慧之学的方向。

第三，语文知识教学的认识问题。通过对语文教学理解和意义研究的梳理，我们可以发现当前语文教学研究中存在两种极端：一是盲目地崇拜语文知识教学；二是轻易地摒弃语文知识教学。这两种取向都是不可取的，都是基于对知识理解的不同而产生的弊端。第一种是把知识仅仅当作语文教学所要达成的目标，将语文教学内容与主体看作主客二分的对象，主体与知识是一种对象式存在，并不是一种关系式存在。语文教学的目的主要是让学生系统掌握语文知识结构和体系，无视知识的人性价值，由此造成了语文教学中人文意蕴的遗忘和生命意义的旁落，使原本生动、丰富的语文教学活动变成了机械的、单向度的知识传递活动，走进了意义复原的传统窠臼，阻碍了意义的发现和创造；第二种则否定了知识的价值和意义，体现出相对主义的倾向。这两种取向虽然各不相同，但实质一样，都片面地看待知识教学，否定了知识背后所蕴含的深刻意义及其对人的发展的价值。无论是前者还是后者，都应该努力克服和纠正。

本研究从哲学诠释学的视角探究语文教学的意义，对语文教学的各种可能性进行筹划和合理确证，开启了语文教学生活世界、文化世界、生命世界的广阔空间。借助哲学诠释学的理论框架，我们将步入语文教学研究的广阔天地，回归语文教学对人的本体性意义的追求。

第四节 研究思路及方法

一 研究思路

本研究以哲学诠释学为理论指导，以语文教学为研究对象。主要采取理论剖析、问题揭示和策略研讨的研究思路，首先通过文献搜集和资料分析对诠释学的发展历史进行梳理、对哲学诠释学的基本思想及其与语文教学的关联进行阐述；其次通过理论思辨，解读哲学诠释学视域下的语文教学目标、内容、师生关系、方法的本体性意义；最后，对当前语文教学进行审视，揭示语文教学本体性意义失落的表征，从而寻找语文教学本体性意义重建的途径，提出可行性策略。

二 研究方法

本研究涉及多学科的有关概念和知识，具有较强的交叉性和综合性，从学术研究的严谨性和规范性来说，主要采用了以下几种研究方法。

文献研究法。无论是哲学诠释学还是语文教学，都处于纷繁复杂的多元化语境中。从哲学诠释学视角来研究语文教学，既是一项跨领域研究，又是一种深度融合。因此，在研究过程中理所当然地要掌握这两个学术领域的主要代表人物、权威著作和理论观点，并且要厘清这两种理论之间内在的逻辑，找到两者之间的适切性，借助这种逻辑基点来论述语文教学的核心问题，从而确保本研究具备坚强的理论支撑和最前沿的理论视野。在写作中对文献的检索与研究重点从以下两个方面来着手：一是循着哲学诠释学的内在逻辑，并融合了接受美学和现象学等相关理论来阐释语文教学中的理解和意义问题；二是以语文教学理论为原点，借助语言学、建构主义理论以及中外母语教育等相关文献来研究语文教学的目的、内容、师生关系、方法等问题。

哲学思辨法。本文主要基于哲学思辨法开展研究。具体而言，主要回答哲学诠释学理解视域下的语文教学“应该是什么”的问题。哲学诠释学主张理解、对话、体验、视域融合，运用哲学思辨的方法能使研究成果建立在坚实的理论基础之上，从而揭示语文教学各要素、各范畴的意义及各因素的普遍联系，归纳概括语文教学的本质，探究出语文教学的真正意义。

案例分析法。语文教学研究具有鲜明的实践性，需要我们对语文教学中的案例进行深入分析，以求在具体的语文教学情境中去感受语文教学意义彰显、意义阐释、意义生成、意义实现的整个过程，力求达到哲学诠释学理论与语文教学实践相互结合、相互佐证的目的。本研究的第三章至第六章中有关语文教学目标、内容、师生关系、方法等问题，需从语文教学案例入手来扫描当下语文教学现实，通过呈现语文教学中的经典案例来论证观点，让论述更加充分。案例引证的目的在于“以案例理”，充分挖掘语文教学案例中所体现的教学价值，呈现语文教学意义追寻的过程，进而给予语文教学实践者以启示。

第五节 概念界定及创新之处

一 概念界定

概念的梳理与界定是学术研究的逻辑前提，因此我们有必要对哲学诠释学中的核心概念进行界定，对诠释学的发展历史进行梳理，对语文及语文教学的内涵、基本属性进行全面地阐释。在此我们先沿着语文教学和诠释学的发展历史来厘清这些概念的涵义及其规定性。

（一）理解

“理解”在《现代汉语词典》中解释为“懂，了解”。[①] 人们通常指的是对知识和事物内涵或本质的了解。从英文来看，Understanding 这个词的基本意思可以解释为“离某物很近或在它下面”。显然，我们走近事物存在的过程，也就是我们理解事物的过程。日本学者大桥正夫把“理解”一词的英文 Understanding 分解为 Under+stand，stand 有“立场”的意思，因此，理解就是站在某个立场。[②] 无论是“了解”还是“站在某个立场”都与主体存在有关，隐含着一种价值关联。

本研究所使用的“理解”是诠释学之“理解”，它是西方诠释学中的一个核心概念。理解的概念为诠释学所应用，最初只是局限在基督教神学的经典解释视域内，它是指把《圣经》等圣典中所蕴含的上帝的意图通过语言的注释而解释出来的方法和过程，理解是为了再现圣典文学背后神的真实意义。诠释学从起源到哲学诠释学，经历了一个发展过程，即通过施莱尔马赫、狄尔泰、海德格尔、伽达默尔等哲学家承前启后的努力，作为其研究对象的“理解”，其意蕴随着诠释学的发展而不断丰富和完善。

从哲学意义上来讲，“理解”的含义是非常深刻的。施莱尔马赫认为

① 中国社会科学院语言研究所词典编撰室编《现代汉语词典》，商务印书馆，2012。

② 〔日〕大桥正夫：《教育心理学》，钟启泉译，上海教育出版社，1980。

“理解”是在主体原有经验的基础上进行意义的重构，并主张“读者能够比作者更好地理解他自己。”[①] 显然，这种重构不是简单重复而是意义的拓展和生成。狄尔泰进而指出：“理解”是一种体验，是从生命的外在表现进入到内心世界的解释过程，是一个人与另一个人（包括一个人对自我的理解）的交流过程。20 世纪以来，海德格尔在狄尔泰的生命范畴里找到了他的生存论诠释学的基础。他强调：“理解”是一种存在方式，是人类“此在”的生存结构，是“此在”对自身各种可能性进行自我筹划。[②] 可见，他对“理解”的考察超越了以往的概念：不是将“理解”视为一种心灵的感知，而是一个本体论的过程；不是将其视为对意识和无意识过程的研究，而是揭示那种对人来说真实的东西。伽达默尔是哲学诠释学的集大成者，他认为“理解”就是“此在”的存在方式，生命的意义并不抽象地存在于别处，它就在“理解”之中，是在互动中被“理解”到的意义。此意义直接成了“理解”主体生命的一部分，构成了人的存在方式。

由此看来，虽然狄尔泰对“理解”的诠释在施莱尔马赫的基础上迈出了一大步，从认识论提升到了方法论的高度。但他们最大的问题在于把“理解”视为人们理解事物、理解历史的一种工具，遗忘了“理解”对人的精神生命成长的重要作用。而海德格尔的“此在”诠释学理论则把“理解”直接视为“人的本质存在”，完成了“理解”由方法论到存在论的转变。伽达默尔则认为“理解”的本质在于理解就是自我的存在方式，他是哲学诠释学的集大成者。

（二）意义

谈到“意义”，好像有点“道可道，非常道；名可名，非常名”的感觉。这正好说明了意义概念的深奥玄妙、晦涩难懂。曾有学者这样说：“在语义学里有一件非常奇怪的事，那就是在整个语言里，对‘意义’这个词，你要找出它的意义恐怕是最难的了。”[③] 意义其实是一个形而上的抽

① 洪汉鼎：《诠释学：它的历史和当代发展》，人民出版社，2001。

② 洪汉鼎：《诠释学：它的历史和当代发展》，人民出版社，2001。

③ 〔法〕克洛德·列维-斯特劳斯：《神话与意义》，杨德睿译，河南大学出版社，2016。

象概念。

对“意义”进行哲学的思考和追问，自古希腊时代起就成了哲学家们的中心问题之一，特别是19世纪90年代以来，“意义”研究成为哲学的热点。最突出的是德国哲学家弗雷格第一次明确表达了在名物之间还存在一个“抽象实体”——“涵义”。很显然这是从语义的角度来阐释的，这是弗雷格用“名字—涵义—对象”的三分法来取代“名字—对象”二分法，从而确立了“涵义”（意义）的存在。他还认为，一个描述或观念是主观的，但一个意义是对象的存在[①]，他说：“观念（Vorstellung）是主观的：一个人的观念不是另一个人的观念……”。因此，观念与符号的涵义又有本质的区别，涵义可以是许多人共有的东西，不是个别心灵的部分或方式。[②]

接着，著名现象学者胡塞尔在他著名的意向性学说中讨论了“意义”。他把人类意识活动的内容分为“实在的”和“意向的”或“观念的”的两种，“意向的”或“观念的”意识就是人们对某物的关系，即“意义”。

20世纪以来，关于“涵义”与“意义”的争论可以说是哲学界的一大焦点，其代表人物是伽达默尔（Hans-Georg Gadamer）、赫希（Hirsch）、利科尔（Paul Ricoeur）等。伽达默尔将涵义等同于意义，认为两者没有本质的区别，无论是涵义还是意义，都不是客观存在的事物，而是理解者的视域与文本（涵义）视域相互融合的结果，它是理解者赋予文本的一种意义，这种意义随着情境的不同、理解者的不同而随之发生变化，具有较强的可塑性和不确定性，因此也不存在对文本意义的唯一性和确定性的解读，意义本身就意味着一种无限的可能性，在他看来，涵义受理解主体的历史、传统等前理解的限制，随着理解主体视域的扩大不断发生变化。

赫希则与伽达默尔持相反的看法。在他的理解中，涵义就是返回到文本作者的原义，理解的目的就在于重返事物本身。故而“涵义”是事物的一种可复制的、可重复的客观存在。“意义是一个文本所表达的意思，它是作

① 章启群：《意义的本体论》，上海译文出版社，2002。

② 车铭洲编《西方现代语言哲学》，李连江译，南开大学出版社，1989。

者在一个特定的符号序列中，通过他所使用的符号表达的意思。意味则是指意义与人之间的联系，或一种印象、一种情境、一种任何想象中的东西。”由此得出，诠释学是理解文本的涵义，意义只属批评领域。[①]

法国解释学者保罗·利科尔则认为，所谓“涵义”就是回答“是什么”的问题，从文本的内部对其进行界定。所谓“指称”就是回答“关于什么”的问题，从文本的外部结构来展现此物与彼物的关系。文本阅读过程中的“涵义”需要依靠“说明”来完成，“说明”就是阐明文本结构；“指称”则需要依靠“解释”，“解释”就是把隐含的、疏远的东西也即“意义”通过文本阅读揭示出来，它“遵从文本为我们打开的思维之路，把我们自己置于朝着文本方向的路上。”[②] 说明的目的在于得到确切的知识，解释的目的是更好地理解意义。

综上所述，尽管不同的学者对“意义”有不同的理解和不同的表述，但是其中都包含了一个共同的思想，即“意义”是指对所感知的对象或文本的一种意识、观念、关系，属于主观心灵的一种潜在可能性，具有动态和创生性特征。“意义”从来源上说，是原创性的、建构性的；从知识论上说，是诗性的、非理性的；从认识论上说，是体验性的、感悟性的。其内容主要涵盖三个不同的层面：一是语言层面的意义，实质的语义层面，也就是说语言本身的含义。二是文化层面的意义，这种意义是在解释者对“意义项”的理解中才能显现和绽放出来。三是存在层面的意义，存在意义比文化层面的意义更加宽泛和深刻，它已经上升到了对人的“生存”等本质问题的反思和追问。从本质论上说，“意义”是本体性意义，在所生存的世界里，只有人的存在性，才能谈得上“意义”，否则就是茫茫宇宙、混沌一片，无所谓有意义或没有意义。所以，“意义”始终是主体性的。说到底，“意义”就是人类生命存在之本体性的思考和追问。

① 〔美〕E. D. 赫施：《解释的有效性》，王才勇译，生活·读书·新知三联书店，1991。

② 〔法〕保罗·利科尔：《解释学与人文科学》，陶远华、袁耀东等译，河北人民出版社，1987。

（三）语文教学

语文教学是师生围绕语文学科来具体开展的教学行为活动，关涉“教什么”“怎么教”“为什么这么教”等内容。要对语文教学进行界定，首先应从“语文”开始谈起。“语文”一词的出现是近代学制改革过程中逐渐演变而成的产物，其演变过程大致经历了这样几个时期：传统语文学、国文课程教学、国语课程教学、现代语文课程。

我国古代学术传统将文字学、音韵学、训诂学、校勘学等偏重于从文献角度研究语言文字的形、音、义的学问，叫做语文学。许慎《说文解字叙》云：“《周礼》八岁入小学，保氏教国子，先以六书。……六书者，文字声音义理之总汇也。”[①] 这里的“六书”是指象形、指示、形声、会意、转注、假借六种汉字的构造方法。所以，传统语文学与今日之语文学科差别甚大，不可相提并论。尽管春秋时期，孔子创办私学，给学生讲授“六艺”之学，其中与语文教学紧密关联的属诗、书、礼等内容，因此古人有言：“不学《诗》，无以言”，但这毕竟还不是语文。事实上，这种情形一直延续至19世纪末新式学堂开办。在此之前的教育历史发展和传承中，并没有出现“语文”这个概念，更不用提语文教材的问世。学生语言文字素养方面的教学与训练主要是通过两个方面的内容来进行：一是诸如《三字经》《百家姓》《千字文》等孩童时代的启蒙读物；二是以“四书五经”（南宋以后为“十三经”）为主的经学读本。张志公将其概括为三个阶段，即开头是启蒙阶段，以识字教育为中心；其次是读写的基础训练；最后是阅读训练和作文训练，最后是传统语言文字学习的语文学时期。

从清朝末年开始，清政府迫于西学东渐的影响和改革呼声的舆论压力，举办新政，废科举、兴新学、办学堂、改学制，于是以读经讲经为要义的传统语文教学逐渐式微。而新式的汉语言文字的教学随之开启，如1902年制

① 王友谊：《说文解字叙》，文化艺术出版社，2010。

定的《钦定学堂章程》（壬寅学制）[①] 和 1904 年颁布的《奏定学堂章程》(癸卯学制)[②] 都体现了语言文字的学习和训练，已经和传统的经学分离，基本形成了独立发展的趋势，从而赋予了语言文字教学新的现代意义，为语文教育的学科化发展奠定了基础。

民国时期，汉语言文字教学正式走上了科学化发展的轨道。语言文字的教育、教学有了统一的名称，小学和中学统称为“国文”，但是教学目标和教学内容有区别。[③]

值得一提的是，这个时期虽然没有出现“白话”“国语”等概念，但对“普通语言文字”有所提及，这充分说明了语言文字学正在摆脱文言的桎梏，有了专门的名称。这就是“国文”教学时期。

中小学的国文教学改革被正式提上议事日程是以 1919 年“五四”新文化运动为标志，蔡元培、胡适、黎锦熙、叶圣陶等专家纷纷倡导国文教学的改革，主要体现在以下几个方面：一是从国文形式来看，倡导言文一致和国语统一，提倡白话文，推行国语；二是从内容来看，倡导科学和民主的教育思想，寻求个性解放。例如：为了进一步巩固国语教育理念，1920 年北洋政府下令将小学“国文”课程名称改为“国语”课程，并通令自 1922 年以后，国民小学各种教材一律改为语体文。又如 1923 年颁布的《中小学课程

① 1902 年制定的《钦定学堂章程》规定：蒙学堂设有字课、习字、读经；小学堂中的寻常小学堂设有读经、作文、习字，高等小学堂在此基础上加设读古文词；中学堂设有读经、辞章。

② 1904 年颁布的《奏定学堂章程》规定：初等小学堂设有读经讲经、中国文字（识字、读文、作文）；高等小学堂设有读经讲经、中国文学（包括读文、作文、写字、习官话）；中学设有读经讲经、中国文学。

③ 1912 年制订的《小学校教责及课程表》对国文科的规定是：国文要旨在使儿童学习普通语言文字，养成发表思想之能力，兼以启发其智德。初等小学校，首宜正其发音，使知简单文字之读法、书法、作法，渐授以日用文章，并练习语言。高等小学校，首宜依前项教授渐及普通文之读法、书法、作法，并练习语言。1912 年的《中学校令施行规则》则规定：国文要旨在通解普通语言文字，能自由发表思想，并略解高深文字，涵养文学之兴趣，兼以启发其智德。国文宜首授以近世文，渐及于近古文，并文字源流、文法要略，及文学史之大概，使作实用简易之文，兼课习字。

标准纲要》，对国语教学及内容做了很多新的规定，[①]上述这些新规定、新变化，应该说是现代意义的语文教学的雏形。这一“国语”称呼一直沿用至1949年。

1949年，中华人民共和国诞生，百废待兴，教育发展也迎来了新的发展机遇，汉语言文字教学也随之发生变化。这一变化与中国著名的语文教育家叶圣陶的功劳是分不开的。叶圣陶主持草拟《小学语文课程标准》及《中学语文课程标准》，在标准中第一次出现“语文”学科这个名称，并用“语文”取代了“国语”（小学）和“国文”（中学）的课程。直到1950年，由国家出版总署编审局编写出版全国统一使用的中小学课本时，统一名为“语文”，并作了“语文”名称使用的说明。[②]至此，传统的语言文字学在中国开始有了确定的学科名称，“语文”正式作为中小学的一门主要课程进入了现代语文教学时期。

“语文”之名称虽已确定，但其内涵、实质一直在学术界未有定论。概而言之，主要有以下几种观点：

第一种观点认为语文是基于汉语言的知识积累和培养学生听、说、读、写能力的一门学科。持这一观点的主要代表是叶圣陶。叶圣陶先生认为："语文”就是将先前的小学“国语”课程与中学“国文”课程合二为一，统称为“语文”。并且，他在1964年2月1日给友人的一封信中，对“语文”的意思作了进一步的说明、解释，认为“语文”就是以口头语言和书

① 1923年颁布的《中小学课程标准纲要》所体现的新变化：小学用白话文取代文言文，实现了言文一致，融进了较多童话、笑话、儿歌、谜语、故事、演说、专辑、剧本等通俗易懂、便于学习的语文内容；初中文言、白话混合教学，逐步加大文言教学的比例，要求能读普通参考书报，欣赏浅近文学作品，作文教学则涵盖了作文与笔记、文法讨论、演说与辩论三方面内容；高中分公共必修（称国语）和文科必修（高三，称国文）——相当于现在的必修和选修，必修主要读一般古典文学作品和文言文，培养欣赏中国文学名著的能力，并要求练习用文言文写作，选修主要是文字学和文学概论的内容。

② 在初中语文教材的“编辑大意”里作了如下说明（小学教材中也有大致相同的陈述）：说出来的是语言，写出来的是文章，文章依据语言，“语”和“文”是分不开的。语文教学应该包括听话、说话、阅读、写作四项。因此，这套课本不再用“国文”或“国语”的旧名称，改称“语文课本”。

面语言为基础的听、说、读、写①。

第二种观点认为语文即语言+文字，或者语言+文章，或者语言+文学，或者语言+文化，甚至还出现了语文是语言+文字+文章+文学+文化的说法。这些观点最突出的体现是在《现代汉语词典》和《新华字典》对“语文”一词的注释上。②

第三种观点认为语文是新中国人文教育科学中以典范的古今书面语言作品为教学媒介、以启迪并发展学生智力为根本目的、以同化现代化的书面语言交际规范和同化现代化的中华民族共同人文心理为任务的基础学科。③查阅有关资料，学术界很多研究语文教学的文章印证了这一说法，影响很大。

以上三种观点基本代表了学术界对“语文”一词的看法，从某一个角度而言，都有一定的道理，为后续研究提供了很多积极的思路和启示。然而，仔细体味，三种观点都存在一定的缺陷或者模糊性。第一种观点从语文学科的角度，谈及的是语文的性质及功能，即语言文字的听、说、读、写，没有揭示语文作为一门基础性课程的内在本质属性，将语文纯粹界定在工具性的范畴之内。第二种观点是对“语文”的词语解释，缺少阐释性的表述，是一种较为机械的界定。第三种观点似乎较为严谨地表述了“语文”一词的概念，但是依然还是界定性的，有的表述过于宽泛而模糊，如“同化”“中华民族共同人文心理”等。我们讨论“语文”的含义，必须是在定义“语文”而不是界定“语文”的基础之上揭示“语文”的本质内涵。那么，

① 1964年2月1日叶圣陶给友人的一封信中说：“‘语文’一名，始用于一九四九年华北人民政府教科书编审委员会选用中小学课本之时。前此中学称“国文”，小学称“国语”，至是乃统而一之。彼时同人之意，以为口头为“语”，书面为“文”，文本于语，不可偏指，故合言之。亦见此学科“听”“说”“读”“写”宜并重，诵习课本，练习作文，固为读写之事，而苟忽于听说，不注意训练，则读写之成效亦将减损。原意如是，兹承询及，特以奉告。其后有人释为“语言”“文字”，有人释为“语言”“文学”，皆非立此名之原意。第二种解释与原意为近，唯‘文’字之含义较‘文字’为广，缘书面之‘文’不尽属于‘文学’也。课本中有文学作品，有非文学之各体文章，可以证之。第一种解释之‘文字’，如理解为成篇之书面语，则亦与原意合矣。”

②《现代汉语词典》的解释是“‘语言和文字’也指‘语言和文学的简称’”。《新华字典》注为“‘语言和文学’，也指‘语言和文章’或‘语言和文化’”。

③《语文的真实定义》，http：//www.ht88.com/article/article_22546_1.html。

"语文"一词的本质内涵究竟是什么呢？首先，必须追本溯源，从"语"与"文"二字的本义说起。

"语"的本义，《说文解字》云："语，论也，吾声。"清代段玉裁《说文解字注》则云："论也，此即毛、郑说也。语者，御也，如毛说。一人辩论是非谓之语，如郑说。与人相答问辩难谓之语。"这里的"论"就是辩论、辩难的意思；"御"就是驾马车，引申为使之为善。由此可见，"语"的含义就是在与人辩论的时候，通过语言信息的交流与沟通，使对方明白道理，向好的、善的方面转化。

"文"的本义是指各种事物的相互交错而产生的规律性的东西，所以，"文"又通"纹"，是动词，如《易·系辞下》云："物相杂，故曰文。"《说文解字》亦云："错画也。象交文。凡文之属皆从文。"可见，这些事物相杂的纹理具有规律性，有美好的意味。后来"引申为包括语言文字在内的各种象征符号，进而具体化为文物典籍、礼乐制度，与'德行'对称的'道艺'等；又由纹理义导出彩画装饰之意，引申为修饰、人为加工、经纬天地，与'质'对称；进一步推衍为美、善、文德教化，以及文辞、文章，与'野'对称，或与武事对称。"[①] 特别有意思的是西方的拉丁文、英文、法文、德文相对应的"文化"一词也有着与汉文的"文"字相似的意义，拉丁文 Cultura 是动词，具有多重内涵，如耕种、住居、练习、留心或注意、敬神等，含有通过不断努力摆脱自然状态的意味。英文、法文 Culture 和德文 Kultur 在拉丁文 Cultura 原来意义的基础上逐渐由耕种引申为对人类心灵、知识、情操、风尚的化育。

从辞源学上来说，"语"和"文"都是动词，都有使事物变得美好，尤其是使人变得美好、文明、进步的意味。"语"和"文"二字结合使用为"语文"，成为一种专门的知识、文化，进而成为教育活动中的专门课程，也包含了化育生命、启迪心智的意义，只不过这个过程是通过语言、文字、文学、文化作为传递物或媒介来实现。而化育生命、启迪心智正是我们教育

① 冯天瑜、何晓明、周积明：《中华文化史》，上海人民出版社，1990。

目的之所在："教育的目的并不在于传授或接纳某种外在的、具体的知识、技能，而是要从人的生命深处唤醒他沉睡的自我意识、生命意识，促使其价值观、生命感、创造力的觉醒，以实现自我生命意义的自由自觉的建构。"①"语文"作为一门知识文化课程，其目的莫不如此。日本著名教育家小原国芳针对日本国语教学，他做出了这样的强调："国语教学不只是简单的文字或字母用法和段落或句读的问题，除此之外，更重要的是内容问题。国语不是训诂之学，而是活的思想问题，是川流不息的生命。"②换言之，语文是人的人文化成的生命摇篮，是人的生命活动的记录和标示，其最基本的本质属性是由语文的基本内容——语言、文字、文学、文化所决定。语文课程最基本的属性在于它的言语意义性，即语文课程的意义世界，这是语文课程有别于其他课程的关键和核心。③

行文至此，笔者认为，语文教学是一门以语言、文字、文学、文化为媒介，通过特殊的文化活动，按照一定程序而实施的一种化育生命、启迪心智的言语意义性知识文化课程实践活动。然而，语文教学要想将化育生命、启迪心智化作一种实实在在的教学实践活动，必须依赖语文课程的本质属性来确定具体的实践行为。因此，对于语文课程区别于其他课程的基本属性必须予以探究。

语文或者语文课程教学的属性问题，不仅是关系到语文课程教学论的认识问题，更是关系到语文课程方法论的问题，尤其关系到语文课程教学的实践行为。对"语文"定义的差异导致了对语文或者语文教学本质属性的确认纷争，所以语文课程本质属性一直是学术界争论不休的问题。从20世纪中期到现在，在学术界大致存在工具性、人文性、工具性与人文性统一、言语性四种语文属性观。

第一种是工具性属性观。这一观点主要出现在20世纪五六十年代至80

① 曹明海：《语文教学解释学》，山东人民出版社，2007。

② 〔日〕小原国芳：《小原国芳教育论著选（下卷）》，由其民、刘剑乔、吴光威译，人民教育出版社，1993。

③ 曹明海主编《语文教学本体论》，山东人民出版社，2007。

年代，其中有“政治工具”论和“语言工具”论两种表现形式。主要代表人物是被称为语文学界“三老”的叶圣陶、吕叔湘、张志公。叶圣陶先生在很多场合用“说话”“语言”等代替“语文”，从而表达了自己的语文工具观。他说：“我们说语言是一种工具，就个人说，是想心思的工具，是表达思想的工具；就人与人之间说，是交际和交流思想的工具。”① 叶圣陶先生还明确指出语文的工具性，他认为“语文是工具，自然科学方面的天文、地理、生物、数、理、化，社会科学方面的文、史、哲、经，学习、表达和交流都要使用这个工具。”② 叶圣陶先生所抱持的语文“工具性”的思想是当时正在建设之中的语文学科与刚刚起步的语文课程的产物，在学术界得到了很多人的认同，对推动语文教学的发展无疑产生了很大的影响。然而，语文抑或语文课程是一种动态的文化形态，叶圣陶的语文工具说受到学术界的质疑，尤其是其中功利主义和实用主义原则下的经世致用思想。显而易见，语文“工具性”将语文狭隘化、庸俗化了，在一定程度上消解了语文的本体性和人文性价值。这样看来，“工具性”不能从根本上使得语文学科与其他课程区分开来，“工具性”虽然是语文学科的基本属性，但不是语文学科的本质属性。究其原因，一是新中国成立初期，我国的教育包括语文教学在内的理论深受苏联教育工具论思想，尤其是受斯大林语言观的影响。③ 二是美国实用主义哲学家杜威关于语言“是彼此交换意见的工具”“是社会生活的工具”④ 的经验主义和工具主义思想对叶圣陶先生的语文观产生了影响。

第二种是人文性属性观。这一观点主要出现在 20 世纪 80 年代中期到 90 年代末，所谓语文人文性就是强调人文性是语文的基本属性；批评语文教学人文精神的失落，呼吁语文教学应注重人文关怀；认为语文教学充满主体情感和人生体验，尤其认为语文之语言是人的有机组成部分，有着强烈的

① 叶圣陶、刘国正：《叶圣陶教育文集》（第三卷），人民教育出版社，1994。

② 叶圣陶、刘国正：《叶圣陶教育文集》（第三卷），人民教育出版社，1994。

③ 斯大林说：“语言……乃是作为人们交际的工具，作为社会中交流思想的工具，作为使人们相互了解并使人们在一切活动范围中调整其共同工作的工具。”斯大林：《马克思主义与语言学问题》，人民出版社，1951。

④ 〔美〕杜威：《杜威五大演讲》，胡适译，安徽教育出版社，1999。

人道、人生、人性、人格意向，强化“人”在语文教学中的地位。主张语文人文性属性的学者以陈钟梁①、韩军②、于漪③为代表，他们的主张及其思想在学术界引起极大反响。当然，语文人文性属性观的提出对于纠正盛极一时的语文工具性属性观及重视语文教学中人的作用起到了重要作用。但是，语文具有人文性并不等于语文的全部意义都是人文性。

第三种是工具性与人文性统一属性观。这一观点突出反映在《全日制义务教育语文课程标准（实验稿）》（2001）的表述中，其对语文课程是这样定义的：“语文是最重要的交际工具，是人类文化的主要组成部分。工具性与人文性的统一，是语文课程的基本特点。”尽管没有直接提到基本属性，但是作为语文教学的纲领性文件，无论是从事语文教学论研究还是语文教学实践的教师，都自觉地将其视为“基本属性”或“本质属性”来理解和行动。应该说，这种所谓辩证式、折中式的表达很好地解决了学术界长期以来“工具性”与“人文性”争论的问题，但它依然没有揭示语文的最基本属性，尤其给语文教学实践带来了模糊性和不可操作性，导致很多教师在语文教学中无所适从。工具性与人文性统一说的提出，是《全日制义务教育语文课程标准（实验稿）》集体讨论、集体制订、集体智慧的结果。

第四种是言语性属性观。这一观点是语文教学论受当代西方哲学启示而提出来的，在学术界产生了一定影响。以钟启泉、曹明海、潘新和为代表，他们在探讨语文教学本体性存在时，从语文学科的角度提出语文有别于其他学科或者其他课程的基本属性在于语文的言语性。他们认为语文工具性只是以语言的一种性质来界定语文的特性，语文人文性只是以人文学科的共性来界定语文的个性。因此，两者都把语文视为人的身外之物，没有揭示出语文和语文教学的言语生命特性。他们还进一步认为，“语文学者还从未在人本

① 陈钟梁：《是人文主义，还是科学主义？——语文教学的哲学思考》，《语文学习》1987年第8期。

② 韩军：《限制科学主义 张扬人文精神——关于中国现代语文教学的思考》，《语文学习》1993年第1期。

③ 于漪：《弘扬人文 改革弊端——关于语文教育性质观的反思》，《语文学习》1995年第6期。

身的内在需求、言语和人的存在关系——人的言语生命意识的层面上观察语文教学的特质，在言语生命动力学的视野中认识语文教学的现象和行为。"[①]在这里，言语不只是语言，是"指语文课程所独具的'个人在特定语境中的具体的语言运用和表现'的特殊属性"[②]。概而言之，语文言语性属性观有这样一些特点：一是认为言语不等于语言，但包含了语言，言语是具体的语言运用和表现，是"说话者赖以运用语言规则表达其个人思想的组合"[③]。二是强调言语的个人品性，语言存在于集体之中，而言语基本上是一种个人的选择和实现行为，是语言的个人组合，是个人表达思想的独特方式，它是以表达者的意志为转移的个人组合，而且这种组合的变化是多元的、动态的、无限的，是个人对语言进行选择的结果。正如语言学家索绪尔说的："在言语中没有任何东西是集体的，它的表现是个人的和暂时的。"[④] 三是渗透了语文的人文性可以通过言语性来达成，没有将语文的人文性排斥在语文大门之外，因为良好的言语性势必也就内含着丰富的人文性。以言语性定位语文属性，"学生在书面语言和口头语言的学习、运用和创制的过程中，自然会汲取积淀于言语中的历史、文化、思想、情感、思维方式等内涵，增进自身的人文修养和综合学养。"[⑤] 四是以言语定位语文属性，特别是赋予言语本体性存在的意义，确定了语文的本体性特征的价值取向，而这种价值取向主要在于"体现的最深刻的本质是指证人（人类）的存在，是人（人类）的自悟和自证，是人（人类）的自我选择的'此在'。其终极指向是人（人类）对自身言语生命特性和对精神生命意义、价值的彻悟，即人（人类）的存在性。"[⑥]

综合来看，上述四种语文属性观反映了我国语文教学论和语文教学实践所走过的艰难历程，是学科与课程建设发展的必由之路，可谓真理越辩越

---

① 曹明海主编《语文教学本体论》，山东人民出版社，2007。
② 曹明海主编《语文教学本体论》，山东人民出版社，2007。
③〔法〕罗兰·巴尔特：《符号学原理》，王东亮等译，生活·读书·新知三联书店，1999。
④〔瑞士〕费尔迪南·德·索绪尔：《普通语言学教程》，高名凯译，商务印书馆，1980。
⑤ 曹明海主编《语文教学本体论》，山东人民出版社，2007。
⑥ 曹明海主编《语文教学本体论》，山东人民出版社，2007。

明，越辩越靠近真理。从历时性角度而言，前三种语文属性观都具有各自的时代特征，都有各自存在的理由，我们不能说是完全错误。基于语文学科、语文课程发展的动态趋势和本研究的研究取向，笔者在本文研究中选择了第四种语文属性观，即语文的言语性属性观。

（四）诠释学

“理解”作为人类的一种普遍的文化现象，经历了一个从自发到自觉的发展过程，把“理解”定义为“人类的一种存在方式的意义”是从19世纪诠释学（解释学）开始的。诠释学发展到20世纪，海德格尔和伽达默尔等最终完善了以“理解”为核心的哲学诠释学理论体系。伽达默尔认为，诠释学首先是一种实践，是理解和达到理解的艺术。因此，在诠释学形成和发展过程中，不同的诠释学家从各自的视野出发，围绕理解、意义等问题发表了各自的见解由此生成了不同样态的解释学理论。尽管本文是以哲学诠释学的话语为中心对语文教学展开研究，但是为了更好地理解其本质特征及意义，在此很有必要梳理一下诠释学的形成和发展历史。依据诠释学所研究的核心即“理解”现象被赋予的不同内涵，学术界一般将这一历史过程分为三个时期，即古典诠释学或解经意义上的诠释学、认识论或精神科学普遍方法论上的诠释学、本体论或存在论意义上的诠释学。

1. 古典诠释学或解经意义上的诠释学

19世纪之前，或者说，当人们还没有关注精神科学（人文社会科学）所使用的方法的合理性问题之前，诠释学处于古典时期。诠释学（Hermeneutics）这个词语最初来源于希腊文中的赫尔默斯（Hermes），这也是古希腊神话中一位信使的名字，向人们传达诸神的旨意是信使的主要任务。但诸神的语言与人间的语言不同，在信息传达过程中，赫尔默斯是根据自己的前理解来领悟诸神的内涵。很显然，它不是一种简单的、机械的复制和重塑，而是融入了赫尔默斯自身的理解和解释，这种翻译和解释就是赫尔默斯自己的理解。“前者是把人们不熟悉的诸神的语言转换成人们自己的语言，后者则是对诸神的晦涩不明的指令进行疏解，以使一种意义关系从陌生的世界转换到我们自己熟悉的世界。”[①] 所以，诠释学在古希腊主要是指对《荷马史诗》等古典文献的注解和解释的技术。为了获得文本所体现的创造者的精神世界，逐步发展为一种关于诗的解释艺术，形成了两种对立的解释原则，即“寓意解释”和“语法解释”。[②] 中世纪时期，基督教取得西方的统治地位以后，诠释学演变成为解释《圣经》的一种技术。马丁·路德（Martin Luther）视《圣经》为一种自我解释，它本身就有一种不言自明的意义，亦即“圣经自解”原则。也就是说，人们可以根据《圣经》中的文字本身所蕴含的意义去理解《圣经》。马丁·路德的继承者认为：“通过对这些规则合乎技术的运用，我们一定可能达到一种普遍有效的解释。”[③] 17至18世纪启蒙时代，诠释学自然接纳了理性主义的思想，不仅克服了先前技术性的诠释学缺点，而且确立了诠释学作为一门独立学科的地位[④]。接着，著名学者斯宾诺莎（Spinoza）认为，如果要理解那些比较难以理解的文本，必须从历史—语言的视角来分析。换句话说，我们可以根据《圣经》的历史来解释《圣经》，从而对《圣经》做出合理的确证和解释，上述这些观点都属于古典形态的诠释学。这一时期所谓的理解也就是我们通俗意义上的理解。

大致来说，这一时期诠释学秉持这样一些基本共识：首先，确立了理解的对象即以文字为记载符号的历史文本的独立地位；其次，认为文本是多义的，其中必定有一个是确切意义，理解就是揭示文本的确切意义；最后，理解是一种技艺，可以通过训练和学习加以增进，或者说诠释学更多地与逻辑学、修辞学关联，而不是哲学。尽管这个时期的诠释学还不能被称为真正意义上的诠释学，但是无疑为后来诠释学理论的形成和发展奠定了较好的

---

① 洪汉鼎：《诠释学——它的历史和当代发展》，人民出版社，2001。

② 所谓“寓意解释”即以象征的方式解释文本字面背后的意思，主张从先在的意蕴（精神）出发去发掘文本的内容，侧重以意蕴为出发点；“语法解释”解释的根据在于史诗文本文字自身，主张从对文本的内在结构分析中去发现文本的意义。

③ 洪汉鼎：《理解与解释——诠释学经典文选》，东方出版社，2006。

④ 诠释学作为一门独立学科地位的确立，是丹恩豪尔（Dannhaur）在1654年出版的《圣经诠释学或圣经文献解释方法》一书中正式提出解释学这一学科，并对解释学与传统的哲学附属学科修辞学、逻辑学及语法学之间的关系作了论述。

基础。

2. 认识论或精神科学普遍方法论上的诠释学

从19世纪至20世纪初，诠释学的重要代表人物是阿斯特、施莱尔马赫、狄尔泰。他们的诠释学思想不仅标志着诠释学的基本形成，而且为哲学诠释学的创立提供了明确的思维指向和坚实的理论基础。

阿斯特（Georg Anton Friedrich Ast）是19世纪德国诠释学的早期代表，他认为所有的具体存在都是精神的体现。一个文本的本质是普遍精神与作者自身的个别精神的结合。所以，理解的真正目的就是把握文本的精神。文本的这种普遍精神和个别精神是理解得以实现的条件。为了实现对文本的理解，阿斯特区分了理解的三要素及其三种理解方式。理解的三要素就是文本的文字、意义和精神，因而诠释学可分为文字诠释学、意义诠释学和精神诠释学。与此相应的理解就可以分为历史的理解、语法的理解和精神的理解。“历史的理解指对作品的内容的理解，也就是揭示什么内容构成作品的精神；语法的理解指对作品的形式和语言的理解，也就是揭示作品的精神所表现的具体特殊形式，其中包括训诂、语法分析和考证；精神的理解指对作者和古代整个精神的理解。”[①] 尤其是阿斯特发现了理解的性质，认为对已有事物的再生产或再创造的过程就是对作品的理解和解释。这一再创造的思想使得诠释学开启了由作品指向逐渐向作者转向的大门，启发施莱尔马赫对诠释学继续思考。

施莱尔马赫（Schleiermacher）是现代诠释学的奠基人，他是普遍诠释学的典型代表人物，认为普遍诠释学是一门关于理解和解释的普遍科学或艺术。自此以后，诠释学的目的就不再是寻求一种真理，不再是一味追求客观事物的精确性，不再是还原事物的本质，而是要发展一种有助于我们避免误解文本、误解他人的方法。“诠释学作为一门普遍的技艺学，其目的就是首先要像作者一样好地理解文本，然后甚至要比作者更好地理解文本”[②]。这

① 洪汉鼎：《理解与解释——诠释学经典文选》，东方出版社，2006。

② 洪汉鼎：《理解与解释——诠释学经典文选》，东方出版社，2006。

段话，实际上是说施莱尔马赫确立了诠释学的一般性，开创了诠释学的新领域，那就是认为理解者能够“比作者更好地理解他自己”。

狄尔泰（Wilhelm Dilthey）是生命哲学的代表人物。在他的思想体系中，诠释学与其精神科学理论有着密切的关联，诠释学的主要任务是回答“人的理解和解释何以可能”的问题，或者说要用诠释学引导哲学的发展，把理解和解释问题作为哲学的核心问题。首先，狄尔泰区分了精神科学和自然科学，由于其学科性质的不同，研究方法也不同。他认为精神可以从以下两个方面来理解：其一，人的抽象思维、概念判断、逻辑推理等理性的创造能力属于精神的一部分，这也是人与动物得以区分的基本属性；其二，精神的创造性活动所显现出来的客观化的事物。因此，精神科学是独立存在的，具有确定性。精神科学“它的对象不是在感觉中所给予的现象，不是意识中对某个实在的单纯反映，而是直接的内在的实在本身，并且这种实在是作为一种被内心所体验的关系”。[①] 由于精神科学内在的实在性，其研究方法必然是需要体验，与自然科学不能相提并论，他的一句名言为“我们说明自然，我们理解精神。”[②] 在狄尔泰看来，这种理解就是“我们把这种我们由外在感官所寄予的符号而去认识内在的思想的过程称之为理解”。[③] 那到底理解何以实现呢？由于精神科学的理解具有强烈的主观性，狄尔泰进一步认为人的心理经验、生命经验可以相互理解，即从一个人的内在经验转向另一个人的内在经验，这就是“深入”；另一个得以实现的途径就是“体验”，“在理解过程中，理解与体验本身发生关系，而体验恰恰又只是对某种情况中的整个精神事实的觉察。因此，在一切理解中都有一种非理性的东西，如同生命本身就是这样一个非理性的东西一样。”[④] 应该说，诠释学发展到狄尔泰这里，实现了从对语言文本的理解转向对历史的理解，历史被看作文本，不仅必须理解，而且是可以理解的。

---

① 洪汉鼎：《理解与解释——诠释学经典文选》，东方出版社，2006。

② 洪汉鼎：《诠释学——它的历史和当代发展》，人民出版社，2001。

③ 洪汉鼎：《理解与解释——诠释学经典文选》，东方出版社，2006。

④ 洪汉鼎：《理解与解释——诠释学经典文选》，东方出版社，2006。

综上所述，这个时期的诠释学即普遍方法论时期的诠释学，对理解的思想可以概括如下：首先，理解是精神科学、人文社会科学的普遍方法，与自然科学的说明方法相对应；其次，理解的对象不是自然的、客观的事物，而是凝结着他人精神生命的所有的符号性文本；最后，文本的意义不是自明的，它需要借助于“理解”这样一种人文科学特有的方法加以揭示。

3. 本体论或存在论意义上的诠释学

本体论或存在论意义上的诠释学也被称为哲学诠释学。主要以20世纪海德格尔、伽达默尔和利科尔等为代表，他们的主要使命在于回答：理解实践对理解者有什么样的意义（Significance）?

海德格尔（Martin heidegger）受胡塞尔现象学的启发，创立了本体论意义上的存在论哲学，使得传统的诠释学发生了一场根本性的转变，转变为“此在的诠释学”。他的存在论诠释学包括一系列的概念、范畴和命题。首先是他对“理解”含义的扩展。他认为理解就是对“此在”的理解，并由此实现了诠释学由精神科学的方法论到本体论的转变。海德格尔用“生存”概念来替代了“理解”概念，在他的理论体系中：“理解”是人类存在的一种特性，是一种对人的存在的基本规定；“理解”不是主体的处事方法，而是存在本身的存在方式。理解是“最初的、最后的和持久的任务”①。其次是对“意义”的阐释，他认为理解是为了让存在的意义绽放出来。理解者对理解对象的理解不是去发现文本的意义，文本的意义正是在理解者与理解对象的对话过程中被创造出来的，这个意义不是作者本身的意义，事实上也不可能恢复到作者创作时的意义。因为文本的理解是要受到历史、传统、语言等条件的规约，这个意义是在自己的存在中领悟到的，是一种关乎自身存在的意义，自身存在的意义通过“此在”对自身的审视而被理解，意义就是伴随着理解过程一同被发现和创造。所以，海德格尔所说的意义不是文本本身早已存在的意义，而是理解中生成的意义，这种意义只有通过特殊的存在者——“此在”（人）的不断询问才得以显现。因此，意义不是先验的、

① 陈振中：《论教育诠释学的研究向度》，《西北师大学报》（社会科学版）2004年第5期。

固有的，而是在理解的询问中不断生成的。最后是关于语言之存在的家园，这是海德格尔后期哲学研究的中心。

伽达默尔（Hans Georg Gadamer）是诠释学之集大成者，实现了诠释学向哲学诠释学的转向。伽达默尔继承了海德格尔对诠释学的本体论的理论思想，他认为诠释学就是哲学本身，它是以理解和意义为核心的哲学，理解和解释是人类世界经验的原动力。哲学诠释学的实质是关于人的世界经验和生活实践问题的探究，是对“理解怎样得以可能”[①] 的探究，是一种关于人文科学和人类历史的哲学。伽达默尔的哲学诠释学主要针对以下这些问题展开讨论。

首先，关于真理问题的思考。正如维特根斯坦的语言分析以游戏为出发点一样，伽达默尔探讨艺术真理的入门概念也是游戏（Spiel）。在他看来，游戏者不是游戏的主体，只有游戏本身才是游戏的真正主体。游戏者只有遗忘了自己的游戏目的，以一种轻松、忘我的状态进入游戏中去之后才能真正进入游戏。因此，游戏本身就是吸引和束缚游戏者于游戏之中的东西。游戏的最大魅力在于，游戏者在游戏过程中能够以一种相对自由的状态进入游戏，能够使自己摆脱控制和束缚，因此，他说：“游戏的存在方式就是自我表现。”[②] 但是，游戏者在游戏中要达到自我表现的目的，就需要观赏者，游戏只有在观赏者那里才能赢得其自身的存在意义。这样，游戏者和观赏者一起进入了游戏的当下，由游戏者参与的游戏活动本身才是游戏的真正主体。在伽达默尔看来，艺术作品的真理性既不依赖于作品，也不依赖于作者，而是存在于理解者对理解对象的阐释过程中，真理的阐释过程是理解者自身的一种创造性的活动。

其次，关于精神科学的理解问题。伽达默尔阐释艺术的真理性，也许是为了进一步考察精神科学，主张广义的文本就是精神科学的研究对象，亦即

① 〔德〕汉斯-格奥尔格·伽达默尔：《真理与方法：哲学诠释学的基本特征》，洪汉鼎译，商务印书馆，2010。

② 〔德〕汉斯-格奥尔格·伽达默尔：《真理与方法：哲学诠释学的基本特征》，洪汉鼎译，商务印书馆，2010。

人的各种历史流传物，任何理解和解释都依赖于理解者和解释者的前理解。“理解甚至根本不能被认为是一种主体性的行为，而要被认为是一种置身于传统过程中的行动，在这个过程中过去和现在经常地得以中介。”① 因此，“一切诠释学条件中最首要的条件总是前理解，……正是这种前理解规定了什么可以作为统一的意义被实现，并从而规定了对完全性的先把握的应用。”②

前理解或前见是理解过程中的一种积极性因素，这是由历史所赋予的，它为理解者提供了特殊的“视域”（Horizont）。伽达默尔认为历史视域不是封闭和孤立的，理解者在理解的过程中会不断扩大自己的视域，使它与其他视域相交融，这就是伽达默尔所谓的“视域融合”（Horizontverschmelzung），“理解其实总是这样一些被误认为是独自存在的视域的融合过程”。③ 在理解者与理解对象的融合过程中，历史和当下、主体和客体、自我与他者构成了一个有机的统一体，视域融合也是历时性存在和共时性存在的统一，关于视域融合的理解是属于被理解东西的存在，是一种超越存在本身的理解者对自身的认识，这样理解就达到了“效果历史”（Wirkungsgeschichte）。伽达默尔说：“真正的历史对象根本就不是对象，而是自己和他者的统一体，或一种关系，在这种关系中同时存在着历史的实在以及历史理解的实在。一种名副其实的诠释学必须在理解本身中显示历史的实在性。因此我就把所需要的这样一种东西称之为‘效果历史’。理解按其本性乃是一种效果历史事件。”④ 伽达默尔认为，任何事物的理解都与效果历史有密不可分的关系，因而理解者在面对理解对象时，效果历史是理解者无法绕开的维度。理解不

① 〔德〕汉斯-格奥尔格·伽达默尔：《真理与方法：哲学诠释学的基本特征》，洪汉鼎译，商务印书馆，2010。

② 〔德〕汉斯-格奥尔格·伽达默尔：《真理与方法：哲学诠释学的基本特征》，洪汉鼎译，商务印书馆，2010。

③ 〔德〕汉斯-格奥尔格·伽达默尔：《真理与方法：哲学诠释学的基本特征》，洪汉鼎译，商务印书馆，2010。

④ 〔德〕汉斯-格奥尔格·伽达默尔：《真理与方法（上卷）——哲学诠释学的基本特征》，洪汉鼎译，上海译文出版社，2004。

是一种主观行为，而是属于效果历史。换而言之，理解是属于被理解东西的存在。

正如有的学者所阐释："诠释学发展到伽达默尔，才真正意义上实现了从方法论到本体论的转变，从文本到人的自身存在的转变，从人文科学的知识认知到人生经验与生命意义的转变，诠释学已然成为揭示人与历史传统、人与语言、人与世界、人与自身的关系的形式，才真正参与到人类的生活经验之中。"[①] 当然，在这样一个形成、发展的过程中，还包括了意大利哲学家贝蒂（Emilio Betti）和后来继续沿着哲学诠释学路向发展的赫斯（Hirsch）、利科尔（Paul Ricoeur）和哈贝马斯（Habermas）等人的诠释学，考虑到本文核心问题和文章篇幅，在此对他们的诠释学思想不作一一评述，在本书的相关论述中会提及。

二 创新之处

第一，研究视角的拓展。本研究以语文教学理论为"体"（结构框架），以哲学诠释学理论为"用"（思想方法），采用跨学科的研究方法，从哲学诠释学视角审视语文教学实践中的核心问题，力求突破已有语文教学研究中的局限，解决语文教学中悬而难解的问题。哲学诠释学是一门研究理解与意义的理论，这些理论对于认识语文教学中个体生命的意义有着重要的价值，有利于研究者们从整体上去把握语文教学的意义，体验语文教学活动中相关者的现实生命活动以及隐藏在各种现实背景之中的生命内在价值。

第二，研究观点的新颖。本选题从哲学诠释学的角度解读与把握语文教学的内涵，超越原来纠缠于语言文字、语言文学、语言文章、语言文化等具体范畴的平面视野，打破非此即彼、主客二分的思维方式，获得一种更为适切的理论基点，实现从实体性思维向关系性思维的转变，即不是从语文的外在表现形态来界定其本质内涵，而是深入到所有这些外在表现形态的内部去分析其共同的结构基础和内在功能关系。在研究中解析了当下语文教学的实

① 金生鈜：《理解与教育：走向哲学解释学的教育哲学导论》，教育科学出版社，1997。

然现状，提出了语文教学意义世界失落的观点，并通过理解、对话、体验等途径来生成语文教学的意义世界，并主张以下观点：语文教学目标的价值在于意义彰显；语文教学中的文本解读是一种意义阐释；语文教学中的师生对话是一种意义表达；语文教学中师生体验是一种意义实现。因此，对语文教学的目标、内容、师生关系、方法等要素进行哲学诠释学解读的过程也是语文教学意义彰显、意义阐释、意义表达、意义实现的过程。可以说，语文教学指向更为丰富与完善的个体生命意义的生成。

第三，研究方法的融合。从研究的理论基础和方法来看，本研究将理论阐释建立在语文教学现实和案例的基础之上，试图在思辨研究与案例研究之间找到一个恰切的平衡，一方面克服了大多数研究单纯追求“宏大叙事”而驻足于理论思辨的弊端，另一方面克服了当前大多数质性研究“只重文本描述，忽视理论构建”的研究缺陷，缩小了理论与实践的差距，使理论与现实很好地融合。换而言之，理论研究应该指向对现实的批判和建构，应该对现实进行理性回归，质性研究也不能停留于简单的现象扫描，最终应提升到理论的高度。

因此，本研究立足于哲学诠释学，结合文献研究法、哲学思辨法、案例分析法，在历史与逻辑、理论与实践相统一的基础上回到语文教学中寻求语文教学的意义世界。

第二章 理论基础：哲学诠释学对语文教学的意蕴

时代的病要用改变人类的生存方式来治愈，哲学问题的病则要从改变人类的思维方式和生存方式来治愈。

——维特根斯坦

哲学诠释学作为一门研究理解与意义的理论运用于诸多学科领域，在学术界产生了广泛而深远的影响，如在教育、教学领域就出现了理解教育、理解教学、教学理解、教育的理解性、理解课程等概念与范畴，这些概念与范畴为教育教学研究提供了崭新的话语视角。语文教学作为一种以文本为内容，以提高学生语文素养、发展学生精神生命为主要任务的社会文化实践活动，它与哲学诠释学有着密切的关联。

第一节 哲学诠释学的要义解析

哲学诠释学是对人类事物本源性的一种探求，它不仅揭示了人类与文化、历史、传统、语言、世界等关系的内涵，还阐明了人类所有生存、文化活动的一种内在本质特征。尤其是关于意义、理解、对话、体验等的阐释，对人文社会科学甚至自然科学和人类思维方式都产生了深刻的影响。

一　意义：生命存在之本体性的追问

人处在世界之中，同样也处在时间之中，具有时间性。人的时间性意味着人生的有限性，也意味着人总是朝向未来的。人永远朝向未来，但同时他也肩负着过去的传统，并在传统的基础上理解现实。人的存在植根于过去，立足现实，面向未来。"'人'在'事实上'是一种'现实性'（Wirkilchkeit），但是从存在论来看则是一种'可能性'，是一种'存在的可能性（seinkonnen）'，因而它是面向未来的。"[①] 人生活的过程就是不断地追求、实现人的社会发展的可能性过程，它在生活中是一种期待的存在，总是期待着人生意义的实现。意义对于人而言，具有指引性。意义的指引是一种精神的力量，它使人有价值地存在。

然而，意义不是抽象的、固定的，它总是在人的理解中不断生成变化。海德格尔认为意义不是文本本身早已存在的原义，而是理解中动态生成的意义，这种意义只有通过特殊的存在者——此在（人）的不断询问才得以显现。理解的目的就是让存在的意义得到充分的彰显和绽放。理解并不是为了去恢复、再现作者创作时的原义，而是理解者在具体情境中所唤起的当下的存在意义。也就是说，文本的意义是在对自身的理解中被发现和创造出来的。因此，意义不是先验的、固有的，而是在理解的询问中不断生成的。伽达默尔也认为，哲学诠释学所寻求的并不是对终极意义和确定性的解决和认定，"每一说话者与其同伴进行的内在无限性是永远不会穷竭的，这就是诠释学的基本维度"。[②]

意义世界是人所具有的特殊世界。人寻求意义就是在找寻自己内在的精神需求，人创造意义就是在创造自己作为存在主体与世界交往的方式和立场。人追求意义、创生意义的过程就是不断地确证自己的过程。对意义的无穷探索，实际上就是对人类自身生命的无穷探索，就是对生命存在之本体性的追问。

---

① 叶秀山：《思·史·诗——现象学和存在哲学研究》，人民出版社，1988。

② 〔德〕汉斯-格奥尔格·伽达默尔：《美的现实性》，张志扬等译，生活·读书·新知三联书店，1991。

二　理解：意义生成的途径

理解问题是哲学诠释学的核心。海德格尔把作为“缘在”（Dasein）的人对存在的理解视为理解的本质，认为理解即“缘在”的存在方式，而不仅仅是一种认识事物的方式。因此，我们在理解任何问题或事物时，不能简单地局限在文本内容包括对文本的历史间距、文化差异等的理解上，同时还要讨论最本质的问题，即与人们当下的生存、生活、生命息息相关的理解问题。在伽达默尔的理论体系中，理解的目的不是去复原和重建文本的最初意义，而是理解者充分进入当下参与语言、历史、文化的讨论。当理解者的视域与文本的视域一起达到海平线时，就会产生视域融合，视域融合的过程就是理解者对文本的阐释过程。与此同时，自己的视域会进一步扩大，从而得到一种新的普遍性的提高，这种普遍性提高的过程就是意义生成的过程。正如伽达默尔所说，理解不是一种机械重复的行为，而是一种创造性的行动。故而文本没有唯一确定的意义，永远会超越它最初的原义。

哲学诠释学认为单一文本通过理解能够得到不同的意义，伽达默尔说：“如果我们一般有所理解，那么，我们总是以不同的方式在理解。”① 因此，理解是多样的。由于理解是处在不同历史条件下的创造，理解过程中的视域是随着历史环境的变化而变化、永无止境的，因而人们对某一对象的理解也是变化的，解释也是无限的。解释的主要任务是人们必须从他自己的观点出发而进入被理解的他者。尽管有人认为理解者在解释活动中应力图不带任何个人色彩进入被理解的他者，但事实上理解者的主观意向性总是不可避免地介入其中。在诠释学看来，理解的过程也是“视域融合”的过程。它包括理解者与文本、历史与现实等范畴之间的视域融合。理解者在历史的关联中把握作者未意识到的作品的意义和它的个别性，完成对作品的理解和超越，实现“创造性”理解。可见，理解所完成的不是纯粹地回归到作者那里，

① 〔德〕汉斯-格奥尔格·伽达默尔：《真理与方法（第1卷）——哲学诠释学的基本特征》，洪汉鼎译，上海译文出版社，1999。

它既是对预设内容的一种掌握，同时又生成了新的内容，被理解的意义不断扩大，不断达到新的统一性。[①] 或者说，理解的意义不是预先存在于理解活动中的某种特定的、静止的意义，而是有待于理解者去发现和创造的意义。就此而言，理解者对文本的理解甚至能超过作者自己。[②]

在哲学诠释学看来，理解不是技艺、不是方法，而是存在的显现，是一种创造性的活动。理解是解释者通过生命的各种表现形式（如语言、表情、艺术作品等）去把握其中所展现的生命意义的途径，它是意义的生成之途，意义正是在理解的瞬间产生。

三 对话：意义表达的方式

在哲学诠释学那里，对话成为一种哲学概念和理论。"伽达默尔对解释学最根本的贡献就在于他努力把解释学从解释的技艺学或方法论中解放出来，并使理解活动作为一种对话式的并且超主观的过去和现在的中介事件。所谓对话式的，就是说理解的每一过去与现在的中介都是理解—解释者与文本的特定对话，所谓超主观的，就是说理解中所发生的过去与现在的中介都是超越理解者的自觉控制。"[③] 伽达默尔实现了理解活动从独白模式到对话模式的转变，并且这种对话模式超越了理解者的主观控制。

伽达默尔从对话上去寻找解释学的本性，最终在对话中找到了解释学的"原型"和"栖身之所"[④]。从这里我们可以看出，伽达默尔倡导的并不是一种关于"自我"的单方面阐释，而是一种"我—你"的关系式对话；也并不是一种自言自语的言说，而是一个世界向另一个世界的敞开、接纳、融合，这种敞开意味着一种未来的可能性存在。在对话的过程中，每个人都持开放的态度，汲取对方有价值的观点，不断修正自己所谓的"一贯坚持的

---

① 金生鈜：《理解与教育：走向哲学解释学的教育哲学导论》，教育科学出版社，1997。

② Vgl. Schleiermacher, Hermeneutik und Kritik.

③ 〔德〕汉斯-格奥尔格·伽达默尔：《哲学解释学》，夏镇平、宋建平译，上海译文出版社，1994。

④ 〔德〕雅斯贝尔斯：《什么是教育》，邹进译，生活·读书·新知三联书店，1991。

观点”，从而形成新的理解，当然新的理解又会成为自己新的“一贯坚持的观点”，继续主导着自己下一次的理解。伽达默尔强调对话的目的就是对话双方要全面敞开和交流，生成和创造一种新的理解，形成一种新的意义。“在敞开和交流的互动中，二者发挥出最大的潜力，碰撞出思想的火花，从而使对话成为一个新旧视域融合、生成新意的过程。用一种形象的话说，在这种对话中，文本就像是一部乐谱，在其演奏中不断得到读者的反应；又像是一个具有无限魅力的提问者，用自己一个又一个的深邃而迷人的问题，迫使理解者做出回答，而理解者一接触到这样的问题，就受到启发和感悟。”①

在哲学诠释学的理论体系中，对话是指对话双方基于自己的前理解，各自敞开自己的视域，通过相互交流、相互碰撞所形成的一种视域融合。它不仅指人与人之间的对话，也指人与文本之间的对话，这种对话方式不仅存在于语言中，也存在于语言之外，例如：人与文本对话、人与历史对话、人与生活对话、人与自然对话等。在理解过程中，对话双方打破了各自的局限性，进行心灵、精神的表达、互动和融合，对话双方从自我中走出来，与对方进行视域融合，从而形成了一个扩大了的新我。从这个意义上来说，对话是一种自我的更新、一种真理的生成或是意义表达的一种方式。

四 体验：意义实现的方法

在哲学诠释学中，对体验的论述却不同于一般认识论意义上的“经验”，而是具有本体论意义、源于人的个体生命深层的对人生的深切领悟。典型的代表人物有狄尔泰、海德格尔、伽达默尔等生命哲学家②，他们对体验作出了深刻的论述和理解。

在狄尔泰看来，体验是人感悟世界的一种方式，它不是一种表面的、外化的、形式上的现象，而是一种源自内心深处的、独特的、不可复制的，与人的生存、生活、生命有着直接关联的行为，是人对客观事物的一种主观投

① 滕守尧：《对话理论》，扬智文化事业股份有限公司，1997。

② 〔德〕海德格尔：《人，诗意地安居》，郜元宝译，上海远东出版社，1996。

射，是对生命的一种深刻领悟和体会。狄尔泰认为，世界的本体与人的生命一样，是一种鲜活的生命存在，不是一种外化的客观实在，然而生命是不可抑制的，是变动不居的，是一种永恒的冲动。它需要通过反复亲历才能获得，是对生命内在本质的把握，它是从生命的外在行动逐渐渗入能人的内在世界的理解过程，而不是通过抽象的概念、判断、推理来显现。体验具有整体性，人在体验中所领悟到的是一种整体的感知方式，它凝聚了人的情绪、情感、态度、价值观，是人对生活世界的整体反映，它与人的生存状态、生活世界、生命体验密不可分。体验是生命自身的直接经验，只有体验才能把握生命，因为生命存在于体验表达的本质中。[①] 狄尔泰把体验视为人感悟世界的一种方式，他把体验从认识论的层面上升到了方法论的高度。我们一方面要充分肯定狄尔泰的体验理论具有积极的启示意义；另一方面我们也要清醒地意识到狄尔泰的体验还停留在对他人的心理体验和揣摩、恢复到他人的原义层面上，因此我们需对此保持必要的审慎。

海德格尔认为体验是一种“领会”，是存在的一种显现状态。“领会”的目的不在于事物的结果，而在于“领会”生存本身。人在“领会”中始终在场，始终将自身与客观对象融为一体，打破了主客二元对立，人所“领会”的是人生经验、生活世界的一部分。从海德格尔的存在哲学来看，体验是一种非规定性的思，是一种存在的思。它不是一种认识，而是一种存在。它具有生命本体论的内涵，是指个体对生命意义的深切感受和领悟，它以生命为根基直接指向生命世界、价值世界。[②]

伽达默尔则不是直接谈及什么是体验，而是通过“经历”一词的意义来间接理解体验。经历是指“发生的事情还继续生存着”，说明它是一种实体性存在，是一种可以把握的实在。事实上，体验也是如此，当人在体验某个事物的时候，就是说明他正在将个体的整个情感、态度投入这一事物中，是对某一事物的整体认知。这种认知正在发生，并且还将继续发生。它是一

① 邹进：《现代德国文化教育学》，山西教育出版社，1992。

② 辛继湘：《体验教学研究》，湖南大学出版社，2005。

个伴随着人的整个情感状态的动态生成过程。由于人在情感状态、价值旨趣、历史传统等方面存在不同，每个人体验到的结果也不同。据此，他认为"如果某个东西不仅被经历过，而且它的经历存在还获得一种使自身具有继续存在意义的特征，那么这种东西就属于体验。"① 换而言之，体验并不是简单地指人经历了某个事物，更重要的是人在经历的过程中获得了某种主观的、独特的、深刻的感受。

伽达默尔认为："体验与生命是内在关联的。体验本身是存在于整体里，生命整体也存在于体验中。"② 伽达默尔的体验思想与狄尔泰的体验思想既有区别又相互联系，两者的共同之处在于强调体验与生命整体之间的内在联系。但伽达默尔在狄尔泰的基础上往前更进了一步，他认为人可以把世界当作客观对象来认识，但人的存在以及意义的彰显却离不开体验，人可以投入自己的整个身心去感受客观对象，通过体验将客观对象与自我生命融为一体，从而获得一种独特的生命体验。从这个意义上来说，体验是生命意义实现的重要手段。

第二节 哲学诠释学的教育研究向度

诠释学发展到海德格尔、伽达默尔，已经形成相当成熟的哲学诠释学理论体系，其内容涉及人生、世界、历史、传统、语言、艺术、审美甚至教育等诸多方面，对人文科学的各个领域都产生了重大影响。

哲学诠释学作为一种理论，其世界观和方法论的指向是实践性的，"在一定意义上，哲学对人生的研究与教育研究的关系更为直接"。③ 那么，哲学诠释学的理解理论对教育教学有哪些主要的实践诉求呢？美国著名教育学

① 〔德〕汉斯-格奥尔格·伽达默尔：《真理与方法——哲学诠释学的基本特征》，洪汉鼎译，上海译文出版社，1994。

② 〔德〕汉斯-格奥尔格·伽达默尔：《真理与方法——哲学诠释学的基本特征》，洪汉鼎译，上海译文出版社，1994。

③ 叶澜：《教育研究方法论初探》，上海教育出版社，2001。

家肖恩·加拉格尔在《解释学与教育》一书中是这样描述的：“如果教育意味着理解和解释；如果正式的教育实践通过使用文本和注解、阅读和写作来指引；如果语言的理解和交流对于教育制度是必需的；如果教育经验是一个包含对于生命的固定表达和对传统的传递或批判的时间过程；如果教育是人的事业，那么宣称把这一切作为自己学科内容的解释学就可给出能提供教育的过程进行深度理解的承诺。”① 哲学诠释学对理解和意义的追问，给当代教育研究带来了极大的启示，主要体现在以下几个方面。

一　教育目标：追求生活世界的意义

关于生活世界，胡塞尔对此有过深入的研究，但胡塞尔的生活世界理论是建立在认识论基础之上，他的生活世界理论将生活世界意识化、精神化，导致生活世界成为一种纯粹的意识生活和精神生活。海德格尔则在胡塞尔的基础上往前走了一步，它是一种以生存论为基础的实践学说，他提出“此在”的存在，即生存的原始的基本结构是“在世界之中的存在”（简化为“在世”）。“此在”是通过“在世”的展开来彰显“存在”的意义。海德格尔认为离开人的世界是不能确证的，离开世界的人更是虚无的。这种“在世界之中存在”的本质表明，人与世界的关系不是主客二分的对立关系，而是一种彼此融合的生活关系。因此，海德格尔的生活世界理论旨在对“存在的意义”进行追问，追问人的生活意义和生命价值。

以哲学诠释学中的生活世界理论来审视教育实践活动，教育中出现了与生活世界相疏离的现象，主要体现在：其一，这种教育活动过于沉迷理性、过于崇拜科学世界；其二，过于注重书本知识，将人囿于一个封闭的课堂中，与人的生活世界隔离开来，造成了人与生活世界的疏离；其三，过于强调人的知识认知过程，遗忘了人的精神世界，导致学生内心世界空虚。然而，教育要从这种现象中挣脱出来，最有效的途径就是让教育回归生活世界，把学生对生活世界意义的理解与建构当作教师真正的教育目的，使教育

① 〔美〕肖恩·加拉达尔：《解释学与教育》，张光陆译，华东师范大学出版社，2009。

重新找回其本真的意义。对生活世界的回归是教育活动的出发点和归宿，也是人类社会发展价值之所在。因此，我们应努力引导学生回到生活世界，唤醒学生主动去理解人与生活世界的自我意识。

二　教育内容：重在对文本的阐释

在哲学诠释学看来，教育内容就是一个扩大的文本，对教育内容的阐释就是对文本意义的把握。教育文本阐释的过程既是一个动态的过程，又是一个开放的过程。

文本阐释的动态生成性。教育活动中，师生相互对话、相互沟通，就是把握文本意义或作者精神的理解活动。① 教育文本是由语词组成的，语词是文本的存在方面，是一种物质存在。文本中的语词本身并没有意义，意义也不是语词本身特有的属性，而是理解文本的人赋予了文本主观的意义。文本的符号代表了理解者的精神，在一定程度上蕴含着作者的原义，它是作者情感、思维、精神等的综合体现。文本的意义是处于教育中的人依据作者创作文本时的意向性、理解者对文本的前理解等，在一定的教育情境中共同创造出来的。理解的本质不是反映文本内容而是精神交流，这种交流是动态的、生成的。从这个意义上说，对教育内容的阐释过程也是一个动态的过程，教育意义就是在动态的过程中被创造出来的。

文本阐释的开放创造性。文本本身并没有固定的意义，在被理解前并不存在一个已然确定的文本本质。文本不经过师生的理解只不过是一堆符号，仅仅是一种“可能的存在”。只有经过师生的阐释和理解才能让文本具体化，使它变成现实的存在。教育文本的存在独立于作者的主观意向，文本一旦形成就意味着多种可能性。它是阐释者通过对话、视域融合等方式去完成的一个意义系统，它是一个开放的、具有创造性的过程。文本自身具有多种可能性，阐释者通过教育过程中的对话、体验等方式使文本由“可能的存在”通达“现实的存在”，从这个角度来说，阐释者对教育文本的理解过程

① 王金福、王瑞东：《关于理解的“真理性”的几个问题》，《东岳论丛》2010 年第 10 期。

是一个再创造、再建构的过程。正如姚斯所言："一部文学作品，并不是一个自身独立，向每一个时代的每一位读者均提供同样观点的客体。"[①] 文本的开放性使得师生的创造成为可能，使文本的意义一直处于不断建构之中。

三 师生关系：强调师生对话

师生关系指的是教师与学生在教育过程中形成的交往关系，它包括师生在交往过程中各自所抱持的态度、所处的地位、所发挥的作用等。师生之间交往的目的主要在于形成对话关系。在教育实践中，师生通过对话逐步形成民主、平等的关系。良好的师生关系不仅是教育活动顺利开展的前提，也是师生在教育活动过程中生命价值和意义的具体呈现。哲学诠释学在师生关系上强调师生主体间的对话，师生各自从自己的前理解出发，尊重理解的历史性，充分调动自己的前见，不断地达到视域融合。师生这种主体间的对话关系消解了主体与客体之间的对立关系，学生与教师一样有着相同的教育权利，两者都是处于民主平等的地位。师生之间不是主从关系，不是控制与被控制的关系，也不是上级与下级的关系，而是共同处于一个和谐、共在的学习情境中的精神相遇关系。师生双方均以一种自由、独立的姿态进入教育情境中，有各自的文化视域、审美旨趣、价值判断，他们在交流、讨论、冲突与协商中走向视域的融合，体验到教育的真义。师生之间的这种对话关系，可以解除教育方式中出现的动机危机，改变师生之间单向度的知识传递方式，形成一种师生相互交流、相互理解的关系。

教育活动中的师生对话关系，具有以下特征：一是师生对话的平等性。教育活动中的师生在进行对话时都是以平等的身份参与到实践中，这种平等既是一种地位上的平等，又是一种人格上的平等，更是一种精神上的平等。这种平等包含了对话双方对他者的倾听和承认。二是师生对话的亲近性。师生之间的对话关系拒斥教师对学生的控制、疏离与冷漠，倡导师生双方达成

① 〔德〕H·R. 姚斯、〔美〕R·C. 霍拉勃：《接受美学与接受理论》，周宁、金元浦译，辽宁人民出版社，1987。

在知识上的共识、精神上的共通。所谓亲其师信其道，亲密的师生对话关系使得教学相长成为可能。一方面，学生在对话中获得了知识、素养、精神，乃至人格的发展；另一方面，教师的一言一行都对学生产生无形的影响，真正地成为学生灵魂再生的向导，最主要的是，教师也在这个对话过程中体现了为人师者的深情。

诚然，教育中的师生不仅仅是一个认知过程，也是一个精神交流和心灵沟通的过程。教师不仅要传道授业解惑，也要深入学生的内心去了解学生的精神世界，师生双方作为完整的人，以整体的人格彼此相互影响、相互尊重、相互信赖与激励，进行知识与智慧的交流、精神与意义的沟通。师生双方通过对话不仅获得了知识，而且体验到了生命的涌动、精神的拓展。由此可见，对话既是生活世界展开的基础，也是意义理解的基础。教育活动中的师生对话关系强调师生的身心在场，教育活动中不存在旁观者，师生之间是一种关系性存在、一种精神性存在。

四 教育方法：突出主体的体验

在教育方法上，哲学诠释学凸显主体的解释，而主体解释的最好方式就是体验。哲学诠释学视域下的体验是人的一种基本存在方式，它是主体的人对自身存在意义的追问与思考，是个体生命存在的一种显现和绽放。体验是对存在的一种确证，它与整个生命运动发生关联，这种关联是独特的，是任何其他方式不可替代的。在体验中，人的一切认识、兴趣、爱好、情感、意志，随同人的历史、文化、传统等汇聚成一股强大的生命流，从而使主体产生一种难以言传的复杂心绪。教育者所面对的不仅是一个对象世界，而是对象世界与意义世界的统一。意义世界的寻求不能仅仅依靠说教、传授等方法，更重要的是教育者和教育对象的主观体验，需要教育者参与到活动中去，与教育对象共同进入同一个世界获得一种真切的体验。

哲学诠释学中的教育活动反对教育者一味地进行说教，反对人们对真实的教育情境中主体的真实感受和体验的忽视，它强调教育者对教育对象进行整体的观照和把握，充分尊重教育对象在教育活动中体验到的真实感受。哲学诠释学视域下的教育活动最为明显的趋势是由注重教育结果转向对教育过程的极大关注和考量，这种关注的显在目标就是将视角聚焦在教育对象上，更多的是对人的关注。哲学诠释学视域下的教育方法既不是教育者居高临下的裁断和说教，也不是外在于教育对象的自言自语，而是一种亲力亲为，一种亲身参与，即“力图亲身体验和思考别人已经体验过的经验和思考过的观念”。[①] 教育者通过体验对教育对象、对自我以及自我所处的客观世界进行理解，一方面实现对客观对象的认识，另一方面也实现对自我的超越。

第三节　哲学诠释学对语文教学的适切性思考

叶澜教授在谈到哲学对教育研究的作用时指出：“教育研究的对象决定了它不能无视当代哲学关于人与他的世界关系的研究之进展。在一定意义上，哲学对人生的研究与教育研究的关系更为直接”[②]。语文教学作为教育教学活动的重要组成部分，同样需要认识论和存在论的理论思维和智慧支撑。语文教学与哲学诠释学有着密切的关联，两者在“文本”“前理解”“语言”“情境”等方面有着某种内在的联系，哲学诠释学能够为语文教学提供坚实的理论基础。

一 共同的研究对象——文本

什么是“文本”？“文本”在过去是指独立存在的作者意图与思想的“表达”。其外延包括了历史文献、法律、文学、音乐、绘画、建筑等体现作者主观精神的事物。从狄尔泰开始，文本概念进一步被扩大，历史甚至人的现实存在以及人的行动等都被看作文本。后来发展到哲学诠释学阶段，文本就包括了历史流传物、历史、传统、人的行动、社会以及人生，其实质就是把所有这些都看作人类精神活动的结果，文本本质是人类精神的表现物。

① 〔比利时〕乔治·布莱：《批评意识》，郭宏安译，百花洲文艺出版社，1993。

② 叶澜：《教育研究方法论初探》，上海教育出版社，2001。

伽达默尔认为文本是指一种正在生长和变化的事物。“本文本身总是一再表明不是通向存在之敞开的道路上的最后海岬”[①]，它是不确定状态的推移，是一个无限的过程，是泛指人置身的运行世界，对文本的理解构成了人类的整个世界经验。

而利科尔则把文本定义为：“任何由书写所固定下来的话语。”[②] 根据这个定义，由书写固定是文本本身的构成因素。[③] 而“书写就是固定了的谈话”[④]。因此，他认为，“文本”具有心理学和社会学的意义。文本是由语言文字符号组成的，它是一种实体存在，但它又不仅仅是一种感性的物质存在，而是一种蕴含着丰富的思想，代表着一定的历史文化、凸显着一定的意义的精神存在。人们就是通过文本来传递人类的思想、历史、文化，它是符号与意义的统一体。

虽然语文教学中的文本是一种静态的语言符号系统，但与哲学诠释学中的文本一样，语文教学中的文本代表一定的精神和意义。语文教学中的文本是一个等待师生去挖掘、去发现、去创造的意义世界，它包含的是一个未知的可能的世界，是一个等待师生共同去筹划的世界。按照姚斯的观点来说，语文文本蕴含着丰富的召唤结构，它是一个开放性结构，师生可以进行多元解读。

在文本理解的过程中，受师生的人生经验、思维方式、文化背景、历史条件等因素的影响，师生各自前见不同，文本意义也出现了多元的理解，文本的意义是和师生一起处于不断生成之中。换而言之，无论是哲学诠释学中的文本，还是语文教学中的文本，文本的意义都不是静止的、确定的，而是动态生成的、具有不确定性，它的意义是由理解者所赋予的，是理解者视域与文本视域的相互融合。

---

① 王治河：《后现代哲学思潮研究》（增补本），北京大学出版社，2006。

② 〔法〕保罗·利科尔：《解释学与人文科学》，陶远华、袁耀东等译，河北人民出版社，1987。

③ 〔法〕保罗·利科尔：《解释学与人文科学》，陶远华、袁耀东等译，河北人民出版社，1987。

④ 〔法〕保罗·利科尔：《解释学与人文科学》，陶远华、袁耀东等译，河北人民出版社，1987。

二 相似的前提条件——前理解

在海德格尔看来，理解从来不是无前提地把握事物，解释总是奠基于先有、先见、先把握之中，他说："把某某东西作为某某东西加以解释，这在本质上是通过先有、先见和先把握来起作用的。解释从来不是对先行给定的东西所作的无前提的把握。"① 所以，理解主体的存在状态与理解主体的前结构之间有着密不可分的关系，主体不是无任何理解地存在，必须先有前理解，才能再去理解什么。因此，"先有、先见和先把握说出了筹划的何所向，而意义就是这个筹划的何所向，从筹划的何所向出发，某某东西作为某某东西得到理解"②。

与海德格尔相似，伽达默尔也认为任何理解和解释都依赖于解释主体的前理解。一切诠释学条件中最首要的条件总是前理解，正是这种前理解规定了什么可以作为统一的意义被实现，从而规定了对完全性的先把握的应用。理解者在进行理解活动时，更多的是将自身置于历史传统过程中来行动。可以说，前理解既是理解的基础，又是理解者连接过去、现在、未来的中介。由此看来，海德格尔和伽达默尔都充分肯定了前理解对于理解主体的重要性以及对于意义理解的影响。

无独有偶，语文教学与哲学诠释学中的理解有着相同的前提条件——前理解。无论是教师的教，还是学生的学，语文教学活动都离不开前理解。师生的前理解是保障语文教学顺利开展的前提和基础，没有师生的前理解，文本意义将无从谈起，语文教学的目标和价值也无法实现。师生的语文教学实践，看似不断地重复与循环，但是一个经验不断丰富、理解不断推进、认识不断更新、视域不断拓展的过程。它既具历时性，也具当下性，是在"前理解"基础上展开的理解与阐释的活动，也是一个不断拓展与丰富自我认识视域的循环反复的活动。

---

① 洪汉鼎：《理解与解释：诠释学经典文选》，东方出版社，2006。

② 洪汉鼎：《理解与解释：诠释学经典文选》，东方出版社，2006。

由此观之，语文教学中的理解和哲学诠释学中的阐释都是以理解者的前理解为前提，从前理解出发，不断循环往复从而形成新的理解的过程。

三 相同的表达媒介——语言

从20世纪初开始，研究者们把语言研究的重点从语言的形式和结构转向了对语言的本体论研究。其中，最有代表性的人物是海德格尔、伽达默尔。他们不再将语言局限为单纯的思想交际工具，而是把语言从狭隘的视域控制中解放出来，转向一个更加开放、更加丰富的广阔空间。于是，语言就不仅仅是人际交往的工具，更是一种蕴含着人的历史、文化、生命的意义性存在。他们反对从结构阐释和语义推理的视角来分析语言，而是将语言与人的生存状态、生活世界、生命意义视为一个整体，倡导语言的真正意义只有在整体的观照下才能够实现。

哲学诠释学认为理解与语言密不可分。虽然施莱尔马赫与狄尔泰早就认识到理解与语言的关系，但是他们更多的是从方法论、工具论的层面去把握语言，而海德格尔则在他们的基础上发生了根本性的变化，将诠释学的语言观和诠释学的存在论视为一体。在海德格尔看来，语言和意义有着内在的规定性和统一性。语言不仅是表情达意的工具，其本身就是一种存在意义。语言表达的不仅是一种概念化的意义，而是关乎人的生存境遇和精神生命的意义。海德格尔说语言是人的生命意义的表征和绽放，唯独在语言中意义才能得到完整、全面、深刻的彰显。任何简单地从概念或者逻辑分析的形式上来领悟意义的语文教学都是无效的，离开语言的本体来谈语言意义的实现，或是从语言的形式、框架来对语言进行逻辑分析都是一种对语言的僭越。由此可以看出，海德格尔关注的是语言对于存在的意义。特别是在研究后期，他更加突出语言的“独白”性，他认为语言是一种存在形式，是对存在的“倾听”后的“应和”，在某种程度上遮蔽了语言在生活世界中的起源和本性。海德格尔认为语言是统治人们的主人，因为我们生活和成长在语言环境之中，不是“我”说语言，而是语言说“我”。语言的本性在于存在是通过语言被给予的，即“存在”是被说出来的，因此，言说是语言的一种存在和绽放的方式。在他看来，语言是存在的家园。那么，这个“家园”又是何所指呢？正如有学者所言：“这里的‘家’，绝不意味着一个语言被置于一个固有的空间，而是指在语言中存在与传统才得到显现。因而，语言展现我们关于世界的整个人类生活经验的活动模式，每一次新的解释总是有一个已经完成的世界作为前提。无论从传统的‘贮存所’的意义讲，还是从新视域的角度讲，语言都展现了一个世界的存在。”① 在海德格尔的视域里，语言是“我”遭际周围世界的一种方式。语言揭示了我们的世界，也创造了人能够拥有世界的可能性。

伽达默尔打破了人们把语言当作思想交际工具的观念，他在海德格尔的基础上更进一步把握了语言的本质。伽达默尔认为能理解的存在就是语言。当世界以语言的方式进入人们的视野后，人们才能更加真切地去把握世界，才能在真实世界中去感受存在。从这个意义上说人与世界的关系是一种语言关系。事物只有进入语言中才能找到自己的内在规定。然而，所有的理解具有语言性，不存在非语言性的理解，理解的外化形式就是通过语言来表达。换而言之，语言就是理解的表达方式。伽达默尔根据对古希腊“逻各斯”一词的考察，认为其本义就是语言，语言是人类存在的经验，是世界表现自身的方式，如此看来，语言具有本体论的优先地位。伽达默尔说：“语言并非只是一种生活在世界上的人类所拥有的装备，相反，以语言为基础并在语言中得以表现的乃是：人拥有世界。对于人类来说，世界就是存在于那里的世界……但世界的这种存在却是通过语言被把握的。”因此“能够理解的存在就是语言”。语言与存在之间保持着一种生活经验的张力，我们以语言的方式拥有世界，而我们也存在于语言的形式中。在伽达默尔看来，一切在理解中所发生的视域融合乃是语言的真正成就。

哲学诠释学所包含的语言意蕴对语文教学具有重要的启示作用。语文教学中的表达、解释和理解活动都离不开语言，语言自始至终贯穿于整个语文教学中。长期以来，语文教学中的教师习惯于把语言当作思维和交际的工具，

① 朱红文：《人文社会科学导论》，教育科学出版社，2011。

很少去思索甚至觉得无须思索语言与人之间的非工具性关系。语言对于师生来说，它具有本体论的意义，它不是一种外在于师生的工具或者中介，也不是客观对象，而是师生表达意义的一种存在方式。语言是人性的符号与映现，正是在语言中，人获得了其存在的依据，展示了人的本性，语言实质上是人性的最高表现。著名文化哲学家卡西尔认为："我们应当把人定义为符号的动物，来取代把人定义为理性的动物，只有这样，我们才能指明人的独特之处，才能理解对人开放的新路——通向文化之路。"[①] 人生存在语言之中，人的一切喜怒哀乐、悲欢离合都隐含在语言之中。所以，语言是人类的基本生存状态，是生命本身的确证，是人类生存的家园。这样的观点在古今中外的思想家那里并不难找到。我国古代文献里亦有这种朴素的表达："人之为人者，言也。人而不能言，何以为人？"[②] 战国时期的荀子也曾经说过："人之所以为人者，非特以二足而无毛也，以其有辩也。"[③] 显然，这里的"辩"就是语言。这些观点都不谋而合地昭示着：语言彰显着生命最本真的精神流动、心灵律动和情感宣泄。语言在语文教学中同样具有生命的张力，它并非作为一种工具而存在，而是作为一种本体性意义而存在。语言的意义不囿于它的工具性功能，它是师生在语文教学中进行对话和言说的一种方式，是师生的一种本体性存在。语文教学需要通过师生自行言说的方式来凸显语言的本体性意义，让师生共同进入言说的意义世界，让学生真正体会到言说的智慧和力量，而不仅仅停留在对语言文字表征意思的理解和对语文知识与技能的掌握上。

不仅如此，哲学诠释学认为语言与存在之间保持着一种生活经验的张力，这种理论观点运用到语文教学中也同样适用。《小学语文课程标准》明确指出："语文课程应激发和培育学生热爱祖国语文的思想感情，引导学生丰富语言的积累，培养语感，发展思维……正确地理解和运用祖国语文。"在课程标准的总目标中也提出："在发展语言能力的同时，发展思维能力，激发想象力和创造潜能，有较为丰富的积累和良好的语感。"不难看出，语

① 〔德〕恩斯特·卡西尔：《人论》，甘阳译，西苑出版社，2003。

② 徐正英、邹皓译注《春秋穀梁传》，中华书局，2016。

③ 方勇、李波译注《荀子》，中华书局，2011。

文课标中的“丰富语言积累”“发展语言能力”“结合活动，表达自己的见闻”等要求，事实上强调了语言在事实的世界中才得以存在，语文教学总是通过语言所定义和规范的理解而发生。

四　具体的发生场域——情境

任何理解都离不开情境。没有情境，理解就不可能发生。情境不等于环境，正如有学者指出的那样，情境和环境不一样，它更多地指“活动主体所拥有的‘文化的、精神的、心理的、内在的、主体的’体验、氛围和人际互动。”[①] 在伽达默尔看来，解释总是受传统和语言的限制，总是处于特定的情境之中。哲学诠释学中的情境具有以下特性：一是稳定性。每一次理解都是在理解者前理解的基础上进行的，理解者的前理解是经过长期积累而在头脑中形成的对事物的一种稳定的意识或者意向，它具有相对稳定性。二是瞬间性。任何理解都是在具体的情境下发生，情境具有不可复制性。理解意义就是师生在特定情境下互动融合的产物。受到历史、传统、语言、个人经验的影响，在每一个意义生成的瞬间，师生唤起的前理解各不相同，由此生成的教学意义也具有不可复制性。由此可见，情境的瞬间性和稳定性并不是矛盾对立的，而是相辅相成。

与哲学诠释学一样，语文教学中的理解和解释也总是受到传统、历史、语言等的制约，总是在一定的历史情境下发生。在语文教学中，师生随着情境的变化，不断地唤醒自己的前理解，可以说，语文教学情境为师生提供了相互理解和自我理解的可能性和限定性。语文教学中意义的彰显、意义的阐释、意义的表达、意义的实现都离不开具体的情境。哲学诠释学的情境理论是语文教学回归本真、进一步走向深度的必然选择。

哲学诠释学对语文教学的适切性，除了哲学诠释学中的概念、理念和思维等为语文教学带来重要启示之外，更为重要的是哲学诠释学视域下的语文教学更能彰显其应有的人文品格和本体意义。

---

① 肖川：《教育情景的特质》，《中小学管理》2000年第2期。

第三章　意义彰显：语文教学目标的价值定位

当然，我说过知识是灵魂的粮食，我的朋友！

——柏拉图

早在2500多年以前，古希腊著名智者普罗泰戈拉（Protagoras）在认识论上提出了一个影响至今的哲学命题，即“人是万物的尺度”，他还接着说了“人是存在者存在的尺度，也是不存在者不存在的尺度”①。显然，这一具有古典人文主义思想的命题，凸显了人类的生命意义，彰显了人存在的本体性价值。换言之，人的存在即本体性是有意义和价值的，人生活在一个意义世界之中。那么，人的所言所行及其一切活动亦具有意义与价值。语文教学活动作为人的一项特殊的精神文化活动，其本体性意义与价值的存在也是不言而喻的。无论是语文教学理论研究者还是语文教学实践者都需对此进行思考，此乃语文教学的本质与文化使命。

语文教学是人的一种特殊的精神文化活动，是人们生活世界的一部分，关涉着人们对美好生活的期待，因而它不可能是价值无涉的简单操作。任何

① 〔德〕海德格尔：《论真理的本质——柏拉图的洞喻和〈泰阿泰德〉讲疏》，赵卫国译，华夏出版社，2008。

教学都是投射着、蕴含着教育者主观意趣的引导活动，这种主观意趣内含着教育者的价值选择和价值预设。[①] 语文教学也不例外。语文教学的价值“绝不是现实，既不是物理的现实，也不是心理的现实。价值的实质在于有意义性，而不在于它的实际的事实性”。[②] 语文教学目标的达成，语文教学效果的取得是其存在价值和意义的根本。在一般的语文教学活动中，教学目标达成与实现多是指向学生知识的记忆、听说读写能力的提升，人们把语文教学活动看成一个技术性（方法论）问题，这种认识有其合理性，但局限性也较为明显。它在一定程度上受制于工具理性与实用理性，简化或规限了对语文教学价值与意义的理解。更重要的是，语文教学关注了学生的普遍性，忽视了学生的独特性和情感性。

那么，语文教学作为一种蕴含着丰富的人文关怀、人文情感并且能够通达人心的审美活动，其如何才能实现“灵魂的转向”？如何走向一种以拓展人的生活意义、促进人的生命发展为旨归的语文教学意义世界？哲学诠释学如何在语文教学中凸显其价值？面对这些问题，我们必须超越知识认知的局限，缩小意义与人、意义与生活世界、意义与精神生命之间的鸿沟，通达一种为了人的完整发展的语文价值目标，寻找语文教学与人、生活、世界、生命、意义等的内在关联。唯有如此，语文教学才能为学生的一生打下精神的底子[③]，才能找寻真正的语文教学意义世界。

第一节　语文教学目标的哲学诠释学向度

以哲学诠释学本体论的观点审视语文教学的目标，意味着我们要从整体的、动态的、开放的视域来把握语文教学目标的实现和创造。语文教学是一种为了意义、创生意义的特殊的社会文化活动，它是师生根据自己的前理解，通过对话的方式对文本进行理解和建构的活动。语文教学的意义是在师

① 吴小鸥：《问诊大学课堂教学》，《现代大学教育》2004 年第 1 期。

② ［德］H. 李凯尔特：《文化科学和自然科学》，涂纪亮译，商务印书馆，1986。

③ 滕守尧：《对话理论》，扬智文化事业股份有限公司，1997。

生对文本的理解与运用中、师生与客观世界的交往中、师生对语言的领会与体验中得到彰显。很明显，这种以意义彰显为价值定位的语文教学活动追求一种动态的、开放的、生成的意义，打通了师生理解语文教学意义世界的渠道，加强了语文教学与言语生命意义、生活意义、审美意义、文化意义之间的缘在关系，使意义具有了更加深刻的内涵，同时也出现了多维阐释和多元理解的可能，最主要的是学生获得了精神的丰富、心灵的陶冶以及完整生命的成长。从哲学诠释学的视角来解读语文教学目标，主要体现在以下几个维度。

一　言语生命意义的存续

人文性是人文学科的共性，言语性是语文学科的种差。言语性不仅包括了语言的运用，还包括了人自身的言语生命特性。因此，语文教学的主要目标在于实现师生言语生命的存续，而不局限在语言的运用、语感的形成、语用的理解等层面上。

语文学科的言语性作为语文的本质属性意味着教师在语文教学中要多加关注学生的言语表现，也意味着语文教学中听说读写的训练都要以言语表现为本位。听说读写是语文教学的重要内容，这四个方面有着内在的统一性和逻辑性，听和读的语文活动是说和写的前提和基础；说和写的语文训练意味着一种更高层次的语文能力。说、写的能力，即言语表现能力的培养，是语文课程的终极性目标。[1] 当然，我们所关注的言语性不仅是指言语实践行为，而且关注言语表现中的语文素养和言语生命体验。我们不仅要追求言语价值、言语生命的当下性，更要追求言语生命的存续。

语文教学以提升学生的语文素养、关注学生的心灵为旨归，它与学生的精神生命有着天然的联系。汉语言的形象性、丰富性、情感性、灵活性、创造性等基本特征决定了语文教学世界是一个蕴含着丰富意义的世界，也决定了语文教学活动是一个内在的、注重师生生命体验的过程。语文教学中教师

---

① 潘新和：《语文：表现与存在》，福建人民出版社，2017。

对学生生命的看护和抵达就是对人的本体性存在的诠释，这也意味着对学生个性的尊重、对现实理想的超越、对人性的不断思考、对人生意义的终极关怀等。舍弃语文教学对学生本体性存在的诠释，学生个体生命的发展就会被阻隔，学生的主体性、独特性和创造性就会被遮蔽。恰如著名学者钱理群所言：立言以立人，是中小学语文教学的基本目的与任务。言语性不仅是语文的基本属性，也是最根本的属性。因此，对言语生命意义的理解既是语文教学的首要任务，也是师生赖以生存的方式。诚如叶澜所言，教学是直面人的生命、陶冶人的生命、提升人的生命质量而进行的社会性活动，是以人为本的社会中最体现生命关怀的一种事业。[①]

在一般的语文教学中，语文教学追求造字、构词、组句、谋篇布局，对描景达情等内容的理解和掌握，这里语文教学的对象是客观的实在而不是学生，关注的焦点是语文教学内容而不是学生的言语生命发展。事实上，学生在语文教学中是一种历史、语言、文化的存在，语文教学的目的就是要帮助学生实现言语生命的存续和超越。尼采在《查拉图斯特拉如是说》中多次提到“人是应该被超越的”，他已经充分预感到了人类可能面临的空虚，表现出了对人性的悲悯与同情。处于现代社会的我们，该如何应对当下境遇中的语文教学呢？

作为教师，应该引导学生一起深入对象世界中去进行言语体验，只有通过言语体验才能发生真切的互动关系。海德格尔、伽达默尔在狄尔泰的基础上做了进一步的发展，把理解视为人的一种生存方式。他们主张理解并不是对客观知识的一种认知和说明，而是人自身的一种存在方式。从这个意义上来说，语文教学活动是师生共同筹划、建构、彰显、创造人生意义和生命价值的精神活动。学生是在理解中体验语言、感悟生命、筹划未来。我们不能仅以客观量化的标准来看待教学中的学生，来了解语文现象，更重要的是要追问这些事实背后的意义，即人的存在意义。语文教学必须对学生的言语生

① 叶澜：《为“生命·实践教育学派”的创建而努力——叶澜教授访谈录》，《教育研究》2004年第2期。

命予以关怀，必须观照人性的卓越，关注师生作为活生生的生命体的真实存在，关注师生内隐的生命情感的涵育和价值。语文教学的目的在于以知识的增长促进学生德性的生成，避免知识的无限增殖遮蔽、淹没学生的心智。这样的语文教学活动，在任何时候都不会失去对言语生命的存续，对人的存在的领悟，对人的尊严与幸福的关切并且活出这种关切。

从人文关怀和言语生命意义的视角来观照与审视语文教学，不是将学习者视作技术性的存在，而是要看作一种指向人的意义的存在，一种本真的存在。语文教学的根本目的在于立足于学生言语生命的延续和发展，赋予生命以理性精神，促进言语生命的广博、活力、丰厚与完满，激发个体言语生命的诗性特质，从而实现学生言语生命的卓越。这就需要教师带着生命情感走进课堂、走进学生的内心，引导学生积极体验，用心感受，用情感领悟，在情景交融的言语体验中共同完成言语生命意义的存续。语文教学的价值与意义不仅是对知识、方法的掌握或能力的提升，而是学生与教师在既定视域中对教学内容、方法、手段与过程的理解，是言语生命意义的生成、拓展与丰富。

从这个意义上来说，语文教学中的育人也不是培养被动接受语文知识的工具人，而是培养整全生命的人。语文教学的过程不仅是单纯习得语文基础知识和能力的过程，更是言语生命意义的显现、创生的过程，是学生对于言语生命内涵的体验过程，是充满着人文关怀与生命情趣的过程。在这样的主体价值指引下，语文教学应是注重学生言语生命个体发展的教学。它在传授人文知识的同时，更要尊重学生言语生命的独特性、理解学生言语生命的生成性、善待学生言语生命的自主性、观照学生言语生命的完整性。教师要把语文教学与学生的言语体验、生命境遇与人生经验融合在一起，使学生在语文知识、语文能力不断增长的同时获得言语生命意义的存续。

二 生活意义的拓展

狄尔泰认为自然界是一个静止的世界，是一个不可能“自生意义”的世界，人们只能从自然界的外部、形式上来解释它。因此，狄尔泰说我们可以解释自然，但我们必须去理解人类的生活世界[①]。置身于生活世界的人，一方面是一种现实性的存在，另一方面也是一种可能性的存在，人是现实生活和可能生活的面对者和行走者。换而言之，语文教学也离不开学生的生活世界，语文教学面对的是丰富的生活世界，它是一个等待师生去筹划的、未知的、可能的世界，蕴含着深刻的意义。教师既要关注学生周遭的现实生活，也要关心学生可能发生的生活，积极为学生可能的完满生活做准备。

关于生活世界的建构，胡塞尔、海德格尔、卡西尔、维特根斯坦、哈贝马斯等专家都有着不同的论述。虽然表达各不相同，但是在"'生活世界'的界定上都达到了高度的统一。他们都认为'生活世界'既不同于'生活环境'，也与'自然世界'和'社会世界'有别，而是指对人生有意义的且人生活在其中的可能世界，是人生活的过程、生活着的心物统一的世界"。[②]德国哲学家卡西尔也认为："思考着未来，生活在未来，这乃是人的本性的一个必要成分。"[③] 如此才能使知识真正地走进学生的精神世界，真正地转化为学生的生活经验。这样才能使学生的生活充满意义，才能引导着学生的人生发展。因此，我们需要不断地反思当下的语文教学，既要走出本质主义所倡导的预设、确定的思维方式，以一种生成性的思维来消除本质主义思维方式带来的弊端，同时又要反对同一主义所倡导的目标单一性、普遍性，追求学生的个性和创造性，还学生一个可能的生活世界。

首先，师生要倡导一种生成性思维。语文教学中的一切都处在不断生成的过程之中，要重拾语文教学的生活意义，就需要倡导一种生成性的思维来消除本质主义思维方式带来的弊端。在生成性思维中，语文教学的生活世界是一个"无底的棋盘"，它不必寻找什么"唯一正确的解释"和绝对的、正确的真理，只需要开始一种在"无底的棋盘"上进行的游戏（德里达）。师生必须放弃寻求绝对的真、绝对的善和绝对的美，完全承认他们此时此地得到和拥有的东西，他们必须做的是继续谈话，互相学习，不乞求于绝对

---

① 冯建：《走向生命关怀的教育研究》，《高等教育研究》2004 年第 3 期。

② 杨骞：《课程改革与生活化原则》，《中小学教学研究》2001 年第 5 期。

③〔德〕恩斯特·卡西尔：《人论》，甘阳译，上海译文出版社，1985。

（罗蒂）。在现实生活世界中，人是一种是其非是、非是其所是的存在（萨特）；“一切被当作永久存在的特殊东西变成了转瞬即逝的东西，整个自然界被证明是在永恒的流动和循环中运动着”（马克思）。[①] 因此，在语文教学中，永远不可能出现这样一种境况——“有朝一日，人类可以安顿下来说：‘好，既然我们已最后达到了真理，我们可以休息了’”。[②] 因为语文教学中的师生永远都是面向未知生活世界的。

其次，师生要倡导一种开放性思维。一般的语文教学活动主要以追求语文知识目标为表征，缺少对语文教学生活意义的拓展，缺少对人的存在意义的观照，更多的是着眼于学生未来的生活，用一种预设的成人化的生活来规限学生可能性的生活，将学生囿于一个封闭的生活世界之中，钳制了学生各种可能性的发展，导致语文教学活动脱离了学生的现实生活和真实体验。哲学诠释学反对这种固化的思维方式，认为人的现实生活世界是一个开放的世界，物的本质也应该是多元的。在不同的发展阶段，即使是同一种事物也可能会表现出不同的理解。学生的差异是实在的，无差别的同一只是一种抽象。海德格尔认为，在近代哲学中人的现实生活世界成为一个没有深度的世界，它纵容惰性使人的精神萎靡，阻碍了人之能动性的充分发挥，“所有事物于是陷入同一层面，陷于表层，像一面无光泽的镜子，不再镜映，不再反抛光泽”[③]。在罗蒂看来，“它消除了世上还有新事物的可能性，消除了诗意的而非只是思考的人类生活的可能性”[④]。

哲学诠释学拒斥传统的宏大叙事，倡导从学生的现实生活出发，充分尊重学生前见的差异性和情感的独特性，关注学生当下的生活经验和生存状态，积极拓宽学生的生活世界和生存空间，为实现学生的生存发展和生命的整全提供更多的可能路径。具体来说，语文教学一方面应该充分关注学生的现实生活，直面学生的现实生活，提升他们的生活意义，积极引导学生不断

① 〔德〕马克思、恩格斯：《马克思恩格斯选集（第3卷）》，人民出版社，1995。

② 〔美〕理查德·罗蒂：《后哲学文化》，黄勇译，上海译文出版社，2004。

③ 陈嘉映：《海德格尔哲学概论》，生活·读书·新知三联书店，1995。

④ 〔美〕理查·罗蒂：《哲学和自然之镜》，李幼蒸译，生活·读书·新知三联书店，1987。

地超越自己现有的生存和发展状态；另一方面，应该帮助他们建构一种更有意义、更有价值、更为美好和更符合人性的完满的可能生活，从而不断地提升他们的生命价值。

也就是说，语文教学在延续师生言语生命的同时，还要引导学生借助知识丰富自己的精神世界，培育自己自由实践的能力，这种实践不是为了某种功利性的目的，而是为了学生当下的生活本身。因为生活和人的精神发展具有不可间断的连续性，强制地割裂语文与生活的这种连续性必然会消解知识对于人的生活意义的内在价值。

三　审美意义的涵育

语文作为一门基础性学科，它不仅具有工具性和思想性，而且还有超越功利性的价值，即审美属性。与前两种属性相比较，审美性是一种深深隐含在文本内部的因素，是一种潜在的结构，需要师生经过敏锐的感知、丰富的想象、切身的体悟、认真的鉴赏才可能展示出来。因此，语文学科中的审美因素是模糊的、多元的、体验的。语文学科的审美因素并不是与语文的工具性、思想性相互对立而存在的，而是一个有机的整体。审美因素是内隐于工具性与思想性中的深层结构，也是二者得以发展、完成的内在依据。孔子云："言之无文，行而不远。"从这个角度来说，审美性也是工具性与思想性发展的最高境界。但是，由于审美具有内隐性、复杂性、模糊性等特点，在现实语文教学过程中，语文中的审美价值因其不易操作和难以评价而被当作可有可无的附属物。

语文的审美特性是由汉语言符号本身所决定的。汉语言符号本身具有音乐美、绘画美。首先是汉语言符号的音乐美。汉语言符号的音乐美主要通过朗读彰显出来，只有在朗读中才能感受到语言文字的节奏、韵律、平仄等。特别是在古诗中，汉语言符号的这种音乐美就更加独特，韵律、长短相间、抑扬顿挫等节奏感更为凸显。例如唐代诗人王维的《画》，"远看山有色，近听水无声。春去花还在，人来鸟不惊"。全诗有声有色，有动有静，有远有近，有时间上的留痕，也有空间上的开阔，读起来抑扬顿挫、朗朗上口，意境深远，富有感染力。在语文教学中教师应该把握住汉语言的这种音乐美，营造具体的情境，让学生在读中思、读中悟，通过读来感受汉语言的韵律之美，通过读来把握古诗的意境，从而使自身的审美意识得到凸显、审美能力得到提高、审美意义得到涵养。其次是汉语言符号的绘画美。闻一多先生说，唯有象形的中国文字可以直接表现绘画的美，只要看到“落霞与孤鹜齐飞，秋水共长天一色”这两句诗，眼前立刻就会呈现一幅宁静优美的画面。也就是说，汉语言符号这种美不只停留在描摹物象上，还能从语言文字中感受到更深层的意蕴美，这种审美不是靠逻辑分析来理解，逻辑是一种界定性的，而汉语言符号中的审美是内在的、生成性的，需要经过长期的积淀和体验才能形成，与师生的传统、语言、文化等密不可分。

更重要的是，这种审美能帮助我们看到文字表面上看不到的意义，它体现为一种直觉，一种无意识的判断，一种“得体”或“分寸感”(Taktgefuhl)。语文教学中的审美不仅仅局限于语言学和逻辑学上的意义，它的背后隐含着深刻的历史文化意蕴。审美作为我们对于情境及其行为中的一种独特的敏感性和感受能力、一种“分寸感”，它并不是一种情感或无意识的东西，而是师生的一种存在方式。这种审美感受能力需通过对语言文字的不断触摸才能慢慢感受到，是在长期的感受中涵育而成的。它在一定程度上还具有教化功能，而教化所造就的是一种具有普遍意义的感觉，这种感觉并非与生俱来，更多地体现为语文教学中的一种后天习得。

汉字、汉语、汉语言文学的审美意味是语文学科审美性的本体论依据，忽视语文学科审美性的语文教学活动，就是漠视中国传统文化的精神，必然违背语文教学的初衷。然而，无论多么丰富的文本，也只有在被理解的过程中才能实现其审美意义。文本的审美意义既不独立地依存在文本上，也不独立地依存在师生身上，而是存在于师生具体的审美理解活动中。它早已不再局限于对语言文字形式的追求上，而是扩大到人类普遍的交往、交流和沟通的领域。它不仅体现在文本的内在美上，还体现在人与生活世界、人与自然、人与文化、人与生命之间。审美理解并不要求对文本原义的复原，而是需要师生涵育一种创造性的审美态度。语文文本的真义必须通过审美理解的历史性得以呈现，而同一语文文本无限多样的意义也只能在审美理解的嬗变过程中得以确证。

语文教学作为一项具有深刻人文关怀的审美活动，它不仅需要考虑学生语文知识的习得、认知的发展，更重要的是要涵养深刻的审美意义，即关注学生情感的丰富、意志的坚强、心灵的美好、精神的卓越。我们在承认语文知识、语文能力对学生发展重要性的同时，哲学诠释学主张“在更加宽广的视野中整体地看待知识，从而超越把知识当作是处理科学问题、技术问题和社会过程问题的一种工具的看法”。[①] 教师既要重视语文技能的提高，让学生掌握语文这门工具，同时又要培养学生对语言文字保持一种敏锐的思想穿透力，丰富学生的内心生活，通达学生纯净的心灵世界，抓住语文的生动性、形象性、情感性等特质，对学生进行审美和人格的熏陶，拓展学生丰富的情感空间，建构学生的审美世界。从这个角度来看，审美的教化不是个别的，而是普遍的，它会让学生拥有超越直接和个别感觉的普遍性的知识，从而走出自己思想上的狭隘性和局限性。

哲学诠释学关注语文教学中的知识对学生的审美作用，注重语文知识自身对学生内在审美价值的培育，引导学生认识到语文不仅仅是一门工具，而是让学生在对语言文字的触摸中提高自己的审美能力和审美水平，从而实现生命价值的超越。因此，哲学诠释学视角下的语文教学，既要求师生对语文教学内容有客观的理解和认同，又要求拓展学生心灵的审美空间，这种认同不是规训、不是控制，而是一种求同存异的价值审美。从这一点上来看，哲学诠释学在走向一种更高意义的审美，它和人类最高的善——自由和幸福之追求分不开，这也是由哲学诠释学的性质所决定的。

四　文化意义的生成

在语文教学的发展进程中，人们一般认为语文教学的目的在于培养学生语言运用的能力，具体表现为听说读写四种能力，而语文能力的掌握需要进

① 金生鈜：《规训与教化》，教育科学出版社，2004。

行语言训练，包括识字写字训练、阅读训练、写作训练、口语交际训练等，基本形成了语文教学的“能力-训练”模式。语文教学的这种听、说、读、写的知识性价值虽然有其存在的合理性，但也有其局限。主要表现在：一是孤立地看待语文教学，忽视了语文教学的历史性，不能很好地从整体上对语文教学及其所蕴含的文化予以观照；二是静止地看待语文能力，对于语文能力与文化素养的关系缺少动态的认识和研究。

事实上，文本承载的不是语言符号的集合，而是一种民族文化和民族精神。语文教学作为一种母语教学，我们必须把它放置于整个民族文化的语境下去观照。汉语言文字既是语文教学面对的语言客体，也是学生凭借的对象，其体现了汉民族独特的文化内涵和文化品性。正因为汉语言文字自在自为的文化特性，学生需要掌握的不仅是民族文化知识、民族语言，更是一种民族文化思想的洗涤、民族文化情感的培育和民族文化精神的获致。语文教学所追求的不应只是掌握一种实在的工具，更重要的使命是让学习者在语言的熏陶下获得一种价值理念、一种人文精神、一种民族文化。例如，语文文本中的“明月”这个意象，它在语文教学中出现的频率是最高的。而这个明月，既是自然的明月，更是文化的明月；既是天上的明月，更是人间的明月；既是历史的明月，更是当下的明月。如李白的《静夜思》：“床前明月光，疑是地上霜。举头望明月，低头思故乡。”睹明月而思乡怀人，这就是一种联想、一种情怀、一种民族文化。比如杜甫的《月夜忆舍弟》：“露从今夜白，月是故乡明。”这是为什么呢？因为在中国传统文化里认为“人有悲欢离合，月有阴晴圆缺”。月亮就是相思的一种寄托，这是一种情感逻辑，一种民族文化，这是文化在语文教学中影响和浸润的结晶，这种文化的形成主要依靠师生在长期对话过程中的积累。

语文教学的本质追求除了建构知识和个体存在的意义外，更为重要的是通过对当前事物意义的创造性发挥实现对主体自身的改造和转换，使其在自觉审视、反思、内化社会文化传统的过程中完成个体心智和灵魂的完美建构，这也是语文教学本体性存在意义所追求的。正如有学者指出：语文教学的存在意义是“能促使学生在领会母语蕴含的民族情致和民族精神，吸收人类文化营养和精华的同时，去反思，去探究，去建构，使自身的潜能、天赋、个性、创造力和审美水平得以显现，并使自身在新的历史情境下全面完成生活世界和精神领域的创造，充分体现语文教学对人进行‘完整性建构’的终极价值追求”。①

第二节　语文教学本体性意义的失落

唐宋八大家魁首韩愈《师说》云：“师者，所以传道授业解惑也。”②传道第一，授业解惑次之。我国古代语文教学倡导文以载道，认为语言文字只是载道的附属品而已，语文教学的核心在于“传道、授业、解惑”。在这种观念的驱使下，现实的语文教学目标中过于强调认知性目标，更多地以语文知识的传授、听说读写的训练、语文教学问题的解决等为重点。情感、态度等方面的价值虽然作为一个重要的维度被提出，但是在目标的实施过程中却往往容易被忽略，教师较少关心语言背后的情感态度、价值取向、文化因素的作用。语文教学实践强调知识领先、训练为主，在一定程度上导致了语文教学意义的失落，使最具人文性、审美性、灵活性和创造性的语文教学变成了纯技术性的机械操作活动，语文教学遮蔽了知识的理解与生成，知识的意义没有被完全彰显出来。

一　语文教学之“知”的功利追逐

现实的语文教学活动中存在“主知”主义倾向。“主知”主义以知识作为存在的尺度，并以知识的获得作为存在的目的。这种思想是以二元论哲学为依据，主张人与世界的二分观，认为师生通过学习语文知识、掌握语文技能就可以弥合人与世界关系的裂痕，认为语文知识与技能的掌握是语文教学存在的尺度与目的，因此将语文视为一种工具性存在。作为工具而存在的语

① 曹明海主编《语文教学本体论》，山东人民出版社，2007。

② 韩愈：《韩昌黎文集校注》，上海古籍出版社，1986。

文教学关注的重心就是语文教学手段及其实用性，教师更多地以知识的传递与获得为主要目的，而忽视了语文的人文熏陶、涵养等特性。对于语文教学而言，除了“字、词、句、篇，语、修、逻、文”的讲解外，除了对文本的中心思想、谋篇布局、艺术手法等进行分析外，它还应该有更重要的内容，比如情感、审美、价值等。然而，语文教师处于优先掌握知识的地位，他决定选择什么样的知识来教，学生处于被动接受的地位，从而导致学生的主体性、创造性不能得到充分发挥。正如课程专家多尔所说，过分尊崇理性主义，过于注重语文教学的规训和控制，囿于对知识意义单一性和确证性的求证，让语文教学实践活动失去了其原本的诗意和生命的灵动。更有甚者，文本的内容、结构、写作手法等变成了确定的、固化的、客观的知识，对这些语文知识的把握程度成了衡量学生语文水平的一个重要依据，从而导致语文教学很少关心教学目标本身是否合理的问题，放弃了对学生人文精神的培养，使得学生缺乏能够超越现实的局限而追求美好生活的想象力。

在语文教学中，学生通常依靠想象和创造来表达对语文的认识和理解。想象和创造是人类由“无知”走向“有知”的途径，同时想象和创造也是学生的一种诗性存在方式。例如：杜甫在《船下夔州郭宿雨湿不得上岸别十二判官》一诗中写道：“风起春灯乱，江明夜雨悬。”诗人杜甫巧用了一个“乱”字表达了自己不能上岸与他的朋友王十二判官相见时的内心感受，表面看是描写事物，实则是诗人在借物抒情。在此处，“乱”的不是灯，而是诗人的心。同理，一个“悬”字，描写的不仅是雨在“下”、在“飘”、在“降”、在“落”，更是表露了诗人那颗紧紧“悬”着的心，表达了诗人杜甫真切的内心独白和体验。如果教师只是引导学生从一般的知识认识论的角度去判断、推理、证明的话，势必会导致理解的阻隔，故而学生很难理解杜甫的描写是一种诗意的存在、一种意义的存在。学生也根本读不懂他的“灯乱”与“雨悬”[①]。语文教学过分追求知识的传授和工具性价值，禁锢了师生的想象力和创造力，将师生在语文教学中的前理解悬置起来，难免会

① 童庆炳：《语文教学改革的哲学思考》，《语文建设》2003 年第 8 期。

使语文教学演变成机械的、简单的过程，遮蔽了语文教学的本真意义。

过于追逐语文知识的功利价值，对学生的想象力和创造力熟视无睹，势必会遗忘学生是作为一种生命的存在与语文教学意义世界发生关联，也势必会消解学生精神生命的发展。然而，被旁落的生命是一种枯萎的生命，同时也否定了人的自主性、丰富性与发展性，由此导致的后果也极其严重。语文教学面对的是一个丰富多彩的世界，诚如钱理群先生所言："因为一部优秀的文学文本的内涵是多层次的、多义的、模糊的，甚至是无法言传的，并且常谈常新……这样一来，反而把文本讲死了。而中学文学教育的第二任务是培养学生欣赏语言的美的能力和对语言的驾驭能力，因此不能追求清晰，更不能搞标准化分析和标准化考试。"① 哲学诠释学视域下的语文教学应是既注重语文训练，又注重诗意感受，两者互为依托、相互促进，它们不是对立的，而是有机统一。

二 语文教学之"技"的精神失落

关于语文教学，我国著名美学家童庆炳先生对这个问题做了相当深刻的回答。他说："语文教学目标有两个高度。第一个高度是使学生能读会写，培养学生的语文能力；第二个高度是要为培养德、智、体、美、劳全面发展的人，肉体与精神、感性和理性和谐发展的人，尽一份力量。"② 童庆炳先生强调了语文知识和语文能力的重要性，更强调了工具性目标与人文性目标两者均不可偏废。

但现实中的语文教学可能出于某种原因会给学生灌输某种语言文字或符号体系，让学生单纯地接受语文教学的规训。在这样的语文教学中，识字、写字、阅读、写作、思维、口语交际等基本技能的训练得到了落实，但对学生的人格、个性、精神世界的关怀，学生积极健康的情感态度、正确的价值观、高尚的审美趣味的培育却没有体现。如果语文教学仅仅关心学生知识和

① 王丽编《中国语文教育忧思录》，教育科学出版社，1998。

② 童庆炳：《语文教学改革的哲学思考》，《语文建设》2003 年第 8 期。

技能的掌握，把人看作某种意义上的“物质存在”或“实体”，那么学生的想象和灵感就会被禁锢，学生的精神世界就会变得虚无。科勒律治曾经说：“世界本是一个取之不尽，用之不竭的财富，可是由于太熟悉和自私的牵挂的黯蔽，我们视若无睹，听若罔闻，虽有心灵，却对它既不感觉，也不理解。”[①] 语文教学中往往也是如此，更多的是注重听说读写技能的提高，其原本丰富的、诗意的想象世界被遮蔽。“减损诗意想象之罗曼蒂克的空间，使人蜕变为单向度的人。”[②] 文本理解成了作者介绍、中心思想、人物形象、表现手法等程序化的技巧训练，使得学生独特的言语体验、生活体验、审美体验遭受放逐，学生就会千篇一律地认为：《卖火柴的小女孩》的主题是通过描写一个贫困小女孩在大年夜冻死街头的悲惨故事，揭示了资本主义社会的罪恶，表达了作者对贫苦人民的深切同情。但没有人能够与主人公小女孩这种社会底层人物达到共情，理解小女孩的悲惨处境及其周遭世界，理解她虽处困境但仍然向往着光明，在等待黎明和希望到来时那份内心深处的渴望。如此反复，语文教学成了听说读写训练的技能之学，与学生的心灵世界、精神世界相疏离，原本凝聚着作者思想、灵感、价值——体现人类创造的精神财富的语文文本也就失去了其应有的意义。

语文教学中过于注重教师对学生技能的训练，实际上也就造成了教师对学生的一种无形的规训和控制，意味着语文教学活动越来越成为一种异化人的实现外在目的的工具[③]。如果语文教学只是一味追求语文技能的提高，从一个物化的世界去认识学生，那么语文教学就失去了其本该有的审美意义和文化意义。语文的工具性虽在此彰显但其人文价值却被消解。

三　语文教学之“言”的诗意破碎

语文教学世界原本是一个充满诗意的、想象的、创造的世界，语文教学中如果只注重听说读写等语文基本技能的训练，就会造成语文教学之“言”

① 张世英：《哲学导论》，北京大学出版社，2008。

② 〔美〕马尔库塞：《单向度的人》，刘继译，上海译文出版社，2006。

③ 金生鈜：《规训与教化》，教育科学出版社，2004。

的诗意破碎。

语文教学中有时过于追求程式化的教学步骤，过于追求预设的知识答案，这样容易导致语文教学中诗意语言的破坏。当教师面对一个文本时，他们更多的不是凭借自己的前理解和文化视域来对文本进行解读和剖析，而是依赖语文教参给出的标准释义。很显然教师在此过程中并没有充分地调动自己的前见，教师在面对文本进行备课或解读时，大多选择照搬、复制、模仿或人云亦云的方式。他们很难调动自己的前见和经验来面对文本，从而对文本进行历史的、客观的、批判的理解。语文教师大多是日复一日地重复着相同的工作，根据教辅材料对文本进行肢解与分析。教师将自身置于文本之外，由此换来的也只能是学生的机械理解。师生过于注重语文知识的确定性答案从而无法真正进入诗意的语文世界中，语文教学就被异化成了功利性的"记忆之学、技能之学、训练之学，从根本上背离了人的精神发展而变成了精神发展的桎梏"[①]。语文教学中的语感、美感、灵感在规训的语文教学生活中也被削弱。于是，语文课堂中很难有师生思想的碰撞和诗意的呈现，师生更多的是以一种规定性的话语在言说。语文教学中的这种言说"丧失了或从未获得对所谈及的存在者的首要的存在联系，所以它不是以源始地把这种存在者据为己有的方式传达自身，而是以人云亦云、鹦鹉学舌的方式传达自身"[②]。这种重复、仿照的方式使语文教学失去了其应有的诗意。教师的这种言说和阐释在哲学诠释学看来，也只不过是教师自身对文本的解读而已，因为语文教学的诗意仅仅靠教师的讲解和陈述是完全不够的，也不是仅仅依靠聆听教师的讲解，学生就能够体会得到，而是需要学生自己来言说，学生自己来体验和感受，更需要学生的自我内化和体验。

语文教学中的语言不仅仅是关于"是不是""对不对""好不好"等判断性的回答，更多的是具有温度、温情的话语，每一句温情的话语背后是对

① 潘庆玉：《语文教育哲学导论：语言哲学视阈中的语文教育》，教育科学出版社，2009。

② 〔德〕马丁·海德格尔：《存在与时间》，陈嘉映、王庆节合译，生活·读书·新知三联书店，2012。

文本最真切的理解和诠释，文本中人物的喜怒哀乐都是通过语言来表达，它不是与学生精神生命无关的事情。

四 语文教学之“意”的灵性禁锢

现代信息技术的发展一方面为语文教学提供了有利条件，另一方面也在一定程度上消解了语文教学中师生的自主性。美国心理学家埃里希·弗洛姆认为，“人，作为生产机器的一个齿轮，成了物而不再为……当今工业社会中人的被动性是他最主要的性格和病理……由于是被动的，人感觉到软弱、孤独和焦虑”①。为此，弗洛姆感叹道：“19 世纪的问题是上帝死了，20 世纪的问题是人类死了。”这就意味着人类社会缺少合理的批判意识和超越意识，从而导致语文教学中的师生主体性的消解和现代语文教学中知识意义、生活意义、文化意义的淡化。

语文教学中这种生命意义的淡化主要表现为在知识意义上，学生为了获得实用的语文知识，掌握听说读写的能力，将教师的知识点记忆并巩固在头脑中，这样的语文教学有一定的合理性，但是也比较容易忽视学生对未知世界的主动积极的探索，学生的语文学习过程很容易演变成一种知识的简单积累和机械记忆，学生的视域并没有得到丰富和拓展，由此导致“我”与生活世界缺少内在的关联。在生活意义上，师生与生活世界的关系是一种占有与被占有的关系，想把外在生活世界都变成“我”的占有物。“占有的本质就是获得并固守其获得物的无限权利。”② 这种占有式的方式，导致学生与生活世界相分离。在文化意义上，语文教学的文化交往属性容易被遮蔽。现实的语文教学更多地被认为是对语言文字符号表征意思的理解，这种语文教学理解缺乏对知识意义内蕴的探寻，容易导致语文教学的知识传递功能遮蔽语文教学的文化交往属性。在语文教学理解中，师生通过语言进行对话，在对话过程中分享、获得人类积累的道德、智慧乃至精神。师生在对话中不断

① Erich Fromn（1968）. *The Revolution of Hope*: *Towards a Humanized Technology*. New York: Harper&Row. pp. 40-41.

② 〔美〕埃·弗洛姆：《占有或存在》，杨慧译，国际文化出版公司，1989。

地将自我与传统、社会建立联系，达到协调，形成共识，以一种更为开放、活跃的方式进入文化与社会场域中。从这个维度来看，语文教学理解是教师和学生依据文本内容进行的文化理解、文化交往和文化创造的实践行动。也正因如此，凯根才会认为："'文化'以'植入'的形式影响着个体，个体以'沉浸'的形式接受着'文化'。"①

由上述可知，教师在一定程度上忽视了知识意义、生活意义、文化意义，忽视了学生作为个体在教学活动中的情感、人格等，学生的人生态度、价值观念、精神世界乃至整个人格的变化难以得到彰显，更谈不上学生独立的、自由的和批判的理性精神与能力的提升。

语文教学是一个复杂的组织系统，它是一个情感与认知、感性与理性、逻辑分析与体验感悟相互融合、相互转换的集合体。人的生命也是理性与非理性的完整的统一体，"既包容着真理，又包容着激情……假如这两方之中的一方被其相关者所吸收，那么剩下的要么便是抽象的法则，要么便是混沌的运动了"。② 因此，师生既需要理性地引导和控制，因为理性规约着语文教学目标的方向；同时又需要师生以非功利、超理智的审美心态去体验文字背后的深层意蕴和生命意义。

第三节　语文教学本体性意义的重建

语文教学不仅关注学生获得多少语文知识，而且关注学生掌握了多少听说读写的语文技能，更关注学生的生命价值是否得到彰显。面对语文教学中的诸多困惑，我们需要从以下几个方面来加以把握，重建语文教学的意义。

一　凸显语文教学的理解性

在语文教学过程中，一般教师习惯于将语文教学作为一个认知活动来看

① 〔美〕罗伯特·凯根：《发展的自我》，韦子木译，浙江教育出版社，1999。

② 〔美〕P. 蒂里希：《蒂里希选集》，何光沪选编，上海三联书店，1999。

待，语文教学注重的是学生对语文基础知识的理解和基本技能的掌握，而不是学生整体的精神建构。那么，语文教学如何与学生的精神世界发生关联呢？诚然，语文课程与知识的意义并不独立存在于文本中，而是在师生的理解中被创造出来。

哲学诠释学认为，理解是人的存在的基本方式。理解总是基于人的"自在"，它既是对历史、文化的理解，也是对当下周遭世界的理解，更是对未来可能性的筹划。在哲学诠释学的理论体系中，理解具有思维的意向性，这一思维倾向通过一系列的理解要素和理解环节来实现，如前见性、解释、视域融合、主体间性、体验、交往与沟通、对话等。语文教学作为人的一种特殊的社会文化活动，始终渗透着这些理解精神。无论是知识认知、文化熏陶、素质培养，还是意义达成，都离不开理解。因此，有人说："理解的现代意义在于能为学生的精神世界提供秩序，能促进学生在'问题情境'中学习，能使学生从机械的知识学习中摆脱出来，能使学生获得信息及自身发展所需要的理性思维和批判思维。"① 反之，如果语文教学缺少理解，将会失去其应有的生机与活力，语文教学也就会变成一种僵化的、教条式的知识灌输或是对既定目标的功利追逐。

哲学诠释学视域下的语文教学强调师生之间的理解，他们都有自己的独特性，可以说每一位教师和学生对知识的理解都不是完全相同的。无论是教师还是学生，都具有无限发展的可能性，这种可能性就是师生在与知识相遇的同时彼此达到视域融合而生成新的意义和新的境界。通过主体性存在之理解，不仅重新规定并拓展了师生的精神世界，也为原有的知识挖掘了它可能的意义世界。教师通过理解不仅加深了对自己人生价值和意义的认识，而且促进了学生精神生活的不断丰富和充实。历史反复证明，人类文明的进步就是人与知识在理解中不断迈向自己无限可能性的实现。从这个意义上说，语文教学是一个生成、创造、开放的过程。哲学诠释学视域下的语文教学最大的特点在于肯定了师生个人知识的情理性、价值性、发展性，还接纳了这种

① 靳玉乐主编《理解教学》，四川教育出版社，2006。

教学的弹性，并为师生的个性、生命意义和人生价值的发展提供了可能的机会。尤其是在语文教学中，师生通过平等对话、交往互动的机制，不断激发学生的求知欲和进取心，给学生广阔的发展和成长空间，使每个学生的主体性和能动性都得到充分发挥，使生命的多种可能性得以实现。

诚如学者所言，“教育作为一种实践活动，它所扬弃的是人所已经拥有的任何规定性，其中包括历史所赋予的规定性，教育要使人在已有规定性的基础上不断创造出自已新的规定性来。”① 语文教学也是如此，它需要通过师生的理解来彰显语文教学的意义。语文教学世界是一个对象世界与意义世界统一的世界，其中既包含了直观的操作因素，也包含了非直观的意义因素。不论是前者还是后者，都离不开师生的理解。因此，语文教学目标的达成也离不开师生的理解。

二　体现语文教学的生成性

生成性是语文教学意义世界建构的特殊要求，生成不等于产生、形成，有点类似于化成或者《周易》中的“变易”。“生成”的词义为“变成某物”，旨在表明它强调事物发展变化的过程本身，“某物”意在强调它产生的结果具有不确定性，充满各种可能性。语文教学的生成性主要体现在以下两个方面：

语文教学内容的生成性。语文教学内容不是一个固定的、物化的静态文本，而是一种承载着文化、传统、语言等历史流传物的动态文本。这个文本的内涵是在师生的积极对话中不断变化的，是师生在一定情境下视域融合的产物。很显然，这是一个意义彰显和创造的过程。当然，这种生成和创造绝不是天马行空的，也不是任性妄为的，而是要受到语文课程目标、学生的知识水平、教学情境、教师的理解视域等各种因素的制约。语文教学中的难点、问题都是依靠师生在对话中发现，而不是事先预设，也可以说语文教学的内容是在师生的对话中生成的。

---

① 鲁洁：《教育：人之自我建构的实践活动》，《教育研究》1998年第9期。

语文教学意义的生成性。有专家主张：生成是一种“重过程而非本质、重关系而非实体、重创造而非预定、重个性差异而反中心和统一”的思维方式，其中“创造是生成的核心”。[①] 语文教学的意义世界具有开放性和创造性，这无疑要求在建构语文教学意义世界时必须把握语文教学意义生成性的特点。实际上语文教学的意义生成性是由语文学科的特性决定的。语文具有隐喻的特征，对语文来说，隐喻既是语言学意义上的修辞方法，同时又是本体论意义上的存在方式。从文本创作的层面来说，隐喻是作者在具体语境中遭遇言意困境时所采用的一种表达策略，也是作者表情达意的一种方式，更是对终极意义的一种路径寻找。然而，这种隐喻的方式是隐藏在语言文字中，它等待师生去筹划和发现。也就是说，“此在的意义——亦即整个世界的意义——不是被理解后才呈现在理解者面前，而是随着理解而展开；不是说理解发现了这些早已存在于某处的意义，而是随着理解的展开‘生成’了意义”。[②] 注重意义生成性的语文教学强调师生主体在教学过程中的主动性和创造性，关注师生在具体情境下对各自前理解的唤醒、联想、融入，师生“总是以已有的存在为基础，对未来意义进行筹划，对我们自身的可能性进行筹划，对我们进入世界进行筹划”[③]。

生成性的语文教学是一种动态的教学，是教师和学生主动、积极地对自我、他人及世界的探究和反省的过程。生成性语文教学活动的目的是“通过现存世界的全部文化导向人的灵魂觉醒之本源和根基，而不是导向由原初派生出来的东西和平庸的知识”。[④] 这种语文教学活动，生成的不仅是语文知识结构体系，而且是一种内在的语文素养，更是一种精神文化、生命内涵和生命意义。

三　把握语文教学的关系性

哲学诠释学消解了主客体严格的对立与分裂关系，认为师生之间是作为

---

① 李文阁：《生成性思维：现代哲学的思维方式》，《中国社会科学》2000 年第 6 期。

② 韩震、孟鸣岐：《历史·理解·意义——历史诠释学》，上海译文出版社，2002。

③ Shaun Gallagher. *Hermeneuics and Education*, State University of New York, 1992.

④ 〔德〕雅斯贝尔斯：《什么是教育》，邹进译，生活·读书·新知三联书店，1991。

一种关系而存在。哲学诠释学观照下的师生不再是一种对象式关系，而是作为一种对话和理解关系而存在。无独有偶，马丁·布伯也对此抱持相同的观点，认为对话和理解构成了新型的师生关系，即“我-你”关系，也“只有通过与‘你’的关系，‘我’才实存”①。在这种关系中凸显出师生之间的平等性、共生性、和谐性与情感性。

语文教学是以言语生命意识的唤醒、感染、培植为基本特征的教学，是“教师与学生运用想象力来从事意义创造和分享的过程”②。语文教学的目标是由师生双方共同来完成的，是建立在以学生为本位、平等合作、教学相长的原则上。在语文教学中，教师与学生之间不是传统认识论中那种生硬的对象性的主客体关系，而是共同进行有关学习主题、意见、思想、情感的交换和分享，这是一种意义关系，是一种“我”与“你”（主体与主体）之间的平等对话和问答关系，他们彼此关爱、尊重、理解、开放，不断地向对方展示自己的前理解，并在这种前理解中去体验和感悟。通过这种对话，学生的“现实视界”与教师的“历史视界”不断融合，从而各自形成新的视界。师生在语文教学中产生了真实的人格与精神的相遇相融，正是因为语文教学这种精神相遇的关系，真正让师生形成了对话关系。师生彼此交流、彼此影响，取长补短、相互促进，确保语文教学目标的实现。

因此，语文教学中应充分把握师生之间的这种对话关系，发挥师生的主体性作用，让其在对话中以一种平等、民主的方式去交流，向对方敞开自己，从而实现师生间思想的相遇、心灵的相遇、精神的相遇，实现和谐共生的格局。

四　重视语文教学的生活性

近代哲学的世界观是一种科学主义的世界观。这种世界观强调本质主义、客观主义、理性主义，把世界看成某种外在于人的、与人无关的、本质

① 〔德〕马丁·布伯：《人与人》，张健、韦海英译，作家出版社，1992。

② 金生鈜：《理解与教育：走向哲学诠释学的教育哲学导论》，教育科学出版社，1997。

既定的存在。而人只是外在于这个客观世界的旁观者，其实质是对生活或现实的人的一种简化，对人生活于其中的周围世界、对人的当下存在状况和对人的个性的漠不关心。

早在70多年前，中国著名文化学者梁漱溟先生针对中国的新学制问题发表过一些意见，他认为“教育应该着眼于一个人的全部生活而领着他去走人生大道”[①]。梁先生在这里提出了教育与生活之间的重要性。语文教学也同样如此，语文的外延就是生活的外延，生活有多广阔语文世界就有多广阔。语文教学就是要关注学生的生活，关注学生的周遭环境、生命感悟、人生体验等。

哲学诠释学认为生活与理解有着密不可分的联系，生活是理解的源泉，没有生活就无所谓理解，更无从谈论意义世界。“理解的现象遍及人和世界的一切关系，理解的过程发生在人类生活的一切方面，理解活动是人存在的基本模式。”[②] 可见，人的一切理解现象、一切意义的发生都源于人的生活本身，理解及其意义依存于人类生活之中。因此，在语文教学中，师生生活方式的展开过程也是语文教学意义的不断生成过程，是把人引向意义世界和可能世界的过程。离开了师生的真实体验及其生活世界，语文教学的目标只能是纸上谈兵。

总而言之，追求意义彰显的语文教学旨在从单一的知识认知的教学模式中解放出来，跳出语文教学注重听说读写能力训练的窠臼，使原本充满诗意、充满情感的语文教学返回原位，让学生不仅获得知识的增长，得到技能的提高，更重要的是得到精神的陶冶和心灵的滋养，从而使得人之为人的生命意义得到彰显。

---

① 梁漱溟著，鲁薇娜编《梁漱溟随想录》，山西高校联合出版社，1992。

② 刘放桐：《新编现代西方哲学》，人民出版社，2000。

第四章 意义阐释：语文教学中的文本理解

大智者，你们称推动你们，燃烧你们的是“求真之意志”吗？

我却称你们那意志为理解一切之意志！

——尼采

语文教学文本以一种特殊的存在方式扎根于世界中。然而，语文教学作为师生之间的一种特殊性社会文化活动，在整体上是怎样与学生的生活和精神世界发生意义关联？学生又是如何参与教学活动，承领教学的力量？诚然，“仅仅知识的认知式的学习并不能完成这一任务，而只有理解才能使课程和知识跟学生的人生历程与经验真正地联系起来”①。语文教学文本的意义出现在师生对文本的理解过程中，师生对文本理解的过程也是对文本进行意义阐释的过程。

那么，哲学诠释学视域下的语文文本理解应该从哪些维度来展开呢？语文教学实践中的文本理解又是怎样的境况呢？我们又该做出怎样的行动抉择？厘清这些问题有助于我们对语文教学文本进行意义阐释。

① 金生鈜：《理解与教育：走向哲学解释学的教育哲学导论》，教育科学出版社，1997。

第一节 语文教学中文本的理解维度

“文本”是哲学诠释学的重要概念，随着诠释学的发展，“文本”每个发展阶段的内涵也有明显区别。在狄尔泰看来，“文本”不再意味着书面材料中的文字，而是涵括了人的精神的“客观化物”。海德格尔则从本体论的视域来理解文本，认为“文本”不再是古典诠释学理解层面上的“文本”，而是人的“此在”本身。伽达默尔认为“文本”是一种正在生长和变化的事物。“本文本身总是一再表明不是通向存在之敞开道路上的最后海峡[①]，它是不确定状态的推移，是一个无限的过程，是泛指人置身的运行世界，对文本的理解构成了“人类的整个世界经验”。伽达默尔超越了传统意义上对“文本”的理解，认为意义存在于“文本”之中等待师生去发现。伽达默尔主张，“文本不是一个被给定的对象，而是理解事件之进程中的一个阶段”“只有在诠释的关联中并由此出发，文本才表现为真正的所与、要理解之物”。[②] 显然，在伽达默尔看来，“文本”的意义不是与师生相互独立，不是外在于师生，而是在与师生的关联中被诠释出来。因此，“文本”的意义也不是事先预设的静态意义，而是在师生的对话过程中呈现出来的意义。在伽达默尔那里，“文本”作为诠释的对象，不是以一种文学意义上的作品的方式存在，换言之，它不是一件成品，而只是一个中间产品[③]，它的阐释与完成依赖于师生的理解活动，它预示了一种未知的、开放的、不确定性的意义。

一 文本理解的循环

哲学诠释学是一门关于理解和解释的理论，对文本的理解和阐释是哲学

① 王治河：《后现代哲学思潮研究》，北京大学出版社，2006。

② Gadamer, “*Text and Interpretation* ” *in Gesammelte Werke*, Bd. 2, Tubingen: J. C. B Mohr (Paul Siebeck), 1986.

③ Gadamer, “*Text and Interpretation* ” *in Gesammelte Werke*, Bd. 2, Tubingen: J. C. B Mohr (Paul Siebeck), 1986.

诠释学理论建构的主要向度之一。为此，哲学诠释学围绕文本的理解引入了很多中介机制，如时间间距、先验图式、效果历史等，进而提出了“理解循环”这一关键性概念。

从理解的循环模式来看，狄尔泰认为理解是从局部到整体、整体到局部的循环反复，正如钱锺书所说：“积小以明大，而又举大以贯小；推末以至本，而探本以穷末；交互往复，庶几乎义解圆足而免于偏枯，‘所谓阐释之循环（Derhermeneatische Zirkel）者是矣’。”[①] 而海德格尔则强调理解是从理解者出发，经过前理解走向文本进行文本解释，完成对世界和在世界的揭示，再回到解释者自身，如此循环往复的过程。伽达默尔认为，理解的循环是放在人文科学领域进行的，即理解者与传统、历史、语言之间的循环，这是一种生活经验中的循环模式。他们的主要贡献在于揭示了理解是循环往复进行的，它一方面具有历史性，任何理解都是在具体的历史条件和情境下进行，受历史间距的影响，历史流传物也会发生变化，因而理解另一方面又具有相对性。所以，伽达默尔才会认为在理解的范畴中完全不会存在从此到彼的推导。“解释学循环的讨论事实上指向在世界中的在的结构本身，也就是说，指向对“主体-客体”二分法的克服，而这正是海德格尔对此在作先验分析的主要力量。”[②] 伽达默尔特别强调，理解循环既不局限于认识论意义，也不囿于传统的方法论意义，真正的理解是从本体论的结构要素出发来进行阐释，这里所指的本体论结构要素也可以看成伽达默尔将教育理解为超越和纳取之间的辩证运动，因为他认为教育如同游戏一样。[③]

---

① 钱锺书：《管锥编》，中华书局，1979。

② 〔德〕伽达默尔：《伽达默尔集》，邓安庆译，上海远东出版社，1997。

③ 游戏就是教育，这是一条教育理论中被接受的原则。这一理论渊源可以追溯至亚里士多德和柏拉图，在福禄贝尔（Froebel）、裴斯泰洛奇（Pestalozzi）、卢梭（Rousseau）和夸美纽斯（Comenius）那里得到了发展。近代存在主义哲学家萨特（Sartre）认为，游戏实现了自我发现，向游戏者揭示了未来的前景，所以让游戏者意识到它的自由，这种游戏为“纳取”（Appropriation），萨特的概念表现了这种游戏的内在本质。但是萨特认为人的主体性完全控制、发起并设立游戏规则，换句话说，人的主体性以一种绝对的方式构成了世界的意义，然而这种观点并不完全。伽达默尔指出，游戏者会消失于游戏之中，在某种程度上，游戏会接管、决定游戏者面对的前景，这就是包含在游戏之中的“超越”（Transcendence）。至此，我们说，游戏包含了“纳取”和“超越”两个方面。

无论是上述哪一种方式，诠释学改变了那种将理解视为从部分走向整体、从个别走向一般的单向直线进程的认知，而将其认为是一个来回反复、不断循环的过程。语文教学作为人的一种特殊的社会文化活动，不是单一的、线性的过程，而是包含着丰富的诠释学循环，如语文教学游戏、阅读文本、师生对话等都需要理解循环。语文教学中的理解循环完全可以描述为纳取和超越的辩证互动。

在一般的语文教学认识中，教师是知识和能力上的优越者，学生是被动的接受者，语文教学也就成了知识垄断者的教师对学生的一种施舍，这种教学格局类似于保罗·弗莱雷（Paulo Freire）所痛斥的“被压迫者教育学”。[①]对此，法兰克福学派学者芬伯格（Andrew Feenberg）也持有相同的观点。他认为：“一方面有一个操作者，另一方面有一个对象。当操作者与对象都是人时，（教学的）技术行为就是一种权力的实施。”[②] 在语文教学的情境中，教师成了权力的控制者，学生成了被压迫者。学生“变成了绵羊，丧失了批判思考的能力，觉得自己软弱无力，而且消极被动”[③]。语文教学就演变成了教师对某一文本陈述中心思想、表现手法、写作特点等内容的过程，学生在一定程度上失去了思考和批判的意识，习惯于全盘接受教师所传授的语文知识。语文教学的文本理解活动成了一个单向、线性的运输过程，不再是师生之间双向、循环往复的运动过程。很显然，语文教学文本理解活动由此演变成了教师对学生的控制和占有活动，文本理解活动陷入教师的话语霸权和规训中，学生失去了言说的能力和力量。尽管教师的这种规训可能是在冠冕堂皇的理由中实现，它是以一种隐性的、内在的、柔性的控制方式悄然进行，从人的身体到精神，从情感到本能，对人进行全面的规训和把控，它的强制性体现在一种无形之中，导致教学过程呈现单向线性指向的特征。[④] 如此一来，语文教学中的文本理解活动显然成了教师的单方面阐释，

① 余宏亮：《生成性教学：知识观超越与方法论转向》，《课程·教材·教法》2016年第9期。

② 〔美〕安德鲁·芬伯格：《技术批判理论》，韩连庆、曹观法译，北京大学出版社，2005。

③ 〔美〕埃·弗洛姆：《为自己的人》，孙依依译，生活·读书·新知三联书店，1988。

④ 金生鈜：《教化与规训》，教育科学出版社，2004。

实际上学生并没有将自己的历史、传统、偏见等充分融入文本理解活动中。学生接受的也不是文本自身的理解，也不是存在的自身筹划（Projection）和一种可能性，而是教师单方面对文本的阐释结果。

哲学诠释学视域下的语文教学所面对的文本是当下正在发生的语文教学事件，是学生、教师、媒介同在的实践，是一个内向循环与外向循环相结合的推进的过程。具体来看，它是一个师生之间、生生之间的内向循环过程，是从教学中师生对语文教学的前理解到对语文教学的理解，从语文教学的理解到各自对自我理解的循环。在具体的语文教学过程中，无论是教师的教，还是学生的学，语文教学都不是一个简单的线性过程，而是一个对活动本身、自我存在的理解与解释的循环往复过程。教师的教学实践，既具历时性，也具当下性；既是在前见基础上展开的理解与阐释的活动，也是一个不断拓展与丰富自我认识视域的循环往复的活动。这种循环往复不是简单机械的重复，而是一个视域不断得到拓展和丰富的过程。例如，在传统的语文教学设计中，教师常常把提问作为重要的手段，有的教师甚至热衷于用“一问一答”的形式来构建整个语文教学过程。这种“问-答”的过程，虽然带有很强的启发性，但这个过程的进行和实现却完全在教师的预设和掌控之中。显然，教师是以单向线性为指向，悬置了学生的自我理解，很难让学生在理解中体验、感悟和反思，从而回到学生自身的理解上，无法进行理解循环。更为重要的是，教师过于追求语文知识的确定性，忽视了语文教学过程中问题的开放性、情境的易变性以及时间的流动性，导致语文教学的意义陷于固化之中。在哲学诠释学的视域中，语文教学过程应是一个实践的过程，教师在这种体验过程中获得自我存在的理解，阐明语文教学内容对于自我生命发展的价值和意义，从而实现自我的超越。

与之相应，学生在语文教学活动中，对学习内容、学习方法、学习过程等的理解与认识，也是一个循环推进的过程。学生在进入语文教学活动时，因心理特征、阅读经验、人生阅历和审美取向等形成的前见不同，在教学过程中对知识的理解也不同。实际上，学生对知识的理解、能力的掌握、自我的认识和教师的理解等都是在已有基础上的重新理解与重新把握。这种理解和把握既是一个不断循环的过程，也是语文教学意义的动态生成过程；既是师生对历史所赋予的规定性的一种确证，又是对已有规定性的一种超越。

与上述师生之间、学生之间、师生与文本之间以语文教学为中心展开的内向性的循环进程并行，语文教学过程还是一个外指向的拓展循环过程。可以说，语文教学过程是人类文化不断传承与积累的过程，而这一过程有时并非直接呈现，甚至大多数情形下是一个符号化赋义的过程。教师与学生虽然在语文教学过程中承担着不同的角色，但彼此的交流、交互的影响等都是在既定符号的基础之上进行，师生都是“以他自己所创造的符号来改变他自己和世界”[①]，以符号建构和符号运用的方式来进行自我敞开与建构。然而，这种符号化过程，并非单向循环就得以完成，而是在不断循环往复的过程中推进。人类的符号化活动与机器或人工智能的符号化活动不同，它是承载着文化与意义的过程。师生通过各种符号进行交流，在这种交流过程中分享、积累并获得道德、智慧、精神乃至情怀，成为文化的载体，从而实现个体的群体化、社会化。师生不断地将自我与传统、社会建立联系，形成共识、达成协调，可能出现抵抗、顺应，也可能出现误读、再造等。但无论如何，语文教学过程不仅是当下具体的教学活动，而是以一种更为开放、更为活跃的方式进入文化与社会场域中，在历时与共时维度中展开，去互动、共享，去交流、改造。因此，语文教学过程不仅是一个内向循环的过程，也是一个“意义”与“社会”化的外向循环过程[②]。

综上所述，语文教学中的文本理解既是内向与外向的双向统一过程，也是内向与外向的双向循环过程。它是师生之间、学生之间不断交流、反复理解的过程，也是个体与群体、个体与社会文化的交流和建构过程。在这个循环往复与双向互动的过程中，“它们的作用同样是双向的，不仅是当代进入历史，而且还将历史融入现在”[③]。

---

① 〔美〕C. W. 莫里斯：《开放的自我》，定扬译，上海人民出版社，1987。

② 罗燕、辛继湘、邹军：《现代诠释学视域中的“教学”新解》，《现代大学教育》2019年第5期。

③ 潘德荣：《西方诠释学史》，北京大学出版社，2013。

二 文本理解的前结构反思

在哲学诠释学看来，人们在理解任何事物之前，不是将自己的思想抽空后再去进行理解，也不是被动地接受别人的理解，而是建立在自己先前的人生经验的基础之上和文本进行历史性的对话。这种理解是在“前结构”基础上的理解，基于师生先前的历史传统、价值取向、生活经验和个人体验而进行。正如海德格尔所说，理解是以我们已经先有、先见、先把握的东西为基础，这些构成了个人的“前结构”（也称“前理解”）。简单地说，语文教学中的“前结构”指的是师生在对文本进行理解时，不可避免地受到各自的价值观念、人生经验、审美旨趣、艺术情趣、思想境界、文化根基及语文素养的内在影响。哈贝马斯认为，通过批判反思能使那些潜在的、隐性的力量，如语言、历史、传统等显现和绽放，使师生能够控制那些影响文本理解的因素，进一步消解或超越那些不利因素，进而使师生消除误解和增进理解。

在语文教学活动中，学生对语文知识的理解、能力的掌握、自我的认识和教师的理解等，并非一次性完成，都是在先行见到、先行领会的基础上的重新反思（Reflexion）与重新把握。反思是师生立足于自我以外批判地审视自己行为的能力。海德格尔倡导反思是人的一种“自识”活动，伽达默尔则认为反思是师生超验地理解视域存在本体即“自我”（Ego）的最好方式。对于文本理解来说，反思是师生理解文本内容和自我理解的一个重要环节，可以让文本合理地被师生所接受，师生不断地对其前结构进行反思，用反思来沟通语言与存在，从而真正达到自我理解。

伽达默尔认为，“理解究其本性乃是一种效果历史事件。”[①] 人始终处于历史文化传统中，始终无法摆脱前结构的影响。尽管有人认为语文教学中的师生在教学活动中应力图不带任何个人色彩进入被理解的他者，但师生的主观意向性总是不可避免地介入其中。因为“解释的主要任务是，人们必须

① 〔德〕汉斯-格奥尔格·伽达默尔：《真理与方法——哲学诠释学的基本特征》，洪汉鼎译，上海译文出版社，2004。

从他自己的观点出发而进入被理解的他者”。[①] 受前结构的影响，历史、传统以及语言一开始就形成了师生一个有意向的视域，因为历史语言对人的生活的先在规定性使人在掌握语言的过程中形成了经验结构。这一经验结构就构成了教学中师生的理解视域，从而使语文教学过程中的师生有了前结构的基础和意向，并且通过师生间理解经验的丰富和理解视域的变化，获得了一种精神发展的可能性。师生的交流、知识经验的分享等并非一次性就得以完成，而是在不断循环反思的过程中推进，这个推进过程就是语文教学意义生成的过程。师生对文本理解的前结构反思，有利于正确地适应和评价师生的历史性，从而对文本形成合理阐释。

语文教学的实质不是试图消除由时空差异、词义演变以及思维和观念的变化所引起的对语文文本的误读。历史性是人的基本存在方式，无论是理解还是文本，都是一种历史的存在。师生的历史特殊性和局限性是无法消除的。真正的理解不是去克服这一历史性，而是正确地评价和适应这一历史性[②]。语文教学所完成的也不仅仅是师生将其前理解与文本关联起来，更重要的是师生必须对各自的前理解进行反思，充分挖掘语文文本的价值和内涵。既要让师生保持对文本的独特理解，又要保持文本自身的规范和正确。萨特说“阅读是一种被引导的创造”。这句话强调了师生前理解的重要性以及师生的主体创造性，同时也没有抹杀文本的内在价值取向对师生的引导作用。文本的意向性严格制约着师生前理解的限度，以使其不脱离文本的意向和文本结构，不对文本意义做随意理解或曲解。

因此，语文教学中的师生一方面要根据自身的前结构对文本进行多元理解，另一方面要对各自的前理解进行反思，这样既能挣脱传统语文教学“确定性”的枷锁，又能对无边界的多元理解即“过度理解”保持必要的警惕。文本的意义处于师生的前理解与文本不断反思、碰撞、融合的运动之中。

---

① Schleiermacher, Hermeneutik hrsg. H. Kimmerle. Heidelberg, 1974.

② 章启群：《意义的本体论》，商务印书馆，2018。

三　文本理解的合理性“偏见”

伽达默尔基于海德格尔的“前结构”观点，以哲学诠释学中理解的历史意识为佐证，为理解的“偏见”找到了其合理存在的依据，即“偏见未必就是不合理和错误的，实际上，我们存在的历史性产生偏见，偏见即我们对世界敞开的倾向性。”① 伽达默尔认为，偏见是一个人视域的基础，是在历史中形成的一种合理的、积极的因素，它无法避免地存在于理解中，对理解产生潜移默化的影响，对于文本理解产生了重要的积极意义。甚至可以说，没有偏见，没有理解的前结构，理解就无法进行。偏见构成了我们的理解，丰富了我们的理解，也为文本理解提供了思想和行动的起点。

偏见是师生的一种特殊视界（Horizont），语文教学中师生的视界是指对语文教学文本意义和真理的一种预期或期待。语文教学中文本理解的目的不是教师引导学生去消除偏见，而是教师和学生一同进入具体情境中去找寻合理性的偏见。所以，有人提出“解释学的循环”（Hermeneutical Circle），即从偏见出发进入理解，由此得出与偏见一致的答案时，海德格尔辩解道：“在这种循环中隐藏着一种最基本的认识的肯定的可能性”；“决定性的东西不是摆脱这一循环而是以正确的方式进入这一循环”②。这一正确的方式所指的就是合理性偏见。

关于偏见的合理性，我们也能追溯到其历史源头。启蒙主义者曾很好地揭示了理解的抽象，认为偏见就是历史现实本身，也是理解历史现实的前提条件。虽然启蒙主义者秉持的是正确、理性、没有偏见地理解历史和传统，然而最大的阻碍在于我们面对的文本、记录下来的材料，可能原本就是不真实的，语文教学中的文本也同样如此。师生在理解时应该确信人类生活是无限的，师生对文本的理解总是由某种历史影响的偏见构成语文教学中师生共

① Cadamer, Hans — Georg, *Truth and Method* [M], Beijing: China Social Sciences Publishing House, 1999.

② Cadamer, Hans — Georg, *Truth and Method* [M], Beijing: China Social Sciences Publishing House, 1999.

同面对一个文本进行对话，师生各自的偏见成为师生进行平等对话的前提条件。对话的本质也意味着平等，它内在地认定了师生意见的合理性，规定师生中任何一方都不能囿于一己之见，即便是具有知识优越性的教师也不能不承认学生的偏见，而是要站在学生的立场来理解偏见对于文本理解的积极性，从而使对话得以顺利进行。

理解不仅以偏见为基础，同时在语文教学文本理解的过程中又会不断产生新的偏见。在文本理解的过程中，师生是把自身置于传统中，既要受到前人对文本的理解观念的影响，又要受到自己的前理解的限制。语文教学中的文本理解不同于一般意义上的文本解读，它需要对学生的生命成长产生影响，语文教学中文本理解的难度、深度、高度都要与学生的发展水平适切，要与学生的前理解相印证。也可以说，偏见和传统决定了语文教学中师生的理解，而师生的视域决定了偏见和传统。

据此，在语文教学中我们既要重视师生对文本理解的合理性偏见，同时也应该警惕文本理解的偏误。文本理解与师生语境之间有着内在的关联，师生离不开对自身语境的反思，反思的目的在于甄别和限定合理的“偏见”，一方面选择合理的“偏见”，另一方面摒弃不合理的“偏见”。伽达默尔称“偏见”为“前见”，他认为“前见”有两种：一种是使理解得以实现的“真前见”，另一种是导致误解产生的“假前见”[①]。那么，在文本理解时，教师的任务就是要引导学生对自身的语境进行反思，让学生自觉地对这两种“前见”做出选择和识别，尽力阻止那种具有阻碍性的“假前见”融入文本的阐释过程中，从而避免误解的发生。师生共同面对同一个文本，因学生各自的前见不一，故对文本理解的程度和水平也各异，教师的指导作用就在这“偏见”的甄选和限定中彰显了出来。诚然，语文教学中的文本理解有一定的限度，它受语文课程标准、学段目标、文本的内在连贯性、文本的文体成规、文本的具体语境等因素的制约。语文教学中的文本理解不是师生一蹴而

① 〔德〕汉斯-格奥尔格·加达默尔：《真理与方法——哲学诠释学的基本特征》，洪汉鼎译，上海译文出版社，1999。

就的行为，而是一个伴随着师生的偏见不断循环往复的“游戏”过程。师生的每一次理解都是在具体的情境下发生的，而情境具有不可复制性，故而文本意义也是不确定性的，存在多种可能的未知。因此，在语文教学文本阐释中只存在合理的理解、合适的理解，即多元的理解。

四　文本理解的视域融合

视域融合是哲学诠释学中一个非常重要的思想。伽达默尔认为理解不是主体对客体的一种简单的认识活动，而是理解者与理解对象之间的一种视域融合。“视野就是看视的区域，这个区域囊括和包容了从某个立足点出发所能看到的一切。”“理解其实总是这样一些被误认为是独自存在的视域（Horizont）的融合过程”[①]。视域概念具有两个重要的特点：第一，视域给师生确证了理解的基础和出发点，即师生总是从某个特定的立足点出发，这个立足点就是师生的前见、语言、传统、文化或历史等。需要说明的是，理解不是无边界的，而是有界限的，由此表明语文教学中的文本理解也是有界限的。第二，视域概念意味着语文教学中的师生在进行文本理解时，不能仅仅局限于近在咫尺的事物，而是要超越事物本身去阐释和理解，这样师生的视域融合才能彰显一种更高的普遍性的提升。这两点对于语文教学中的文本理解来说至关重要。语文教学不是教师带着学生将文本内容、文本体式进行简单的梳理（这样的话，文本意义阐释的价值会被大大削弱），也不是学生囿于自己的局限对文本进行狭隘的阐释，而是师生共同走向融合的地平线，这也预示着一种更高意义的生发和创造。师生在文本理解的过程中，不仅突破了自己的局限性，而且也突破了对方的局限性，文本理解的本质实际上就是师生视域与文本视域的不断融合过程。

语文教学中的文本理解不是师生对文本的一种客观认识活动，而是教师与学生、师生与文本之间的视域融合。语文教学中的文本理解与自然科学中

① 〔德〕汉斯-格奥尔格·伽达默尔：《真理与方法——哲学诠释学的基本特征》，洪汉鼎译，上海译文出版社，2004。

的实验不同，它不可能寻求到一个确定的客观结果，而是我们依赖既有的传统、历史、具体情境来参与文本意义的构成，它是一个动态生成的过程，是一个师生之间、师生与文本之间视域融合的过程。下面主要来谈谈师生之间、师生与文本之间的视域融合。

师生之间的视域融合。语文教学是一个完整的包含着认知、情感、价值等诸种体验的活动过程，这个完整过程的关键就是如何让师生共同进入文本世界之中，进入教与学彼此呼应的状态。师生之间不是简单的字词句段篇的传授，而是共同进入文本世界，进行思想、历史、文化、语言的沟通。通过师生双方的对话，最终实现的不是教师的视域代替学生的视域，也不是教师的视域控制学生的视域，而是两种视域的交融。师生双方不断地向对方展示自己的意向视域，敞开自己的精神世界，与对方进行历史的对话和交往，不同的视域在融合过程中相互质疑、挑战、抵制和拒斥，相互交流、融合、扩大和丰富。当师生的视域与历史的地平线融合之时，则包含着一种更高的普遍性的获得，这种普遍性获得的过程既是形成新的视域的过程，同时也是主体创造的过程。文本的意义就是在这创造性的瞬间被揭示出来。

师生与文本之间的视域融合。在进行文本理解之前，师生的经验和精神世界构建了各自的视域。在与文本、课程等的融合过程中，师生通过历史的关联把握各自未意识到的文本意义和它的个别性，完成着对文本的理解和超越，实现创造性理解。就此而言，师生对文本的理解甚至能超过师生自己。[①] 文化也正是在这种理解中不断丰富和完善。伽达默尔反复说明理解并不是师生对文本想表达意思的纯粹恢复，在理解中视域必然发生变化。“师生有着真正说话的自由，说出文本所意味的东西……甚至是解释者想说的东西……解释不是对某种飞逝着的意义随着而来的固定……归结为语言的东西不是某种意义本身，毋宁说是借助于意义对世界的体验。”[②] 语文情境中的

① 〔德〕卡岑巴赫：《施莱尔马赫传》，任立译，商务印书馆，1998。

② 〔德〕汉斯-格奥尔格·伽达默尔：《哲学解释学》，夏镇平、宋建平译，上海译文出版社，1994。

师生正是在这样的视域融合中获得自我存在的理解，从而实现自我理解与自我超越，澄明语文教学内容对于自我生命发展的价值和意义。

总而言之，语文教学文本理解中的视域融合既不偏向于教师的理解，也不偏向于学生的理解，而是以师生共同达到的视域为融合点，以追求意义的可能性为方向进行无限循环往复的运动。文本的意义存在于师生的视域融合和师生的理解循环中。《普通高中语文课程标准（实验）》指出：语文教学是学生、教师、教科书编者、文本之间的多重对话，是思想碰撞和心灵交流的动态过程。这个对话的过程就是师生之间相互理解和视域融合的过程，是师生通过对话而达到双方视域的调和，并由此促成"理解"。在视域融合的过程中，教师的视域不断与学生的视域交流，不断生成、扩大和丰富，双方都成为一个新的扩大了的自我。最主要的是它可以有效地防止语文教学走向两个极端，语文教学既不能因为强调学生的主体地位而放弃了教师主导作用的发挥；也不能因为强调教师的主导地位而忽略了学生主体作用的体现。教与学只有在师生双方的视域融合中才能生成意义，语文教学是师生从各自的文化视野出发，通过对话不断地达到视域融合从而建构语文文本意义和教学意义的过程。

第二节 语文教学文本理解的现实透视

语文教学的内容包含一篇篇蕴含着丰富人文情感的作品，它是一个以文本理解为中心，确定性和不确定性兼而有之的复杂系统，其中确定性是指语文课程内容的逻辑性，不确定性是指语文教学内容的理解生成性。审视当下的语文教学，文本理解中出现了理解偏误的现象，具体表现在以下几方面。

一 师生述而不作的文本理解观

长期以来，在语文教学实践中师生体现出来的是一种"圣经式"的述而不作的文本理解观，文本一般以静态的、相对稳定的状态呈现。语文文本对于师生来说更多的是一种工具性的价值。师生在进行文本理解时更多的是以文本为中心，认为理解就是发现文本的固有意义，试图从文本中获致一种确定的、客观的、永久的意义。这样做带来的危害是：文本理解的过程成了教师照本宣科地传递语文基本知识、传授语文基本技巧的过程，语文教学活动远离了师生的生活世界，教师成为“教书匠”，学生也被看作接受语文知识的容器，机械地接受教师传授的文本知识。语文文本中所蕴含的丰富的情感体验、审美内容、价值旨趣被文字表面的意思所遮蔽。文本理解的目的不是学生精神生命的成长和人格的完整发展，而在于控制和规范，它一方面规范着语文教学内容和教学方法，另一方面规范着语文教学评价标准和尺度，归根结底是规范着学生的生命体验。师生这种“述而不作”的文本观使得师生的文本理解活动局限于文本本身，疏离了学生与生活世界的联系，剥夺了教师与学生共同探究、自由对话的权利。这样的语文教学生活很容易导致学生对文本的盲目崇拜、对周遭世界的漠视和精神生命的消解，学生积极踊跃的对话、反思批判的勇气、真切生动的体验也将逐渐消失。

师生的这种述而不作的文本观还主张意义先于理解而存在，首先，假定了文本的意义在文本中，即存在于作者创作的这个客体中，文本意义的确定性不会因为师生的理解而发生改变。其次，认为文本理解的目的就是师生恢复文本原义的过程，没有谁比作者更好地理解他自己，语文教学就是再现、复述、记忆文本内容，对师生而言，只需对文本的表征意义进行理解即可。最后，主张以客观主义态度追求文本的原义，更多的是追求语文教学内容的确定性，亦指语文课程内容的逻辑性，而忽视了文本理解的历史性。

师生的这种述而不作的文本理解观有以下几点不足：一是语文文本被认为是师生精神的物质外化，是师生纯粹意向化的客体，是作家意旨的展现，师生失去了“教”和“学”解释性的空间，忽视了学生的生活体验，无法真正领悟到语文知识的价值和意义。二是将语文文本当作语文教学内容的唯一成分，一定程度上窄化了语文教学内容。语文文本是语文教学内容的重要成分，但它不是唯一成分。它还包括教师对语文课程和语文教材的理解，学生依据自己的前见对语文教材的理解，以及师生在语文教学交往活动中所出现的各种行为的“文本”。三是语文文本更多地被视为一种固化的存在，认为文本只具有工具性的价值，忽略了师生的生命价值意义，遗忘了师生的主体意识与创造精神，很容易陷入客观主义的窠臼。四是语文文本的意义存在于语文文本中，学生的学习目的在于寻求文本的原义，学生成了被动的受教育者。这种文本理解观存在很大的弊端，容易导致布鲁米（Bloome，D.）所说的“程序性显示（Procedural Display）”，即学生对文本做出反应的方式是把阅读当成一种程序，仅仅寻找教师所提问题的答案而已[①]。如此一来，充满诗意的语文教学活动变成了一种机械式的操作，师生的主动性和创造性都在一定程度上被消解。

需要注意的是，教师局限于恢复作者的原义，忽略了文本存在的独立性，试图将文本放置于它产生的那个历史背景中去理解，于是总是从时代背景、作者经历和思想观点去理解文本，往往局限了理解的视野，遮蔽了文本意义在生成中的各种可能性，遵从了文本的历史性而忘却了它对于师生的现实意义。比如从师生对茹志鹃《百合花》的文本理解来看，无论是语文教学参考书，还是教师在语文课堂中的讲授，无一例外都是将其看作一篇歌颂人民战士、体现军民一家亲的文学作品，但实际上这种理解并没有真正道出文本的内在价值，其实它更是一部讲述青春的美好与生命的挽歌的作品。这种对确定、单一意义的简单归纳，限制了学生想象的空间和能力，从而造成他们思想的简单、僵化与保守。最主要的是忽视了语文教学的审美意义、情感意义等，不能站在生命意义的高度对其进行把握。

事实上，语文文本理解不是以人云亦云的结论作为师生解释的结果，而是师生用自己的前见和存在方式解释出合乎文本基本意向的意义，从而为个体的生存方式寻找光明，为个体对世界的领悟进行全新自由的理解。语文文本理解也不是师生的一种简单的认知方式，而是旨在注重事实与人的整体关系；不是把语文教学作为纯粹的事实进行分析，而是旨在解释教学及人的整

① Bloome，D. et al.，Procedural Display and Classroom Lessons，*Curriculum Inquiry*，1989，Vol. 19.

体意义。语文文本理解的任务便是将师生个体的生命融入世界的整体意义之中，唯有如此，个体生命的意义才能得以实现①。

二　师生对文本召唤结构的罔顾

召唤结构是由德国著名接受美学家沃尔夫冈·伊瑟尔提出来的，它是接受美学中的一个重要概念，指的是因艺术作品的空白所导致的不确定性，它呈现为一种开放性的结构，这种结构本身召唤着接受者能动地参与到文本理解中来，文本的召唤结构也为师生能动性的发挥提供了更大的空间。在哲学诠释学看来，语文中的文本也是一个未定性的、意义多元的、等待师生去发现的召唤结构，文本在召唤结构的吁求下充满了不确定性和开放性。召唤结构好比一座桥梁，将文本与读者联系起来。作为承载语言文字的文本原本是一个个没有生命体征的表征符号，只有当师生对其不确定性和空白进行不断填充、发现、挖掘、创造时，文本才会彰显出其意义的张力。可见，文本的召唤结构向师生展示了一个开阔的视野和开放的空间，从而使师生的主动性、创造性能够充分显现出来，文本理解活动就成了师生在文本召唤结构昭示下的一种主动、积极的创造活动。因此，可以说文本的这种召唤结构给予了师生一种更大的主动权、参与权。

语文教学中的文本理解是一个充满意义的世界，这个意义世界是由师生共同来完成和实现，但是现实的文本理解模式是建立在对语文教学内容和主题的唯一追求上，将文本视为一种单方面的对象性阐释，只注重文本而无视师生的主体性体验，将文本看作静态的，将理解活动看成一种机械的运动，消解了语文文本的丰富性、情感性和召唤性，从而使文本失去了应有的张力。一般来看，语文教学中更多地以教师的理解来代替学生的理解，而教师的理解也多是参考教辅资料，教师缺少对文本召唤结构的观照。在保罗·弗莱雷看来，这种以教师理解为中心的语文教学实际上就是一种“灌输式”

① 〔德〕沃尔夫冈·伊瑟尔：《阅读活动：审美反应理论（第四编）》，金元浦、周宁译，中国社会科学出版社，1991。

的教育。这种“灌输式”的教育具有以下一些基本特征：①教师教，学生被教；②教师无所不知，学生一无所知……⑩教师是学习过程的主体，而学生纯粹只是客体。[①] 在这种专制的师生关系中，文本的召唤结构被罔顾，文本理解过程变成了单向度的、封闭的知识演绎过程，教师将自己对文本的理解依次展现在多媒体课件上，教师只需凭借技术呈现预设的知识内容，而学生却变成了知识的简单接受者和储存者，缺少了学生自身对文本的独特理解和阐释。

不难看出，师生更多的是将文本的召唤结构搁置一边，忽视了文本理解过程是师生生命体在五彩斑斓的世界中对话、交往的过程，忽视了文本理解的意义是师生互动生成而并非教师单方面的阐释，忽视了师生在文本理解中具有能动性和创造性的作用，更忽视了学生是具有独特个性的、有着特殊情感、态度、愿望和品性的完整的有生命的人。

例如唐朝诗人杜牧的《江南春》[②]：千里莺啼绿映红，水村山郭酒旗风。南朝四百八十寺，多少楼台烟雨中？这首《江南春》虽然只有简短的四句诗，但流传很广。诗人用艺术概括的扫描手法，既写出了江南春景的丰富多彩，也写出了它的广阔、深邃和迷离。这幅图既有山村水郭的静景，也有酒旗迎风飘摇的动景；既有实写，也有虚写；既具绚丽多彩的情致，又不乏烟雨朦胧的意境。诗人多维度、多方面地描绘出五彩斑斓、宏阔壮观的江南春景图。然而，也有学者对此提出了不同的理解。比较典型的是明代杨慎在《升庵诗话》中质疑道：“千里莺啼，谁人听得？千里绿映红，谁人见得？若作十里，则莺啼绿红之景，村郭、楼台、僧寺、酒旗，皆在其中矣。”[③] 针对杨慎对文本提出的质问，学者何文焕在《历代诗话考察》中给予了有力的反驳：“即作十里，亦未必尽听得着，看得见。题云《江南春》，江南方广千里，千里之中，莺啼而绿映焉，水村山郭无处无酒旗，四百八十寺楼台多在烟雨中也。此诗之意既广，不得专指一处，故总而命曰《江南

① 〔巴西〕保罗·弗莱雷：《被压迫者教育学》，顾建新等译，华东师范大学出版社，2001。

②《中国历代诗歌鉴赏词典》，中国民间文艺出版社，1988。

③ 杨慎：《升庵诗话（卷八）》，摘自《历代诗话续篇》，中华书局，1983。

春》……”何文焕对文本的理解是结合了自身的历史、传统、文化等前见，故而理解的意义既符合文本的旨意，又不失自己的独特理解。由此推及后两句也同样适用，“南朝四百八十寺，多少楼台烟雨中。”从前两句看，莺鸟啼鸣，红绿相映，酒旗招展，应该是晴天的景象，但后两句突然一转跳跃到了烟雨，难道真的是诗人写错了吗？不是！其实是诗人采用了语文中的艺术手法，如果师生不了解语文中的象征、隐喻、想象、夸张等内容，那么，师生在文本理解过程中就很难发现文本的空白之处，就会罔顾文本的召唤结构，也很难和作者、文本达到视域融合，亦即师生的视域与文本的视域将会处于一种视域失衡的状态。

如果机械地从语言文字的表面意思来理解这个文本，必然会陷入客观主义的迷途。其实“千里”，并非实指“江南千里”；“四百八十寺”，也不是实数，而是虚指。比如李白的《赠汪伦》，其中有一句“桃花潭水深千尺，不及汪伦送我情。”很显然，“潭水千尺”在这里也是一种虚指，那么，汪伦对李白的情谊到底有多深呢？深不可测，耐人寻味。清代诗人沈德潜在《唐诗别裁》中说道：“若说汪伦之情比于潭水千尺，便是凡语。妙境只在一转换间。”妙就妙在“不及”二字道出了汪伦的情意之深，“潭水千尺”将汪伦与李白之间这种无形的情谊化为生动具体的形象。如果忽视文本的召唤结构，仅仅机械地从文字的表面意思来看潭水千尺，难免会曲解文本意思。可见，在语文教学中，诗有时不能诉诸理性，只能存在于直观、直感和直觉中，只可意会不可言传。

再比如，有人批评李贺的名句“黑云压城城欲摧，甲光向日金鳞开”是不合情理的，理由在于：既然黑云压城，又何来日光？很明显，师生在这里是以生活化的眼光和经验来理解文学作品，是对文学与生活关系的误解。如果在语文教学中，师生一味地用现实生活和客观世界的标尺去追究文本内容的真实性，罔顾文本内在的结构和逻辑，那么语文教学势必会陷入僵化的境地，对文本的理解也将会有偏颇。一味地将文本的召唤结构搁置起来，会导致师生对语文文本的机械理解，甚至会限制学生的想象，遮蔽文本应有的意义。

因此，在语文教学文本理解中要充分看到文本的召唤结构，试图用文学的眼光来找寻一个理想化的、充满温情慰藉的情感世界。师生在文本理解的过程中，既要遵循文本的内在逻辑性和连贯性，但又不能被文本所限制。师生要寻求一种“似与不似之间”的美。“似”，就是说文学是现实生活的反映；“不似”，是说不能把它看作自然主义的照搬，而应看作现实生活的艺术化表现。[①] 也就是说文本理解既不能罔顾文本的召唤结构一味追求生活的真实，也不能完全遵从文本的原义失去了艺术的真实，而是要合理、适度地寻求两者之间的张力。

三　师生对文本的片面理解

任何文本的理解都需要从整体上去观照，片面的分析只能是对文本局部意义的理解，无法从整体意义上把握其内在的丰富蕴含。洪堡特曾言：“语言中最深奥、最微妙的东西，是无法从那些孤立的要素上去认识，而是只能在连贯的言语中让人感觉到，这一点更能够说明，真正意义的语言存在于其现实发生的行为之中。一切意欲深入语言生动本质的研究，都必须把连贯的言语理解为实在的和首要的对象，而把语言分解为词和规则，只不过是经科学解剖得到的僵化的劣作罢了。”[②] 要想把握具体语词乃至全篇的意义，就不能忽视文本的理解循环、效果历史等。

在语文教学中，教师有时从文本内容的某一点生发开去进行所谓的拓展与延伸，却始终徘徊于文本的整体意义之外。教师可能花了大量的时间来讲解某一个语文知识点，学生也在被动地接受知识，但就这一点来说，无论是教师还是学生，都是从局部来理解文本的意义，缺少对文本的整体观照，这样的文本理解容易陷入片面理解的困境当中。

例如，李白的《黄鹤楼送孟浩然之广陵》这首诗：故人西辞黄鹤楼，烟花三月下扬州。孤帆远影碧空尽，唯见长江天际流。有一位老师在语文教

---

① 曹明海：《语文教学解释学》，山东人民出版社，2007。

② 〔德〕威廉·冯·洪堡特：《论人类语言结构的差异及其对人类精神发展的影响》，姚小平译，商务印书馆，1999。

学过程中利用品词析句的方法进行教学。实录片段如下：

> 师：同学们，你们从哪个词可以看出孟浩然内心是孤独的？
>
> 生："孤"字。
>
> 师：很好，"孤"是指孤零零的意思，孤帆在这里就是指孟浩然乘坐的那只帆……此刻，诗人伫立在黄鹤楼上，久久地注视着那渐行渐远，以致消失在茫茫水天相接之处的一片孤帆。[①]

很显然，这位老师对"孤"字的理解有些片面。"孤帆"真的是一只帆吗？其实不然。这首诗蕴含着独特的送别情。它既不同于李白《赠汪伦》中的"李白乘舟将欲行，忽闻岸上踏歌声。"——这是以"歌"相送；也不同于高适《别董大》中的"莫愁前路无知己，天下谁人不识君。"——这是以"话"相送；更不同于王维《渭城曲》中的"劝君更尽一杯酒，西出阳关无故人。"——这是以"酒"相送。在李白的《黄鹤楼送孟浩然之广陵》这首诗中，诗人是以"目"相送，一句"孤帆远影碧空尽，唯见长江天际流"道出了两位诗人风流潇洒的离别。说是潇洒的离别，其实是因为两位诗人的离别是发生在一个繁华的时代，彼此都带着希望和憧憬，这也是一份带着诗意的离别情。在诗人看来，"孤帆远影碧空尽"中的这个"孤"字，也并不是实指一只帆，而是虚指，同时也说明诗人的眼里只有孟浩然。这时，唯见长江天际流，不仅是诗人眼之所见更是心中之情，李白对孟浩然的深厚情谊不正暗含在这富有诗意的神驰目送之中吗？诗人的心潮起伏，不正像滚滚东去的一江春水吗？最主要的是，这更是意味着一种历史、一种传统、一种前见，因为从历史性来看，古往今来，诗人常用"孤"字来表达内心的情感，在古人的诗中比比皆是，譬如"两岸青山相对出，孤帆一片日边来""大漠孤烟直，长河落日圆"等。

因此，语文教学中的表达和理解都要从整体着眼，从词到句子，将意义

① 选自学生微型授课课堂教学实录。

在整体的语境中把握，不要拘泥于具体的句子和词的形式而忽视了对文本整体意义的领会，要将其放在具体的情境中去理解，做到“字不离词、词不离句、句不离篇”。在整体与部分、综合与分析的理解循环中强调体验、涵泳的作用，从整体上对文本进行全面地把握和观照。唯有如此，文本中的意义才能被真正阐释出来。

四　师生对文本的过度阐释

有学者认为，“过度理解”是指那些牵强附会、毫无边际的任意发挥的意义理解。[①] 在艾柯看来：文本解读是“文本意图”与“读者意图”相互作用的过程，“实际上体现了文本的权利与诠释者的权利之间的辩证关系”[②]。他还用“文本意图”来限制文本诠释具有的无限丰富的可能性。其实，哲学诠释学视域下的文本理解既存在理解的向度和可能性，又存在理解的限度和不可逾越性。文本的限度是由文本本身所固有的文体样式、逻辑思路、情感倾向、内在结构、话语方式、语文课程标准的内在依据等决定。在语文教学文本理解中，教师既要尊重学生的以往全部人生经验、历史文化传统基础上的阅读期待，让文本意义呈现多元开放性；又要防止学生对文本的过度诠释，因此，教师自身先要把握好文本解释的“度”。

《义务教育语文课程标准》指出：“阅读是学生的个性化行为，要珍视学生独特的感受、体验和理解。”[③] 虽然课程标准非常重视学生在文本理解中的独特感受，倡导学生个性化发展，并将其作为教师进行语文教学的行动指南。但是，现实的语文教学中往往容易曲解这个意思，认为尊重学生的个性化行为就是让学生随意解读、任意解读、无限衍义文本，以至于在语文教学中出现了很多困惑。这里的“个性化行为”并不意味着诠释没有客观的

---

① 周一贯：《过度讲析：语文教学应治之“本”——〈教育规划纲要〉背景下的小语教学》，《语文教学通讯》2011 年第 Z3 期。

② 〔英〕艾柯：《诠释与过度诠释》，王宇根译，生活·读书·新知三联书店，1997。

③ 中华人民共和国教育部：《全日制义务教育语文课程标准（实验稿）》，北京师范大学出版社，2001。

对象，可以像流水一样毫无约束毫无方向地任意蔓延，这里的“尊重学生的独特感受”也并不能得出诠释没有标准的结论。相反，对文本进行诠释意味着师生要对文本的语词，以及为何运用这些语词来表达做出合理的阐释。

文本的意义存在不确定性、未完成性。这种文本的不确定性需要师生根据文本的内在连贯性、逻辑性以及原初意义生成系统来进行判断，识别师生在文本中所挖掘的意义是否就是文本本身所要表达的意义、是否就是师生根据自身的前理解和期待视域而发现的意义。正如伽达默尔所言：“对一文本或艺术作品真正意义的发现是没有止境的，这实际是一个无限的过程，不仅新的误解被不断克服，而使真义得以从遮蔽它的那些事件中敞亮，而且新的理解也不断涌现，并揭示出全新的意义”。[①] 然而，在现实的语文教学过程中却出现了对“多元解读”的误读、对“独特体验”的误解以及过度阐释文本的趋势。例如，有位教师在教学《范进中举》一文时是这样来引导学生理解文本：范进为了谋取功名而失去了家庭，失去了子女，失去了作为人之为人的最基本的幸福，由此可以窥见功名对人的戕害。然而，我们不仅要追问文本中范进子女的缺失一定是因为范进谋取功名吗？两者之间有必然的因果联系吗？这样的理解是否充分尊重了文本内在的连贯性和逻辑性？如果不能回答这几个问题，那么我们可以认为这种文本理解存在“过度诠释”的嫌疑。再比如，有教师从《愚公移山》的寓言故事中读出生态破坏之意，也有教师从朱自清的《背影》中解读出父亲违反交通规则，更有教师从欧阳修的《醉翁亭记》中得出欧阳修不务正业的结论，等等。这些都是属于对文本进行的毫无根据、毫无推理的猜测，呈现严重的过度阐释趋势。

文本是一个有着自身内在逻辑的“连贯性整体”，文本理解被“文本的内在连贯性控制着”[②]。正如伊瑟尔所说“作品也制约着接受活动，以使其

① 金元浦：《文学解释学》，东北师范大学出版社，1997。

② 〔英〕艾柯：《诠释与过度诠释》，王宇根译，生活·读书·新知三联书店，1997。

不至于脱离文本的意向，而对文本做随意的理解。”[①] 教师对文本的理解是受到文本某一部分的诠释能够被其他部分所证实的制约，否则便是过度诠释。语文教学中真正的文本解读并不意味着可以自由散漫、不着边际地进行过度解读，而应该在文本意图和师生期待视域之中找到两者之间的张力，即师生在对文本进行创造性理解的同时也会受到文本的制约，这种制约性集中表现为文本内容对师生的意向规定上。在文本理解中，师生之间相互沟通、相互协商，共同找寻文本理解的内在尺度和标准，寻找文本理解的方向、范围和途径。其实，真正的多元解读并不代表理解毫无边界，多元理解既是师生对文本内在意图的一种尊重，又是对单一“确定性”的一种超越，追求的是一种确定性与不确定性的统一。教师在文本理解中并不是一味追求学生的个性化理解而失去理解的边界，也并不是对学生的所有体验都要认同而放弃对文本意向意义的合理性确证。

第三节　语文教学文本理解的愿景

在文本理解的主体价值导向下，我们需要理性地思考：教师如何将一篇篇蕴含着深刻意味的文本呈现在文化背景、人生体验、价值观念均不同的学生面前？如何将学生个体的特殊性与文本中呈现的深刻意味进行关联，并内化为学生的一种特殊的人生体验？

要阐释文本的意义，那就必须走出语文教学中那种将文本理解视为教师单方面阐释的误区，即这种文本理解虽然重视了文本，却忽略了师生与文本之间的对话，将文本理解视作静态的、机械的、寻求一种确定性答案的活动，让原本内涵丰富、充满想象和诗意的语文文本失去其生命的活力和丰盈。因此，注重文本理解的历史性、情境性、自主性、多样性是解构语文教学单一性必须做出的行动抉择。可以说，只有以这样一种认识才能让语文教学中的文本理解活动获得自由与自为，文本的召唤结构才能被发现，师生的

① 曹明海：《语文教学解释学》，山东人民出版社，2007。

自主参与意识才能被激活，师生才能在对话交流中获得历史主体的建构冲动。

一　遵循文本理解的历史性

人不是孤立地扎根于世界之中，人在世界中是一种历史的存在。历史对于人的理解也会产生一种先决性的（A Pre-Determinant）影响，这是一种先在的影响。语文教学中文本理解的主体是师生，师生对文本的理解也具有历史性，文本理解的历史性是由师生的历史性所决定。当师生承认了文本理解的历史性时，故而也承认了历史的特殊性和局限性。不管是作为理解主体的师生还是作为理解对象的文本，都会潜移默化地受到历史的影响。语文教学中真正的文本理解不是意味着让师生完全搁置历史，而是需要立足语文课程性质、语文课程标准去合理地评价和适应它。

语文教学中文本理解的历史性不能被悬置，师生无法跨越前人或他人对文本历史性的理解来直接对文本进行阐释。历史总是对师生产生了内在的影响，人总是在历史的影响下去理解，前见和传统是理解的必要条件。具体而言，理解的历史性表现主要有两个方面的意涵：一方面，理解是对历史的理解，没有历史，便没有理解，历史使理解得以可能；另一方面，理解者的历史性无法避免，理解者与文本之间总有一段历史上的距离。这种时间距离是诠释学的真正问题。“只有时间距离能够解决解释学的批判问题，即如何区分真偏见（我们通过它们来理解）和假偏见（我们的误解由它们所造成）”①。历史性是人类存在的基本事实，历史总是对人产生一定的影响。文本理解的历史性说明，理解既是对过去历史的一种理解，也是对当下具体情境的一种理解，更是面向未来的一种理解。理解的历史性是连接过去、当下、未来的桥梁，它始终在理解的动态过程中，始终具有期待视域。

---

① 〔德〕汉斯-格奥尔格·伽达默尔：《真理与方法（第1卷）——哲学诠释学的基本特征》，洪汉鼎译，上海译文出版社，1999。

语文教学中的文本理解是对文本历史的理解。没有历史，理解无法开展。因为师生生活在历史中，历史为文本理解提供了可能的前提。文本理解是在历史中展开，因而也就具有历史性。师生的存在都是一个历程，这个历程表明了存在的历史性。“只因为它在其存在的根据处是时间性的，所以它才历史性地生存着并且能够历史性地生存。”师生的历史特殊性和局限性无法消除，师生的理解更无法避免历史的这种特性，故而不存在最终的解释，也不存在确定性的真理。诠释学所面对的历史性的问题，“并不是我们所从事的东西，也不是我们应从事的东西，而是超越我们的意愿和行为对我们所发生的东西”[①]，历史决定师生无法摆脱理解的历史性。从另一个角度来说，语文文本就是一个历史的存在，这种历史的存在决定了师生对文本理解的限度，一方面使得理解得以可能，另一方面使得理解受到传统、历史等的限制。

语文教学中的文本理解以历史为基点，师生的历史性成了文本理解中必须关涉的维度。也就是说，我们在进行文本理解时，必须遵循文本理解的历史性。当然遵循文本理解的历史性并不意味着要将历史视为客观对象，而是需要师生从历时性维度去理解和把握文本，将过去、现在、未来连接起来，从整体上去敞开文本的意义。正如伽达默尔所说：“真正的历史对象根本就不是对象，而是自己和他者的统一体，或一种关系，在这种关系中同时存在着历史的实在以及历史理解的实在。一种名副其实的诠释学必须在理解本身显示历史的实在性。因此我就把所需要的这样一种东西称为‘效果历史’(Wirkungs geschichte)。”[②] 效果历史的产生源于“历史理解”，认同与解构是“效果历史”中两种截然不同的路向。认同会走向理解、融合，解构会导致对抗、误解。正如保罗·利科所言：“历史通过一种对抗的意志和一种

① Cadamer, Hans - Georg. *Truth and Method*. Beijing; China Social Sciences Publishing House, 1999.

② 〔德〕汉斯-格奥尔格·伽达默尔：《真理与方法——哲学诠释学的基本特征》，洪汉鼎译，上海译文出版社，2004。

解释的意志获得生命力。”[①] 从这个意义上说，语文教学中的文本理解是从历时与共时维度与文本进行认同与解构的活动。师生在语文教学过程中根据自身的理解对文本进行认同和解构、演绎和创造，这种创造活动既包括外显的言语行为，又包括内隐的精神生命活动。这种理解总是基于前见的理解，基于师生先前的价值取向、生活经验和个人体验。师生面对陌生文本时以一种潜在的、内隐的方式去消解与文本之间的疏远性和陌生性，超越由于时间间距等原因带来的阻隔。

伽达默尔强调指出，“历史性正是人类存在的基本事实，无论是师生还是文本，都内在地嵌于历史性之中，真正地理解不是克服历史的局限，而是去正确地评价和适应这一历史性。”[②] 语文教学活动中每一个当下的人都必须对历史进行理解，使历史真正与当下教学场域发生意义关联，对文本进行认同或解构，从而建构自己的精神世界。但往往因为学生的人生经历、思想境界、语文素养等受到历史的限制，学生与文本之间会产生一种历史间距，从而给学生的理解带来阻隔。正如孟子所言：“颂其诗，读其书。不知其人，可乎？是以论其世也，是尚友也。”对语文文本的分析与把握，不能仅仅停留在语言文字的表征上，还要注意“知人论世”，了解文本得以产生的文化、社会和个人背景，这是深入理解和把握文本主旨的前提。不尊重这个前提，就不利于师生与文本的互动与沟通。比如老舍先生的《猫》，有些老师把教学重点放在猫的性格特征上，猫的性格很古怪，既老实又贪玩。事实上编者将这个文本纳入教材中还有更重要的原因。教师在教学时应结合老舍先生的写作背景来谈，这篇作品发表于《新观察》1957 年第 16 期。老舍创作这个作品时因自身受到屈辱，看似写猫，但更多的是想通过猫来反映自己，表示自己的写作生涯走到了尽头。老舍带着满腔的热爱来写猫，是因为猫的性格和他有着某些共同点，猫在一定程度上就是老舍的化身。语文教学中对文本的把握，离不开师生的历史和文化底蕴，唯有如此，师生才能以具

① 〔法〕保罗·利科：《历史与真理》，姜志辉译，上海译文出版社，2004。
② B. 斯万特、王炳文：《解释学的两个来源》，《哲学译丛》1990 年第 3 期。

体的、特定的眼光进行分析和理解，从而正确地把握文本的基本精神和意蕴内核。

正如郭沫若先生所言："同一个《离骚》，在童稚时我们不曾感到什么，然而到目前，我们能称道屈原是我们文学史上第一个有天才的作者。"[①] 也就是说，不同层次的历史底蕴会对文本产生不一样的理解，阐释出不一样的意义。要使学生走进文本的深处，教师应该着力丰富学生的人生经验，拓宽学生的生活世界，提升学生的审美能力，让学生在文本理解时能从一个更为厚实的历史视域来观照文本，让学生立足于历史文化的背景下去全身心地体验，真正与文本达到视域融合，让学生在理解的基础上进一步阐释意义、丰富意义、创造意义。

二　注重文本理解的情境性

文本理解是师生间的一种言语交际活动，理解的目的在于文本意义的建构。同样一句话，当下的具体情境不同，意义则不同。从广义上来说，情境在语文教学中可以等同于语境，语境关系到文本意义建构的合理性。语文教学中的语境包括三大类，即上下文语境、情景语境与文化传统语境。[②]

第一，上下文语境。我们经常会提到"字不离词，词不离句，句不离篇"。从文本理解的全局来看，指的就是文本的内在逻辑性和关联性，即上下文语境。例如："春风又绿江南岸"中的"绿"字，是诗人精心筛选出来的。那么，这个"绿"字到底妙在哪里呢？一是妙在"形象"。着一"绿"字，原本看不见摸不着的春风就有了鲜明的视觉形象；二是妙在"情趣"。"绿"字带给人希望、活力、憧憬；三是妙在"理趣"。"绿"是谁带来的？当然是"春风"。"春风"一词在中国古典美学中又颇有理趣。它让人想起白居易的"野火烧不尽，春风吹又生"，也让人想起李白的"云想衣裳花想容，春风拂槛露华浓"，更让人想起孟郊的"春风得意马蹄疾，一日看尽长

① 郭沫若：《郭沫若散文选集》，百花文艺出版社，2004。

② 索振羽：《语用学教程》，北京大学出版社，2004。

安花”。在这里春风既是实写，又是象征。象征什么呢？皇恩浩荡。春风驱散寒流，那是政治上的寒流；春风带来温暖，那是变法图强的温暖，诗人这种心情，用“绿”字来表达，最为合适，最为微妙，最为含蓄。如果师生能够理解文本创作时的历史情境，对文本意义的把握自然也就水到渠成。再如“大漠孤烟直，长河落日圆”之“直”和“圆”字，用《红楼梦》中香菱的话来说：“这‘直’字似无理，‘圆’字似太俗，合上书一想，倒像是见了这景的。若说再找两个字换这两个，竟再找不出两个字来。”因此，在文本理解中分析字词句篇等言语对象，既要着眼于整体，“观上下，审左右”，顾及文本上下文的具体语境，又要考虑作者创作文本时的意向性，要将作品的历史背景、文化条件等要素关联起来，如此才能真正地做到对文本的合理理解。

第二，情景语境。情景语境则包括文本本身内在的一种信息，包括时间、人物、地点、事情的起因、经过、结果等，这些要素也会给师生的理解带来限制。例如朱自清先生的《背影》，当教师示范朗读“背影”情景片段时，学生则表现出了不屑的表情，很显然学生的视域并没有与文本内容、教师达到融合，并且有悖于“文本意图”。事实上，《背影》中有两个重要的情景语境与文本理解有关联。如果教师重视这两个情景语境作用的话，就不会出现理解偏误的现象。其中一个是“我”写作文章时的情景，即“我”人近中年，已为人父……我不见父亲“已二年余了”；一个是“背影”故事发生时的情景。即家里“光景很是惨淡”“祖母去世”“一日不如一日”等。教师如果能够联系文本的情境语境来引导学生进行文本理解，那么，“我”的愧疚与辛酸之情、“父亲”表现出的落寞与悲凉之情就会跃然纸上，学生也会身临其境地感受到父亲的那份伟大。因此，教师在进行语文教学时，离不开对文本的情景语境做出解释，情景语境的铺垫能让学生更加深刻地理解文本。

第三，文化传统语境。文化传统语境指的是社会规范、风俗习惯、价值取向、历史文化背景等。著名历史学家陈寅恪也强调指出：“古人著书立说，皆有所为而发；故其所处之环境，所受之背景，非完全明了，则其学说不易评论。”[①] 因此，把握语词或文本的深意还需要联系其文化语境。每一个文本都是作者根据自身的人生经验，在特定的历史文化背景下创作而成，是一定历史条件下的产物，代表着特定时期的现实生活和时代精神。萨丕尔认为：“语言有一个底座。……语文也不脱离文化而存在，不脱离社会流传下来的、决定我们生活面貌的风俗和信仰的总体。”[②] 而且，“语言和我们的思路不可分解地交织在一起，从某种意义上说，他们是同一回事”[③]。由语言文字符号构成的文本反映了一种特定的社会文化和历史传统，对文化传统的理解程度会影响学生对文本意义的把握。例如：鲁迅在《孔乙己》一文中是这样来描写的，“孔乙己是唯一站着喝酒而穿长衫的人。”对于学生而言，可能并没有觉得这句话有什么特别之处，如果教师将它与孔乙己那个时代的历史文化、社会背景等联系起来进行阐释，让学生知道在封建社会里不同的服饰代表了不同的阶层和等级，即穿长衫代表着尊贵、地位高，着短衣代表着地位卑微；坐着喝酒代表权高位重，站着喝酒代表地位卑贱。这样学生就很容易理解孔乙己为什么既穿长衫又站着喝酒这一“反常”现象，从这样的阐释中也就很容易理解文本所要表达的意蕴，体悟到其中的精妙。如果教师能从文化、历史的维度去引导学生分析文本，将学生带入文本的历史文化中去，那么就会更利于学生对文本意义的理解和把握。

在语文教学中，师生始终无法逃避他们身处其中的历史和传统，文本的意义离不开师生在具体情境下所表现出的理解。因此教师需采取多种方法，引导学生借助想象、联想融入特定情境中，使学生真正领悟到文本的内在意蕴。

三　尊重文本理解的自主性

在哲学诠释学看来，文本具有开放性和不确定性。由于师生历史前见、

① 将成瑀：《语文课读解学》，浙江大学出版社，2000。

② 〔美〕爱德华·萨丕尔：《语言论——言语研究导论》，陆卓元译，商务印书馆，1985。

③ 〔美〕爱德华·萨丕尔：《语言论——言语研究导论》，陆卓元译，商务印书馆，1985。

文化视域、价值取向的不同，故而对文本的理解也不同。它将“面向无限度的系列师生（这些师生本身处在不同的社会文化条件中）”，利科尔称之为“重建语境关联”（Recontextualise）。① 只要师生对文本的理解没有脱离文本，符合文本实际，就意味着是合理的理解。但是，这并不意味着文本解释就没有限度和客观性，而是表明文本的合理性阐释不局限在唯一的答案上。

文本理解是师生之间的一种对话活动，需要师生以一种主人翁的姿态融入对话中去，自主地参与文本的阐释和建构。文本自身不会彰显意义，师生在主动参与文本理解时赋予了其意义，但师生这种主观能动性的参与，不是为了去追溯和还原文本的原义，而是在对话的过程中依据自己的前理解进行一系列的交流、沟通、碰撞、接纳活动。师生凭借自己的人生经验，自主地去理解、解释和建构文本，全身心地去推敲、把玩、涵泳、体会文本。师生共同进入同一个文本世界，主体与客体、具体与抽象、感性与理性、形式与思想、身体与精神、有限与无限、确定与不确定达到了一种融合状态，消解了两两之间的矛盾、对峙和鸿沟，是一种真正调动了全部人格、全部体验和总体生命的参与行为，师生的主观能动性的参与是师生与文本一起进入当下进行有效的对话。这个对话过程就是对文本全面的精神把握和整体观照。师生的历史前见、文化传统、情感意志、精神境界、生命意识等都将在文本理解中留下深深的烙印。师生对文本的理解其实就是对自我的理解，理解自己的前见、理解自己的思想视域、理解自己的精神境界等，师生在建构文本意义的同时也实现了自我超越。语文教学中的文本理解既是师生建构文本和自我建构的行为，也是一个自我理解和自我超越的过程。我们应该充分尊重师生文本理解的自主性，在一定程度上强调师生对文本的阐释和创造，追求意义的开放与多元，强调语文文本意蕴的无限性和意义解释的无止境性。

在诠释学视域中，师生是具有理解能动性和理解可能性的生命主体。理

---

① 〔法〕保罗·利科尔：《解释学与人文科学》，陶远华、袁耀东等译，河北人民出版社，1987。

解不仅包容了被理解的对象，而且包容了解释者的自我理解①。这就是说，理解的自主性无疑重要，但文本的内在连贯性和逻辑性也严格制约着理解活动，防止师生脱离文本的意向和文本结构。任何文本都是一个客观存在，师生文本理解有其规定的限度，不能任意驰骋，不能虚假再造，艺术的思辨始终要建立在作者创作文本的客观基础上，既不夸大其词，也不浅尝辄止。师生只有循环往复地穿梭在文本中才能真正地感受到文本意义的存在，才能从文本自身出发凸显它的真正意义。文本自身也在言说，师生在文本理解的过程中应该要持有一种倾听的姿态，去倾听来自文本内在的呼唤和吁求。师生的主观意愿既自由，同时又受到文本的规限，离不开作者创作文本时的传统。换而言之，这种标举师生自主阐释的活动不能忽视文本的意向性，也不能违背语文课程标准，更不能随意脱离文本所不能及的界域。否则，文本理解就会陷入主观主义的窠臼，导致对文本的误解。

因此，在充分尊重师生主动建构文本的同时，也应当受到语文文本的内在连贯性和逻辑性的制约，文本理解的自主性和文本的内在连贯性是辩证的统一。诚如伽达默尔所言，“在理解时不是去扬弃他者之他在性，而是要保持这种他在性。”伽达默尔之所以突出“他者之他在性”，就是力图打破“自我中心主义”②，承认文本具有某种不能为“自我”所吞噬的东西。语文教学中文本理解的自主性不是指自我的任意曲解，而是在尊重文本客观性的基础之上的自主阐释。

四　强调文本理解的创造性

如果说传统解释学的意旨在于通过科学的、客观的方法实现对文本的确定性理解，那么伽达默尔则打破了这一图景。伽达默尔认为世界上不存在所谓绝对客观的真理，不存在所谓绝对客观的解释，不存在所谓绝对客观的确

① 〔德〕汉斯-格奥尔格·伽达默尔：《哲学解释学》，夏镇平、宋建平译，上海译文出版社，1994。

② 〔德〕汉斯-格奥尔格·伽达默尔：《真理与方法——哲学诠释学的基本特征》，洪汉鼎译，商务印书馆，2010。

定性意义。原因是人们无论在任何时代都是以各自独特的方式来理解历史流传物，这个历史流传物或者说文本，它本身是传统的一部分。而每个时代对传统的理解是不同的，理解者们试图在传统中寻求自我理解和自我超越，当理解者开始与文本进行沟通时，文本的意义不是作者创作时的原义，而是理解者与文本进行对话、进行视域融合后生成的新的意义。这个意义超越了作者的原义，这个意义也不是文本的终极意义，因为理解总是一种动态的、生成的、创造的过程。只要我们在理解，那么就会出现不同的理解结果，也会产生不同的理解意义。在文本理解中，意义本身的不确定性是理解的基本本质。恰如伽达默尔所言："对一文本或艺术作品真正意义的发现是没有止境的，这实际是一个无限的过程，不仅新的误解被不断克服，而使真义得以从遮蔽它的那些事件中敞亮，而且新的理解也不断涌现，并揭示出全新的意义。"[①] 从这个方面来说，文本理解是一项创造性的活动。

同样，语文教学中的文本理解也概莫能外。文本理解的创造性一方面是由师生的创造性所决定，语文教学作为师生之间的一种精神创造性的活动，追求的"不是力求停留在某种已经变成的东西上，而是处于变易的绝对运动之中"[②]。师生作为具有主观能动性的人，他们永远不会满足于自己当前的文化视域，而是要向一种更高的普遍性的需求迈进。语文教学就是要使师生在已有规定性的基础上不断创造出自己新的规定性来，师生不断地实现着自我理解和自我超越，在这个超越的过程中追求着语文教学的意义。

文本理解的创造性另一方面是由语文文本的开放性所决定。语文教学所面对的文本蕴含着未定性与意义空白的召唤结构，文本的未定性和意义空白构成了文本的开放性结构，成为连接文本与师生的桥梁。文本以它的召唤结构吁求师生赋予文本未定性一种独特的意义，从而填补文本的空白，在一定程度上打开了文本的内在世界，将文本从一个封闭的空间转向一个开放的意义世界中。文本对于每位师生来说，都是一种开放性诉求、一种召唤式的结

---

① 金元浦：《文学解释学》，东北师范大学出版社，1997。

② 《马克思恩格斯全集（第46卷）》，人民出版社，1979。

构，文本理解的过程也是一个不断发现意义、生成意义、创造意义的过程。文本的意义具有多种可能性、无限性，而这种可能性依赖于师生的创造性理解，需要师生来赋予文本真正的意义。文本是一种“图式化的外观”[①]，需要师生通过对话活动将文本意义具体化和现实化。因此，“作品的意义生成，既不是文本对象的客观反映，亦非接受主体的主观引申，而是分布在两极之间相互作用形成的张力场，应以开放的动态建构去把握它。”[②] 师生正是通过语文教学中的对话、体验等方式让文本具体化和多样化，使文本由“可能的存在”通达“现实的存在”。

语文文本对于师生来说具有独立性。哲学诠释学主张，任何一个文本中存在解释的可能性，而真正负责任的阅读不应该维护某一套独特的解释，应该维护解释的可能性本身。也就是说，真正的文本理解不是对其唯一性的理解，而是对其可能性的理解。显然，文本理解不仅是师生对文本整体精神即普遍性的理解，而且也是师生自身的一种精神活动存在方式，更是师生对身处世界意义的一种选择和创造。所以鲁迅才说：“一部《红楼梦》，经学家看见了《易》，道学家看见了淫，才子看见缠绵，革命家看见排满……在我的眼下的宝玉，却看见他看见许多死亡。”[③]

我们在语文教学中切不能以追求语文文本确定的答案来代替生动丰富的文本意义。语文教学活动既定追求的结果是外在于文本理解过程的，是单一的、固定的和静态的，文本理解过程则时刻处于运动、变化之中，它总是复杂的。因此，教师需要将既定的结果化为可变的、开放的参照点纳入语文教学过程中，让语文教学活动能在理解过程中按照意向的方式与方向深入，从而为师生主动性和创造性的发挥、动态生成性教学资源的利用留足广阔的空间和时间[④]。可以说，文本理解是从注重单一的、静态的、确定的结果走向

① 〔波兰〕罗曼·英加登：《对文学的艺术作品的认识》，陈燕谷译，中国文联出版社，1988。
② 龙协涛：《中西读解理论的历史嬗变与特点》，《文学评论》1993 年第 2 期。
③ 鲁迅：《鲁迅全集》，人民文学出版社，1973。
④ 张俭民、董泽芳：《理解型师生关系的诠释学建构》，《湖南师范大学教育科学学报》2017 年第 5 期。

关注多样的、动态的不确定的过程。充分理解学生前见的差异性、尊重学生理解的创造性为全面认识语文教学问题带来更多的开放性，也能为以文本理解来实现人的生存发展和生命的整全提供更多的可能路径。我们的语文教学应该强调文本理解的多样性和创造性，尽可能地去挖掘文本的可能意义，注重对文本丰富内涵的创造性阐发。

语文教学中的文本理解是一项系统工程，它一方面受文本本身的制约，另一方面离不开师生的前见。文本的意义既不是单纯教师所解释的意义，也不单单是学生所理解的意义，更不是客观存在的封闭的作品或者说是创作者思想意义的外化形式。因此，我们既不能忽视师生的主体地位，也不能过分强调师生的主观能动性而罔顾文本的内在逻辑。换而言之，在文本理解的过程中，既要遵循文本的内在逻辑和限度，又要充分发挥师生理解的主动性和创造性。师生只有在和文本的相互沟通、交流与视域融合中才能生成意义，文本的意义是和师生一起处于不断生成之中。

第五章　意义表达：语文教学中的师生对话

没有了对话，就没有了交流；没有了交流，也就没有了真正的教学。

——保罗．弗莱雷

师生关系是语文教学活动本身的重要因素，但人们通常容易忽视师生关系的教学价值。在现实中主客二分的师生关系依然主导语文教学，导致师生关系对人的精神的熏陶作用受到限制，语文教学中的师生也由此陷入虚假对话的泥淖。那么，如何弥合语文教学中的这种主客二分的师生关系呢？哲学诠释学视野下的“对话”理论为我们提供了一种新的思考维度，对话是人与人之间的一种生活关系，这种关系是一种开放性的结构。对话的旨趣在于消解语文教学中师生主客二元对立的关系，在主体和客体之间建立一个“边缘地带”，让师生彼此都能平等交流、互相接纳，从而产生理解。

伽达默尔说：“理解得以开始是当某物与我们进行攀谈的时候，这是一切解释学条件里的最首要的条件。”① 这里的攀谈实际上指的就是对话。对话是一切理解活动展开的前提，故而语文教学的展开也离不开对话。语文教

① Gadamer, *Text and Interpretation*, in Gesammelte Werke, Bd. 2, Tubingen: J. C. B Mohr (Paul Siebeck), 1986.

学中师生之间的对话关系是语文教学场域中最基本也是最重要的人际关系。师生就是通过对话来交流思想、表达意义、参与语文教学意义的建构。师生对话作为意义表达的最佳方式，它意味着解蔽和敞开。

第一节　语文教学中师生的对话关系

语文教学不是一种确定性、程序性的控制行为，而是一个开放、复杂、多元的组织系统。它是师生在对话中互相敞开、互相接纳的创造过程，是师生的自我世界、生活世界和学科世界的统一，蕴含着丰富的意义。

一　融合：关系性对话

西方哲学自笛卡尔以来，在教育教学中强调主体对客体的控制和占有。随着教育教学的发展，有些学者倡导实现师生关系由对象式向关系式转换，力倡“以语言为媒介，通过对话，达到人与人之间的‘理解’和‘一致’的交往合理化理论”[①]。无独有偶，诸多领域的学者都对此深有认同，主要体现在三个方面：一是哲学诠释学领域的伽达默尔认为对话是一种交往关系，对话表现为敞开、融合，并主张意义产生于双方的对话和问答中；二是心理学领域的卡尔·罗杰斯（Karl R. Rogers）认为“人与人之间立足于彼此真诚、理解、相爱基础上的交往是人之为人的心理前提”[②]；三是社会学领域的米哈伊尔·巴赫金（Mikhail Bakhtin），主张生活的本质即“对话”。不难看出，以上学者都是立足于“关系”的立场来审视教学活动中人的“存在”，意味着现代“关系式”的人际交往慢慢开始取代传统“对象式”的人际交往。这种思维的转变可以消解语文教学中主客体严格的对立与分裂，语文教学中的这种对话不再仅仅是为了寻求语文知识，而且其原本自具的“伦理性、交互性和主体间性”[③]也得到了进一步彰显。它的一个较为凸

---

① 〔德〕于·哈贝马斯：《交往行动理论》，洪佩郁、蔺青译，重庆出版社，1993。

② 〔美〕马斯洛：《人的潜能和价值》，林方译，华夏出版社，1987。

③ 何卫平：《通向解释学辩证法之途》，上海三联书店，2001。

显的特征是对教师“中心意识”的消解，语文教学中的对话就是把教师与学生的关系看成一种存在交往的关系，一种“我”与“你”的对话关系，一种彼此视域融合的关系。

对话是师生进行意义表达的最佳方式，但并不是说语文教学中的所有对话都能表达出适切的意义，都能促进语文教学意义的生成。只有当教师与学生作为一种关系存在时，当教师的视域与学生的视域相互融合时，语文教学的意义才能在融合的瞬间被创造出来；只有当教师和学生不断地在“倾听”和“言说”之间交互理解时，语文教学的意义才会生成于多向度的倾听与言说的对话关系之中。在师生的对话过程中，“倾听”主要表现在三个方面：一是表现为对他者的倾听，倾听他者对文本的理解，倾听他者的历史、文化、传统等；二是对自我的倾听，倾听自我内心深处的声音，倾听自我的理解；三是对文本的倾听，倾听语言文字所要传达的意义，它是对语言细节、文本构思、思想内容的一种反复推敲，一种深思熟虑，一种虚心涵泳。倾听其实也意味着一种更高的普遍性的理解，而言说是建立在倾听基础上的一种对文本意义的自我阐释，它是一种心灵意义的表达与外化。语文教学中师生的对话离不开双方的“倾听”与“言说”，“倾听”与“言说”是一种来自内心深处的对话，是一种关乎心灵与灵魂的对话，是一种立足于师生精神生命意义的对话。师生只有通过这种彼此精神融合的对话才能真正倾听到文本中的语言在“寂静处的轰鸣”（海德格尔语），从而真正抵达文本的深处，领悟到文本中语言符号的意义，并由此引发新意。换而言之，语文教学中真正的对话是师生围绕文本展开的一种彼此间思想、精神的融合过程，是师生在心灵处于虚静状态下进行“倾听”与“言说”的互动过程。

二　解蔽：“游戏性”对话

在伽达默尔看来，任何一种对话的进行都可以用游戏来描述。伽达默尔在探讨文学艺术的本体时，以游戏为例进行切入，对游戏活动展开了全新的阐发。他认为：“游戏的主体不是游戏者，而游戏只是通过游戏者才得以表现。”“游戏的真正主体显然不是那个除其他活动外也进行游戏的东西的主体性，而是游戏本身。”[①] 游戏活动中游戏动作的发出者并非游戏的主体，游戏活动之外可以进行游戏的人也并非游戏的主体，游戏活动本身才是游戏的主体。进入游戏的人及其相关的媒介在一种富有活力的彼此关联中建构起的活动才是主体本身，这一认识对于语文教学极富启示意义。

第一，语文教学的主体是语文教学本身。语文教学中，教师、学生、媒介物以及两者之间的教与学等是教学活动得以展开的因素。无论是学生还是教师，语文教学的主体不是参与教学活动的人，更不是外在于活动的任何人，而是由人所参与和推动的教学活动本身。正如伽达默尔所说，“凡是在主体性的自为存在没有限制主体视域的地方，凡是在不存在任何进行游戏行为的主体的地方，就存在游戏，而且存在真正的游戏”。[②] 换句话说，语文教学的主体，不是在活动中占据着知识、能力、精神和思想优越性的教师，也不是直接体现语文教学效果与价值的对象，而是语文教学本身，在这里语文教学活动本身才是主体。

第二，语文教学的意义就是师生的自我表现。在伽达默尔看来，对话与游戏是同质同构的。对话无疑包含了游戏，师生之间的对话在某种程度上都暗示出理解和游戏的共同性。从本质来看，语文教学中的理解就是对话，而对话就如同游戏，对话意味着解蔽、接纳。语文教学的意义就内蕴于语言游戏框架内。那么，语文教学中的师生是在与什么进行游戏呢？他们是与可能性与计划进行游戏。换句话说，他们是与语文教学中文本的不确定性的未来进行游戏。这种可能性类似于伽达默尔所说的“存在”。在语文游戏中，师生按照自己的理解去“存在”，语文游戏的张力也正在于此。正是由于语文中的游戏是向着可能性展开的，或者语文教学游戏中存在可能性，师生才会有兴趣去游戏。那么，从这个意义上来说，语文教学中的游戏也意味着自由和探险。师生可以在对话的各种可能性中自由地做出选择，但这种自由不是随心所欲，而是要受到传统和历

① 〔德〕汉斯-格奥尔格·伽达默尔：《真理与方法——哲学诠释学的基本特征》，洪汉鼎译，上海译文出版社，1999。

② 〔德〕汉斯-格奥尔格·伽达默尔：《真理与方法——哲学诠释学的基本特征》，洪汉鼎译，上海译文出版社，1999。

史的规约，是要承担风险。师生就是在这样的语言对话游戏中去展现自己、成为自己。因此，“游戏最突出的意义就是自我表现。”[①] 语文教学中的师生就是在这样的游戏性对话中实现自身的价值和意义。

伽达默尔认为：“对话就是对话双方在一起相互参与着以获得真理。”[②] 语文教学中的对话就好比游戏，师生都是以一种自由、平等的方式进入游戏之中。从这个角度来说，游戏精神也就意味着对话精神，语文教学中的游戏就是师生围绕文本内在的连贯性和逻辑性进行一场平等、自由的对话。语文教学中的师生正是在这场自由平等的对话中解放自己、确证自己。在这种追求自由和平等的语文教学中，“占有式、掠夺式的主体消解了，消解在真正的游戏中，宛如离家已久的浪子回返到了栖居的家园，人在游戏中与世界构成了意义的整体，在与他人的对话中得到生长，世界得以扩展和丰富”。[③]

三　觉醒：反思性对话

语文教学中师生的对话不仅建构着生活的意义，同时也是对自我的一种审视和反思。语文教学中的对话不仅是师生与文本之间的对话，而且也是师生与自我的对话，对话包含了师生对自身的反问和质疑，自我理解是哲学诠释学的最终追求。语文教学中的师生在相互进行对话，也要对自我进行反思和审视。任何对话都是一种与自我的过去、当下进行对话，这是一种关于自我的反思性对话。任何理解都可以视为一种自我反思、一种自我觉醒。反思在师生的对话中起着重要的作用，它可以让语文教学中的师生与历史对话、与文化对话、与传统对话，反思能让自我更清楚地认识客观世界，从而更清楚地认识自我。

儒家思想的传统一直将反思作为一种伦理诉求加以认知，如“吾日三省吾身”，这种伦理反思也无不蕴含了对意义世界的深刻追求。从柏拉图、

① 〔德〕汉斯-格奥尔格·伽达默尔：《真理与方法——哲学诠释学的基本特征》，洪汉鼎译，上海译文出版社，1999。

② 〔德〕汉斯-格奥尔格·伽达默尔：《赞美理论——哲学诠释学的基本特征》，夏振平译，生活．读书．新知三联书店，1988。

③ 黄进：《游戏精神与幼儿教育》，江苏教育出版社，2006。

亚里士多德[①]开始，反思就进入了哲学领域，同时获得了方法论的旨趣，并一直影响了西方近现代哲学思维。在西方实践理性者看来，人生需要面对各种各样的经验性题材，要处理多种可能性问题。“把握经验性题材的多样性、变化性，需要我们时时对它们形成一种关系意识。只有在这种关系意识中，理性才能发挥一种不断‘实验的和调和的’作用”。[②] 伽达默尔认为，所有的解释都受传统的限制。哈贝马斯则对此提出了不同的意见，他虽然认同人们的理解和解释活动离不开前见，离不开历史和传统，但他对此提出了不同的意见，他认为这并不意味着解释者要全盘接受传统和前见，否则会陷入绝对主义的泥潭。很显然，伽达默尔的理论缺乏对传统本身的反思与批判，过分注重传统的重要性，从而使可以判断真伪的理性屈从于传统的权威，容易导致历史相对主义。在语文教学中我们既要尊重师生的传统和前见，又要通过批判反思来缓解传统的限制。文本是历时性的文本，需要师生从历时性的维度来进行对话，师生要一同返回至作者创作文本时的时代背景、文化格局中去理解；同时文本又是共时性的文本，师生在具体的情境下对其进行理解，师生的理解和对话具有瞬间性、不可复制性。通过批判反思，可以修正解释学情境，建立一个没有霸权的对话环境，使师生的对话获得各自的解放。师生通过反思可以对语文教学中的理解、想象、审美、情感体验等行为进行重新审视，这既是对过去经验的一种觉醒，也是对语文教学意义的重新拷问。反思其实也是一个循环往复的过程，反思的结果一旦被师生接受作为指导实践的标准时，自身也成为进一步反思的目标。换言之，历史和当下为未来提供了反思的传统和前见，但不会限制和局限未来。未来始终代表着一种潜在的可能，一种独特的未知。因此反思又是一个不断理解自我、超越自我的过程。哲学意义的反思就是人对一些可能性问题形成的关系意识，而这种关系意识与意义世界的含义确有异曲同工之意，反思无疑可以作为语文教学中意义世界建构的主要方法之一。

---

① 亚里士多德将对自身的思想奉为最高的思想，并将这样的思想活动视为至高无上的快乐。

② 董洪亮：《教学解释——一般问题的初步探讨》，教育科学出版社，2010。

有人在谈到反思与教育实践关系的意义时说："反思不但以思维为自己的对象，而且以实践为自己的对象，那么，对于教育实践的参与者教师而言，让'反思性回归自身'就是要保证教师在实践中通过反思获得成长的同时，使教育活动呈现出教育的意义和追求。"[①] 语文教学是教育活动的重要组成部分，故而反思对语文教学也具有重要的作用。语文教学意义世界具有生成性，"生成的静态形式即习惯，生成的动态形式即超越，生成就是习惯的不断形成和不断更新"。[②] 习惯与超越是人类在实践中通过自识与反思日积月累而形成的结果。反思的习惯与超越的品格对语文教学意义世界的作用有相辅相成的两个方面：一方面习惯保证了语文教学意义世界的连续性、完整性和有序性；另一方面超越又规定着师生发展的不确定性，反思可以使语文教学的意义世界变得更加丰盈。

四　创生：精神性对话

教育在古希腊时的原初意义是"引出"的意思。教育所要做的就是提升人的精神生命，恰如柏拉图倡导的"心灵导向"，即教育关心的应该是把我们引向何方，如何建造人类的精神家园的问题。[③] 雅斯贝尔斯在此基础上进一步阐释了教育问题。在他看来，"所谓教育，不过是人对人的主体间灵肉交流活动，包括知识内容的传授、生命内涵的领悟、意志行为的规范，并通过文化传道功能，将文化遗产教给年轻一代，使他们自由地生成，并尊重自由天性"。[④] 语文教学作为一种特殊的社会文化活动，它是一种人为的、为人的教育活动，具有彰显人的生命价值、丰富人的精神生命的特殊功能。这种功能通过师生精神上的对话来实现，通过对话达到创生语文教学意义的目的。语文教学中的师生对话就是师生在语文教学场域中，各自从自己的前理解出发，彼此进行思想、文化、精神的交流，彼此坦诚相待、互相信任、

---

① 康丽颖：《论反思的教育实践者》，《中国教育学刊》2006 年第 11 期。

② 〔德〕雅斯贝尔斯：《什么是教育》，邹进译，生活·读书·新知三联书店，1991。

③ 金生鈜：《理解与教育：走向哲学解释学的教育哲学导论》，教育科学出版社，1997。

④ 〔德〕雅斯贝尔斯：《什么是教育》，邹进译，生活·读书·新知三联书店，1991。

互相尊重、互相接纳、互相理解，建立一种精神相遇关系。师生不断地通过视域融合，来进行意义的表达和意义的创造，进而建构师生完满的精神世界。只有这样，才能说师生双方进入了一种最佳的精神状态，语文教学才能从周遭的生活世界中解放出来，回归到语文教学本真的精神家园。

语文教学面对的是一个个丰富的、多元的、未定的文本，语文文本的诗性特性和隐喻特征决定了师生之间对话的复杂性，这种对话的复杂性说明师生之间的相互理解不仅意味着彼此心理上的一种认同或是情感上的共情，而且关涉更为宽广的东西，诸如语言、思想、情感、态度等。[①] 因此，对语文教学中师生对话的旨趣我们也可以从以下两个方面来观照：一方面是对语文教学“是什么、怎么样和为什么这样”的知识性理解，知识性教学理解获得语文教学的经验和知识，提升语文能力和素养，这也是语文教学得以有效展开的必要条件。任何对语文教学的认识和理解，如果忽视语文教学事实性或既成性的方面，那么也就失去了语文教学真实性和现实性的基础；另一个方面是对师生之间的情感、审美、态度、想象、思想等的精神性理解。这是语文教学中的师生作为一种存在方式的根本体现，它关注的是个体的精神生命及其意义世界，即人的“完整性建构”的价值追求，两个方面共同构成语文教学的意义世界。

如果师生主体间对话只是为了理解知识，忽视对人的精神层面的理解，那么，语文教学就会失去其灵魂。就好比语文教学中的师生更多的是通过言语来进行对话，但言语不只是师生表达思想的工具，要将言语从人的情感、思想、精神乃至个体生命中剥离出来是不可能的。言语是师生的生命冲动和生命意欲的产物，是人与客观世界交流的产物。师生在语文教学中的对话，不仅让学生获得了语文知识，而且提高了语文能力和素养，更获得了言语生命的存续。师生对话的结果不只是对文本形成了认知、观念，而且还产生了情感、态度乃至人的精神。

语文教学中的对话是一种精神相遇的关系，这种关系的特殊性在于师生

① 金生鈜：《理解与教育：走向哲学解释学的教育哲学导论》，教育科学出版社，1997。

间灵魂的相互转向、精神上的相互碰撞。这种精神相遇的师生关系，注重彼此间的互动和交流，是一个动态生成的过程。师生在对话中以整体的人格相互沟通、相互影响、相互促进、相互成长，真正达到教学相长的目的，最终在对话中确证自己的存在。在对话过程中，师生进行着言语的体验、审美的体验、生活的体验，这些体验不仅包括身体上的体验，更是精神上的体验。师生双方作为人格完整的人融入对话中，分享着知识与经验，体验着情感和态度，共同感悟在语言中栖息和生成的生命存在，在文化中浸润和丰富的生命存在，在对话中不断确证自己、完善自己的独立的生命存在。从这个维度来看，"对话是展示意义、把握意义、创造意义的过程，学生就在这种对话的参与中获得了教育。对话并不是把某种真理、意义、态度等传递给另一方的方式和手段，对话过程本身'揭示'了真理，它使真理'显现'出来，从而通过学生的理解而被接受"。[①] 师生在语文教学中的存在从来就不是纯粹的存在，而是一种精神性存在。它总是关涉到语文教学的意义，关涉到人的意义，意义的向度是人所固有的。

第二节　语文教学中师生对话关系的疏离

语文教学是师生在五彩斑斓的世界中对话、交往的过程，师生以语言为交流媒介进行交往。然而，主客二分的师生关系、学生合理"前见"的悬置、师生对话内容的封闭、对话与精神建构的分离等因素导致了语文教学中师生对话关系的疏离，导致人们遗忘了语文教学对人的完整性生命的呵护和价值关怀。

一　主客二分的师生关系

在语文教学过程中，师生难以跨越二元对立的致思障碍，处于一种主客二分的关系当中。无论是在语文教学强调"双基"（语文基础知识和基本能

① 金生鈜：《理解与教育：走向哲学解释学的教育哲学导论》，教育科学出版社，1997。

力）的时期，还是在强调“个性教学”的时期，抑或到了“以教师为主导，以学生为主导”的融合时期，师生之间都是一种主体对客体的承领关系。

在强调“双基”（语文基础知识和基本能力）的阶段，师生的交往与对话在教学实践中遭遇到的教育观念上的最大障碍就是“以教师为中心”。这种教学格局虽然充分体现了教师的主体地位和尊严，但很容易忽视学生的主观能动性，师生之间更多的是一种主从关系。这种关系强调教师在知识与能力上的先行性、优越性，将其作为教学的主体，将教学视为主体向对象的传授、讲述或演示的过程，认为教师在教学活动中占有绝对的主体地位。这种以“教师”为中心形成的师生关系主要以夸美纽斯（Johann Amos Comenius）、赫尔巴特（Johann Friedrich Herbart）、凯洛夫（Kairow, Ivan Andreevich）等学者为代表。有人认为，夸美纽斯将教师比喻为万物温暖的太阳是“教师中心”的理论依据；[①] 也有人提出赫尔巴特是“教师中心”理念的坚实拥护者[②]；还有人认为凯洛夫是“教师中心”理念的代表人物，批判凯洛夫教育学是一种“目中无人”的教育思想：教师起领导和“决定”作用，学生“执行”这些决定；教师是加工者，学生则是被加工的对象；教师发号施令，学生“获得”教师所期望的品质。[③] 对于主从师生关系所带来的后果，语文教育专家叶圣陶先生曾这样分析：“课堂教学既然是一讲一听的关系，教师当然是主角了，学生只处在观众的地位……但是，想到那后果，可能是很不好的。”[④] 叶老先生在这里指的后果主要是对语文基础知识的掌握和基本能力的训练等方面。

在强调语文教学“双基”的时期，语文教学中的师生之间更多的是一种身份上的交往关系。“课堂往往是以一定密度编制并形成权力与权威之关

---

① 单中惠：《外国中小学教育问题史》，山东教育出版社，2005。

② 杨捷：《从“中心”到“对话”：现代西方师生观的转向》，《宁波大学学报》（教育科学版）2007年第1期。

③ 王艳玲：《“目中无人”：凯洛夫〈教育学〉核心概念批判》，《全球教育展望》2009年第4期。

④ 张鸿苓、陈金明等主编《新中国中学语文教育大典》，语文出版社，2001。

系的场所”。[①] 教师是高高在上的知识掌握者，学生是被动的接受者，这种师生关系极大地拉开了师生的心理距离，教师变成了学生敬畏的对象。在这种人际关系中，语文教学大多以“教师为中心”，学生更多的是作为教师“语言讲述的对象”而存在。教师虽然也对学生进行了解，但了解学生的目的是更好地规训学生、控制学生，从而确保其对语文知识的掌握、语文技能的提高。在语文教学场域中，教师虽然心里时时刻刻装着新课标，但在具体的实施过程中却难以落实，虽然形式上以“对话”之名展开各种活动，但实际上演变成了教师问、学生答的“一问一答”教学模式，演变成了一种缺少对话精神和对话实质的教学。我们经常会看到此类的景象：当教师以对话的形式来进入文本理解，一般是由教师来掌握对话的主动权。对话的内容、进程、结构、答案都由教师来控制，整个对话的过程就类似于工厂的流水线。学生的历史、传统、语言、文化等内容统统都被悬置起来，学生无形中就成了教师操纵的对象。师生之间并没有进行平等的交流、没有进行精神生命的对话，更没有对当下、对自我的反思，这样的对话就俨然成了教师的一种单方面的阐释，教师以权威的答案代替学生在对话过程中的发现，其实就是学生自我缺失的表现。“当师生关系变成一种统治者与被统治者关系的时候，这种统治与被统治关系，由于一方在年龄、知识和无上权威方面的有利条件和另一方的低下与顺从地位而变得根深蒂固的了”。[②]

从上述情景中可以发现，在语文教学场域中学生总是处于一种被动的地位，学生没有表达对文本的自我主体感受和意愿的机会和意识[③]。如此一来，教师的讲授代替了学生的体验，教师过于关注知识的积累而遮蔽了知识意义的理解与生成，学生也很难真正达到自我理解，师生双方也很难向对方敞开自己的精神世界。师生缺少自我精神生命的发展，师生关系也只是作为语文教学中的一种必要条件而存在，成为一种形式上的摆设，失去了其内在的价值和意义。

---

① 〔日〕佐藤学《课程与教师》，钟启泉译，教育科学出版社，2003。

② 联合国教科文组织：《学会生存——教育世界的今天和明天》，教育科学出版社，1996。

③ 金生鈜：《理解与教育：走向哲学解释学的教育哲学导论》，教育科学出版社，1997。

到了语文“个性教学”的时期，语文教学追求学生的自主性和独特性，强调学生的自然生长，教师渐渐地隐退到了背后，学生的主体地位前置。学生主体论注重教学目标的实现，强调学生在语文教学过程中的主体地位。这种观点虽尊重学生的个性、兴趣与生命，尊重学生对文本的独特理解，但另一方面因学生对文本的理解，受到其前理解的规限，无法确保学生的理解就是合理的理解。最主要的是忽视了学生批判性知识的习得，遮蔽了教师创造性的发挥，师生之间也处于单向度的理解和交往。关于“学生主体”观，可以追溯到卢梭（Jean Jacques Rousseau）、裴斯泰洛齐（Johan Heinrich Pestalozzi）、福禄培尔（Froebel）、杜威（John Dewey）、蒙台梭利（Maria Montessori）、罗杰斯（Carl Ransom Rogers）等学者的理论论述，他们均持相似的观念和立场。例如：卢梭在其著作《爱弥儿》中被认为首次“发现”了儿童。[①] 无独有偶，杜威也曾对传统教育提出批判性的意见，这种批判的现象在当今语文教学中也仍然存在。杜威说：“消极地对待儿童，机械地使儿童集合在一起，课程和教学法的划一。概括地说，重心是在儿童以外。重心在教师，在教科书以及在你所喜欢的任何地方和一切地方，唯独不在儿童自己的直接的本能和活动。”[②] 杜威认为，不以儿童的生活为出发点，教育便会造成浪费。与教师主体观不同，此种观念认为语文教学的最终实现和完成的关键不在于教师的知识和能力的传授与演示，而在于学生对语文知识的掌握、语文能力的提升与语文素养的提高。学生地位发生位移，逐渐成为教学的主体，而教师进而转换为主导者。正如有学者所言：“以学生为中心”实际上把学生视为学习过程的主体和教育改革的主要参与者，教师是学习过程的组织者和主导者，整个教学过程要从“以教师为中心”向“以学生为中心”转变。[③]

---

① 刘晓东：《论儿童教育学的古今中西问题》，《南京师大学报》（社会科学版）2010 年第 6 期。

② 〔美〕约翰·杜威：《学校与社会·明日之学校》，赵祥麟、任钟印、吴志宏译，人民教育出版社，2005。

③ 刘建波、董礼、曹宇：《课堂教学改革应落实“以学生为中心”教育理念》，《中国高等教育》2017 年第 Z3 期。

为了扭转语文教学中单纯地以“教师为中心”或者单纯地以“学生为中心”的教学格局，语文教学研究者们试图找到两者之间的张力，提倡语文教学中师生关系的融合，这一时期虽然强调“以教师为主导，以学生为主体”，从表面上看，这是对学生主体地位的一种确证，但实质上师生仍然处于主客二分的模式。20世纪80年代初，钱梦龙先生沿袭了叶圣陶等专家的“教师为主导”说，从“教师中心”直接衍生出“教师为主导”的认知，提出“三主说”（学生为主体，教师为主导，训练为主线）之后，并加以大力倡导，在语文界产生了广泛影响。自从钱梦龙先生提出之后，“三主说”风靡一时，应者云集。不少人对此进行阐发，如：

王策三先生认为在教学中应把“学为主体”与“教为主导”联系起来，必须坚持教师的主导作用和确定学生的主体地位，二者是辩证统一的。①

曹光灿先生说：“学生为主体，教师为主导”这一命题在语义上有如下四重关系：学生是心理发展的主体，教师属外部精神力量；学生是认识的能动主体，教师则为认识的客体；教师（教）是矛盾的决定方面，学生（学）便成为矛盾的被决定方面；教成为一种能动引导活动，学则成为一种积极主动的被导认识活动。②

由上述论说可见“主导主体说”被接受的程度，可以看出教师中心观念的根深蒂固，也可以看出破除这一观念的艰难。但“主导主体说”这一认知是由“教师中心”说衍生的，与“以人为本”“学生为主体”的人本主义教育观相抵触，成为当前语文课改“平等对话”理念的对立面。教师并不是以一种“本真的自我”呈现，学生也并非一种“真实的自我”在场，师生双方都以一种“不在场”的身份出现在语文教学中，由此造成了师生双方主体性的失落。于是师生关系呈现了一种“角色—角色”的交往形态。③ 这种师生之间主客二分的交往方式，因其背离了对话的精神实质，无

① 王策三：《教学论稿》，人民教育出版社，1985。

② 曹光灿：《关于“学生为主体，教师为主导”的新思考》，《课程·教材·教法》1990年第9期。

③ 余宏亮、秦淼：《对话教学的致思方式及实践转向》，《课程·教材·教法》2012年第8期。

法为师生关系的民主、平等提供发展的场域。师生双主体论虽重视教师和学生各自的价值效用，但因秉持主客二分思维对教学主体观无法做出合理解释。[①] 鉴于此，语文教学中的师生关系的理性建构还是不能简单采取“加减法”或“替代法”，只有真正做到以学生为本，又不贬抑教师创造性的发挥，才是师生关系的本真发展路向。

以上三种不同的师生关系各有侧重，也各有局限。从本质上来说，上述三种教学主体观均以主客二分的思维来看待语文教学中的师生关系，主体间依旧是主体与对象的关系，而非生命与生命、主体与主体的承领对待，注重的是手段的合理性而不是目的本身的合理性。语文教学过程成了师生间单向度的线性传递，缺少了对师生精神生命的关怀和呵护，阻隔了师生间的交流和对话，语文教学成为与人的生命情感和心灵隔绝的活动，语文教学也就失去了其本真的意义。

二 学生合理前见的悬置

在哲学诠释学看来，前见（Prejudice）指的是人的头脑中既存的见解、视域或经验。前见源自师生存在的历史性和现实性，它是师生进行对话和理解的前提。

关于前见，我们可以追溯到希腊的怀疑主义学派，笛卡尔的“普遍怀疑原理”、培根的“假相说”。从前见在历史中的发展来看，前见大多数时候是以一种贬义存在而遭到拒斥。比如，在古希腊哲学家眼里，前见（也称为“意见”）一般会无法避免地出现在知识与无知之间，“前见”在他们眼里是从一般到真理的必经阶段。虽然古希腊哲学家基本认同前见存在的合理之处，但始终是将其视为真理的对立面，所以还是带有贬义。而在启蒙时期的哲学家注重追求知识的准确性、客观性、普遍性，启蒙哲学家们的这种致知方式无法接受人的历史传统中的“前见”，因为来自传统的“前见”带

① 冯建军：《主体教育理论：从主体性到主体间性》，《华中师范大学学报》（人文社会科学版）2006 年第 1 期。

有人的主观性、不确定性、未知性，与启蒙哲学家倡导的理念背道而驰。启蒙运动的倡导者一致认为只有搁置“前见”，才能获得客观的知识，进行客观的理解。恰如伽达默尔所言：启蒙运动想正确地、无成见地和合理地理解流传物。由于受启蒙哲学的影响，传统解释学家们虽然在理解过程中会无意识地运用到前见，但是在他们看来，前见只是正确理解文本的阻碍，应予以排除。与启蒙运动者一样，施莱尔马赫对前见问题持有相同的意见，他宣称，“解释的重要前提是我们必须自觉地脱离自己的意识而进入作者的意识”。[①] 在哲学诠释学家海德格尔、伽达默尔那里，前见的合理性才得到确证和辩护，“在理性的绝对的自我构造的观念下表现为有限制的前见的东西，其实属于历史实在本身。如果我们想正确地对待人类的有限的历史的存在方式，那么，我们就必须为前见概念根本恢复名誉，并承认有合理的前见存在”。[②] 从这里才算是赋予了前见以开放性和创造性，并提出前见是一切理解的条件。

然而，由于受知识优先、效果为上观念的影响，在语文教学中，教师很多时候容易将学生的前见悬置起来。

> 例如，有的教师在教授《红楼梦》时，其教学导入是这样设计的：可叹停机德，堪怜咏絮才！玉带林中挂，金簪雪里埋（出自《红楼梦》）。师问：这一段贾宝玉在太虚幻境中看到的是关于谁的判词？学生答：林黛玉、薛宝钗。师问：这四句判词判定了林黛玉与薛宝钗的什么？生答：人物性格、人物命运……[③]

从这个案例中我们可以看出，它虽然带有很强的启发性，不过这一导入

① 〔德〕弗里德里希、施莱尔马赫：《诠释学箴言》，洪汉鼎主编《理解与解释：诠释学经典文选》，东方出版社，2001。

② 〔德〕汉斯-格奥尔格·伽达默尔：《真理与方法——哲学诠释学的基本特征》（上卷），洪汉鼎译，上海译文出版社，1999。

③ 选自某实习教师的教学实录。

过程完全在老师的预设和掌控之中进行，是以单向线性为指向的，首先它就排除了学生的前见，这样很难让学生在理解中进行体验、感悟和反思。实际上，对前见的合理利用体现的是师生的高超智慧和艺术，因此，语文教学中的师生应该明确前见合理存在的依据并善待前见。

三　师生对话内容的窄化

叶澜教授强调："把丰富复杂、变动不居的课堂教学过程简括为特殊的认识活动，把它从整体的生命活动中抽象、隔离出来，是传统课堂教学观的最根本缺陷。"[①] 在这样一种教学观的驱使下，师生对话的内容囿于语文文本符号，师生对话都围绕着认知性任务来展开。师生之间、师生与文本之间仅仅是一种认知关系、主体和客体的关系，不是一种开放的、丰富的生活关系。如此一来，语文教学已然成为一个"祛魅"的世界，培养的是一种物化的人，这是对师生生活世界的忽视、对师生完整生命的遗忘。当然，在语文教学中，学生的认知发展必不可少，但更重要的是要思考我们应该关注认知的哪些方面及把它放在什么地位。[②] 也就是说，师生的所有语文教学活动都不可避免地会有知识认知的内容，认知能力是语文教学中的一种基本能力，也是学生适应当今社会生活、实现自我发展的必备武器。一旦否认了语文基础知识和基本能力在学生成长过程中的作用，学生的生活意义和生命价值也只能是空中楼阁。语文知识仅仅是师生对话内容的一部分而不是全部，肯定语文认知内容是语文教学师生对话的基本性内容，并不意味着就应该忽视学生学习生活的其他方面，比如学生的情感、想象、领悟，以及对文化的感悟和把握等，这些都应该成为师生对话内容的重要组成部分。

师生在语文教学中由于过于关注教学目标的预成性，在"预成论"教学观和"知识人"的语文教学实践中，师生的对话内容往往被预设好，成了明确、具体、可操作的知识，语文教学成为知识输入与输出的简单操作和

---

① 叶澜：《让课堂焕发出生命活力——论中小学教学改革的深化》，《教育研究》1997 年第 9 期。

② 叶澜：《时代精神与新教育理想的构建——关于我国基础教育改革的跨世纪思考》，《教育研究》1994 年第 10 期。

行动，远离了实现“生命意义”的价值担当。为了达成预设的语文教学目的，师生对话的内容局限在语文文本上，缺少对文本历时性的观照和回望以及对文本背后深层意蕴的探寻，过于关注线性序列模式的完成和教学步骤的环环相扣，忽视了学生的个体差异和教学过程的动态生成。于是，语文教学很容易变成“教案剧”的排演，对话内容就会被限制在封闭的空间里，师生的主动性、创造性难以得到充分的发挥。

正如学者所言：“在现代性的影响下，对社会预设的标准的达成成为教学的目的，对快乐的追求取代了对幸福的向往。”① 在这种封闭、狭隘的对话内容的制约下，语文教学阻碍了学生通往自由的道路，无法将学生从封闭的对话内容中解脱出来，相反更加强化了教师对学生的控制和束缚。追求预成性的语文教学忽视了语文教学活动时刻处于开放、运动、变化之中，忽视了语文教学是一个生成的、复杂变化的过程。

四　对话与精神建构的分离

师生之间的对话关系就其本质来说只能由对话本身来推动，其内容和意义通过对话来生成，不受对话主体所控制和引导。因此，一味追求师生形式上的“你问我答”对话，这对话不能被称为师生真正意义上的对话，也不一定产生真正意义上的对话关系，而是一种居高临下的意义传达和意志灌输。

例如：一位语文教师在教《刘胡兰》一文时，与学生有一段问答。师问：“这篇文章是写谁的？”生答：“是写刘胡兰的。”师问：“你怎么知道的？”生答：“题目就是刘胡兰。”师问：“这个故事发生在什么时候？”生答：“1947 年 1 月 4 日。”师问：“你怎么知道的？”生答：“课文第一句就是这么写的。”师问：“这个云周西村在什么地方？”有学生答是陕北，有学生答在延安。师说：“云周西村在革命根据地。”课文

① 刘旭东：《现代性教学理论批判》，《高等教育研究》2007 年第 6 期。

中有敌人对刘胡兰说了这么一句话：“你说出一个共产党给你一百元钱。”师问：“谁知道那时的钱是什么？”有学生答是银圆，有学生答是铜板，而另一个学生则说，那时候的钱中间是有窟窿的。[①]

这个案例从表面上来看，师生之间是一种有问有答、有来有往的对话关系，但这里的“问”，只是教师的一种照本宣科的问，这里的“答”也只是学生机械地答，教师的问题缺少对文本的深度思考和存在的必要性，没有针对文本的内在连贯性和逻辑性来展开，可以说是无效问题。最主要的是师生之间也并没有发生精神的碰撞和交流，很显然是一种漠视师生主体感受的对话，缺少了师生之间的精神交流，对话的意义也就无从谈起。本质上类似于马丁·布伯所批判的“装扮成对话的独白”。[②] 显然，当前师生交往关系处在马克斯·韦伯所描述的“意义丧失”和“自由丧失”的阶段。对话成了一种形式化的存在，一种教师驯服学生的工具。因为“一个只把别人当作利用的对象和手段的人，不可能与别人在灵魂深处直接见面”。[③] 语文教学是一种提升学生精神生命的社会文化活动，一旦教师只是把学生视为客观操纵的对象，教师与学生交流只是为了能更好地驾驭学生，力求达到预期目标；学生在这里也只是将教师视为知识的优先掌握者，视为可以帮助他获得知识的客观对象，那么师生之间会失却“灵魂深处的直接相见”（柏拉图语），缺少彼此之间的精神建构。师生之间一旦失去了彼此的信任、失去了精神的交流，失去了语文教学的精神实质和存在价值——心灵洗涤、情感熏陶、精神提升乃至生命发展的意义，失去了对学生主动构建知识和生成意义的承认，师生之间的对话关系也只是形式上的，语文教学的意义就无法彰显。

语文教学中真正的师生对话是一种围绕语文教学中的“问题”而展开的一种自为的精神交流活动。对话的关键在于要有“问题”，“问题”是对

① 刘徽、李冲锋：《警惕语文教学中的“假对话”》，《教学月刊》（中学版）2004年第6期。

② 〔德〕马丁·布伯：《人与人》，张健、韦海英译，作家出版社，1992。

③ 张世英：《哲学导论》，北京大学出版社，2008。

话的引子，这个引子能够使对话有效地延续下去，保证师生间对话的顺利进行、对话关系的真正建立。“理解一个问题，就是对这个问题提出问题”。[①]不能否认，语文新课程标准中多次提到对话，也非常重视对话。在语文教学实践中，大部分教师都力争形成师生之间的对话关系，于是在实践中也尝试着用对话来进行教学。但是，他们绝大多数停留在语文教学的形式上来理解对话，即用“一问一答”的对话方式来替代过去的“一言堂”的语文教学模式，导致一些语文课堂出现了“一问到底”的实践误区，师生之间也形成了一种虚假的对话关系。这种追求形式对话的方式，虽然表面上看起来很活跃，但实质上失去了对话的精神品质。“即使使用了纯熟而优美的语言，即使在谈话中有问有答，即使这种回答花样百出，那也只是机械的回答……绝非真正的对话。”[②] 师生之间这种停留在形式上的对话，不是真正意义上的对话，一定程度地违背了对话的本质。

语文教学中的师生对话关系是在理解的基础上形成的，对话的过程也是彼此相互理解的过程，这种理解不仅仅停留在对话内容上，还包含师生各自的前理解在内的所有人生经验。师生之间形式上的问与答，还不能说是真正的对话关系。“课堂上的热热闹闹、气氛活跃，其实是一种假象；那种表演性质的课堂教学，在忽视甚至压抑生命冲动的同时，也使师生形成了一种热衷表面、不讲实效的心态，学生心灵深处也可能暗暗滋生着‘占有性人格’”。[③] 语文教学中真正的师生对话并不是说用“行不行”“对不对”“可以不可以”等语言来发问就能够达到对话的实质，对话的关键主要在于教师的问题是否能激活学生的前见，是否能达到师生间的视域融合，是否能使师生得到一种更高的普遍性的提高，是否有助于师生间精神的建构，等等，真正的对话是建立在师生之间情感的交流和人生体验等基础之上的，它有助于师生间形成真正的对话关系，有助于语文教学意义的表达和实现。

---

① 〔德〕汉斯-格奥尔格·伽达默尔：《真理与方法——哲学诠释学的基本特征》，洪汉鼎译，上海译文出版社，1999。

② 滕守尧：《文化的边缘》，作家出版社，1997。

③ 田汉族：《交往教学论》，湖南师范大学出版社，2010。

语文教学中对话与精神建构的分离严重地影响师生对话关系的形成。例如，教师长期以来坚持以教师为中心的思维方式和行为模式会影响对话的效果，学生对话意识的淡薄影响师生对话关系的形成，对话的意义在语文教学过程中难以彰显，师生精神层面的对话难以得到体现，这一系列的因素都在潜移默化地影响师生对话的深入开展。真正的对话关系能让学生的独特性、创造性得到充分彰显，对于精神的建构有促进作用，对于语文教学的意义表达有很大价值，最主要的是能让师生在自由言说中领悟到生命的价值与意义。

从上述语文教学中凸显出的师生对话关系的疏离可以看出，师生形成真正的对话关系需要他们的真正在场。因此，积极寻求对话的途径来建立师生之间的关系是我们当前应采取的行动。

第三节　语文教学中师生对话关系的建立

哲学诠释学所倡导的对话理论为语文教学中的师生指明了方向，但掌握对话理论并不等同于在语文教学实践中的灵活运用，理论假设与实践验证两者之间还是存在一定距离，深刻的对话理论在具体的语文教学实践中要被师生接受、理解和运用还是具有一定的艰巨性。要建立语文教学师生之间的关系，缩小对话理论的“深刻性”与语文教学实践的“艰巨性”之间的鸿沟，就必须将哲学诠释学中的对话理论融入当下鲜活的语文教学实践之中。故而建构师生对话共同体、甄选合理前见、引入多元对话、创设师生对话的“边缘领域”是语文教学中构建师生对话关系的关键。

一　形成师生对话共同体

语文教学实践中的对话内容不是表征意义上的语言文字符号，而是充满着思想、情感、灵魂的丰富的精神世界。诚如作家张承志所言：“也许一篇小说应该是这样的：句子和段落构成了多层多角的空间，在支架上和空白间潜伏着作者的感受和认识、勇气和回避、呐喊和难言，旗帜般的象征，心血斑斑的披沥。它精致、宏大、精警的安排和失控的倾诉，对于一纸，在深刻和真情的支柱下跳动着一个活的灵魂。”① 纵观古今，一篇篇名著经过历史的选择之所以还能流传下来成为人类宝贵的精神财富，原因在于文本在一定程度上凝聚着创作者的思想、精神和生命。正如刘勰在《文心雕龙》中所说的“夫缀文者情动而辞发，观文者披文以入情”。那么，师生如何才能沿波讨源，将文本中所蕴含的丰富的生命意义表达出来呢？真正的领悟不是源自对文本谋篇布局的分析、对语句语段的简单划分、对句子成分的反复斟酌，而是要真正唤起师生的前见，让师生进入文本的当下之中，产生一种真切的情感体验，从而生成语文教学丰富、多元的意义世界。因此，语文教学中迫切需要形成师生共同体。

在当前语文教学中，教师仍然是舞台的中心，语文课堂更多的是教师的单方面的“独白”，学生只是作为客观对象存在，师生之间呈现单向、线性的交往模式。语文课程标准中也明确提出：“语文教学应在师生平等对话的过程中进行”“语文教学是学生、教师、文本之间对话的过程。”② 从这里可以看出，语文教学中对话关系的真正达成需要教师、学生多方面的协作，这种对话方式其实就是师生的一种言说方式，它是师生围绕语文本体展开的多维度沟通，它既是对他者言说的一种反馈和倾听，又是在倾听基础上的一种自我意义的阐释和建构。

语文教学中的师生对话，不是一般意义上的对话，它需要师生围绕文本内容来进行精神的建构，这种对话只能通过师生间彼此的交流、互动、对话来进行言说，而不能控制、灌输和钳制。言说是语文人文精神能够彰显的最佳途径。但是语文教学中的这种言说，并不只是由一方去消灭或征服对方，而是各自陈述自己的观点和见解，双方都会受到对方的影响。因为师生理解的结果是否符合文本的规定性，评判的标准既不是来自教师，更不是来自学生，而是由师生双方的视域来决定。换而言之，就是由对话中的师生共同来

① 张承志：《美文的沙漠》，《语数外学习》（高中版上旬）2020 年第 8 期。

② 《全日制义务教育语文课程标准》（2001 年版）。

决定，师生要形成对话共同体，需要教师与学生对文本的某一个问题达成共识和意义的认同，达到理解的目标是师生共同导向某种认同。认同归于相互理解、共享知识、彼此信任的主观性的相互承认。

语文教学中师生对话共同体决定了语文教学中主体与主体之间、主体与对象之间的对话和交流是双向的、互动的、互为依存的关系。师生共同体既不是以放弃师生各自视域为前提对作者原意的客观复制，也不是一种听任师生主观性和个性肆虐的“自由发挥”，它是通过师生和作者之间的主体间性对话而达成的新视界。滕守尧先生认为：“‘对话’是造成‘文化的边缘’的机制，是人类的一种特殊语言交流方式。师生在对话语境中，交谈双方很快达到视野的融合，在融合中相互扩大眼界，使精神生活进入新的和更高的层次。”[①] 作为教师，既要为学生的对话提供方法论的指导，又要进一步扩大自己的视域，以此来补充学生已有的视域，从而使得学生在对话中能够最大限度地与教师视域达到融合。在语文教学中，教师既具有言说的能力，同时也对学生的言说进行一定的调控和把握，这就需要建立对话共同体，对话共同体的确立需要从以下几个方面来展开。

一是解构教师独白意识。这里的独白意识包括“自我中心”意识与“他者中心”意识。自我中心意识就是一切以自己既定的标准来标榜，将他者“物化”，将外界的事物同化。自我中心意识虽然突出了自我的主体性、独特性，但忽视了自我与他人也是一种关系性存在；他者中心意识就是否认自己的独特性，自觉自愿地将自我“物化”，被他者同化，他者中心意识虽然尊重、接纳了他者，但容易失去自我。无论是哪种意识，都是属于教师的一种单方面的阐释和存在。因此，对话意识必须首先解构这两种独白意识[②]。独白意识的解构一方面离不开教师对文化传统、行为模式等影响的克服，教师必须从话语霸权中退让出来；另一方面需要教师摆脱非此即彼的思维方式，不能被学生主体性的张扬所左右。语文教学中师生之间不再是一种

---

① 滕守尧：《文化的边缘》，南京出版社，2006。

② 罗贻荣：《走向对话——文学·自我·传播》，中国社会科学出版社，2006。

对象性关系，而是一种精神性的交往关系，这是一种关乎语言、文化、精神的交往。“师生之间的这种相互作用或对话的交互性，说明二者的关系是一种互主体性关系，这不仅指二者是两个主体在对话中的互相作用，而且指二者形成了互主体性关系即主体间性，这样相对于对方，谁也不是主体，谁也不是对象，谁也不能控制操纵谁，或者强行把意志意见强加给另一方”。[①] 事实上，教师与学生之间是一种平等、民主、合作的关系，师生双方都必须真诚相待。只有彼此认真对待，才能形成一个连续的、循环往复的过程。如果教师没有消解这种独白意识，师生之间就难以建立真正的对话关系。师生一旦有一方坚持自己，真正的对话就难以形成。

二是树立师生对话意识。语文教学中的对话，与其他学科不同，不是关乎“对与错”的对话，而是关于文本及文本背后所蕴含的文化、历史的对话，这种对话依赖于师生的文化视域、价值取向、精神境界等。那么何谓对话意识呢？对话意识指的是一种民主、平等、合作意识，需要对话双方互相敞开、互相接纳、共同创造。这种意识的唤起能够充分调动师生的积极性和自主性，教师与学生之间不再是控制与被控制的关系，不再是服从与被服从的关系。教师能够俯下身来了解学生，学生能够主动积极地提出自己的看法，师生在这个对话过程中能够共生共存、共同促进、共同发展。如果“没有对话意识，即便使用了纯熟而优美的语言，在谈话中有问答形式，问答中花样百出，那也只是机械的问答，决非真正的对话”。[②] 借用巴赫金的术语“超视”和“外位”来理解对话意识，“超视意识”就是指师生都有自己的独特的视域，并且这独特的视域是自己长期以来在历史、文化、传统中积淀而成，教师的超视可能就是学生的视域缺陷，学生的超视也有可能就是教师的视域缺陷，师生之间要相互接纳和借鉴；而“外位意识”就是指师生都要认识到自我的主体性、独特性，这种主体性和独特性是他者无法代替的，师生的这种外位意识能够让自己遇见一个更好的自我。对话意识就是

---

① 金生鈜：《理解与教育：走向哲学解释学的教育哲学导论》，教育科学出版社，1997。

② 滕守尧：《文化的边缘》，作家版社，1997。

“超视意识”和“外位意识”两者的有机融合。如果师生树立了这种对话意识就意味着各自都不会将自我看成一个独立的存在，而是一个开放的存在。拥有对话意识，就是既承认主体间的共同性，又承认主体间的差异性。[①]因而，语文教学中师生树立了这种对话意识，才能促进对话共同体的形成，真正意义上的精神对话才有可能发生，良好的师生对话关系才能得以形成。

师生共同体的建构并不代表师生在语文教学实践中的地位、角色、作用完全一致，也不代表对师生之间的条件性的教学关系的否认从而消解教师的独特地位。正如著名的课程论专家多尔所说，教师在教学中的地位是“平等中的首席”，作为平等中的首席，教师的作用没有被抛弃，而是得以重新构建，从外在于学习情境转化为与这一情境共存[②]。可以这样说，任何一个优秀的语文教师，在言语表现中应有自身的价值追求：一是揭示出语言中被现实所屏蔽的历史“真相”，使学生不被当下的“语义”所局限；二是发现并表现超越语言固有意义的生活（自然）“真相”，使学生能看到言外之意。语文教师所做的不仅是捍卫、维护语言事实的尊严，而且要丰富、拓展语言的内涵与功能。它彰显了教师一种更高境界的生存姿态，即教师自愿敞开胸怀，积极地将自我生命与外在生命联系在一起，你中有我，我中有你，两者完全在思想、精神、心灵上达到高度的契合，两者相互取纳、相互补充、相互成全，从而使自我与他者都以一种完整人格的生命存在于语文教学活动中。

如此看来，师生对话意识的树立并不是为了彼此能够改造对方、同化对方，而是包含着一种自我生命存在境界的提升和成全，让处于对话过程的每一位师生都能够成为更好的自己，共同感受语文教学世界中的那份温情和惬意，享受生命的美好与幸福，领悟生命存在的自由与开放。在对话的发问和探索中，师生共同关心的问题是人在语文教学中的生存境遇。“对话以人及环境为内容，在对话中，可以发现所思之物的逻辑及存在的意义”。[③]在对

① 罗贻荣：《走向对话——文学·自我·传播》，中国社会科学出版社，2006。

② 〔美〕小威廉姆·E. 多尔：《后现代课程观》，王红宇译，教育科学出版社，2000。

③ 〔德〕雅斯贝尔斯：《什么是教育》，邹进译，生活·读书·新知三联书店，1991。

话中，知识、精神、真理、意义等都会以问答的形式呈现出来，对话也吸引着师生全身心地卷入其中，在对话中互相敞开的无限制的探索中，师生双方的精神都被熏陶和提升，师生间真正的对话关系也得以形成。

二　正确对待学生的前见

哲学诠释学的代表人物海德格尔认为我们理解任何东西都不是用空白的头脑去被动接受，而是主动积极参与活动的建构，他认为前见（也称“前结构”）是理解者内在的一种自我认知结构，是一种受文化、传统等因素制约的历史性因素。任何阐释都是以我们先有、先见、先把握的东西为基础的。而伽达默尔则把它与“成见”等同起来，主要是指理解者对文本所具有的意向性和判断，他确证了前见的合理性，认为成见是师生对话的基础和前提，没有成见就不可能有对话，并且对话的过程也是新的成见产生的过程，是师生的视域进一步丰富和扩大的过程。他认为人们与生俱来不可避免地具有历史性，必然导致对所理解事物的一种先入为主的成见。这种成见不是需要克服的消极因素，而是我们理解事物的动力和前提。[①] 很明显，伽达默尔是在海德格尔的前见理念的基础上提出“成见”的，这也从某种程度上说明了前见和成见两者有着内在的关联，前见和成见是理解活动展开的前提。

语文教学意义世界的产生离不开师生在具体情境中的对话。师生通过对话来实现对文本的内在尺度的经验性把握，包括师生以前对文本的不同程度的理解，也包括文本的内容和形式、题材和风格等。师生自身的前见也会成为师生的一种期待视域而对语文教学产生影响，师生的审美经验乃至生活体验、世界观、人生观等都属于师生前见的重要因素。师生的前见受到其知识水平、人生经验、文学素养、审美情趣、价值取向等多种因素的影响，直接影响着语文教学。需要说明的是教师与学生之间的前见是有差异的，正是这种差异的存在，才使得对话得以顺利进行。师生在这种对话关系中，各自敞

① 胡经之、王岳川：《文艺学美学方法论》，北京大学出版社，1994。

开、各自接纳，又会生成新的前见。师生都在对话中寻求理解和自我理解，获得人生智慧和精神生命的成长。可以说，前见不仅是师生理解的前提，它也决定了师生对文本理解的程度。

在语文教学实践中，师生试图突破时空的界限对文本进行全面的理解。而要达到这个目的，首先要学会判断师生前见是否合理，是否有益于对文本的理解，这就需要师生在对话过程中学会舍弃不合理前见，认真甄选合理前见。前见是在一定的历史、语言、传统之下积淀而成的，前见对于我们来说，是历史赋予我们的东西。前见与传统一样，总是在一定的历史发展和变化中有选择地做出沉淀，因而语文教学中的师生与前见之间存在密不可分的联系，师生始终是带着各自的前见进入语文教学活动中，前见和传统成了师生的一部分。没有超出传统、前见之外的师生，更没有与传统脱离的文本，师生与文本都在世界和传统之中。对于语文教学来说，前见是一种积极的因素。“理解是把自身置身于传统的进程中，在这一过程中过去和现在不断融合”。[①] 师生的对话建立在前见（包括社会地位、文化背景、风俗习惯及所处时代的物质条件和精神风貌、知识水平等）基础之上，前见是语文教学中师生对话开展的前提和起点。语文教学总是会受到前见的限制，包括观念、思想、先前习得的知识和方法、原则等，这些前见无时无刻不在影响着师生的理解。当师生对话时，师生双方就会唤起各自的前见，进行选择、分析、判断、推理、综合、归纳等一系列的活动，从而完成师生与文本之间的沟通。文本理解的过程实质上是运用合理前见对文本进行阐释的过程，语文教学的意义世界正是在这阐释的瞬间被创造出来。

所以，我们要承认前见的存在。有效的语文教学并不会排斥前见、压制前见，而是会认真甄选合理前见。传统的理解活动总是试图去克服由历史间距所带来的主观前见，试图去超越文本理解中的阻隔以达到准确、客观理解，还原历史的真实，试图去恢复文本的原意。在伽达默尔看来，这种摒弃前见、追求原义的做法，就是通过消除自我以达到客观的理解，是绝不可能

① Gadamer, Hans Georg, *Truth and Method*, New York: Crosroad, 1975.

存在的。[①] 事实上，对师生的前见不能排斥，它是师生对话关系得以维系的基础，是新意义生成的创造性力量。因此，全面认识学生“前见”的特点，对于师生对话关系的延续和语文教学意义的表达是至关重要的。

其一，内隐性。学生的前见由其世界观和人生观、文化视野、艺术文化素养、文学能力等组成。它总是与特殊问题或任务情境联系在一起，是对某种特殊问题、特定文本或任务情境的一种直觉综合或把握。学生的前见储存于个体的潜意识领域中，在适当的教学情境下它会自动激活。学生前见具有内隐性、个体性，看不见，也无法整齐划一。认识和理解学生前见的这种内隐性，应是师生对话关系真正实现的前提。然而，学生前见的形成需要一个长期涵养的过程，不可能通过某种科学的、标准化的程序快速形成，教师应该从根本上给予学生更多的自由、更多的时间和空间，使语文教学真正地深入学生的内心世界，成为升华学生生命意义的活动。

其二，有限性。有限性是师生个体经验永远无法逾越的鸿沟，但是这种有限性并非与普遍性永远不能兼容，认识到经验的有限性其实就是一种超越。“经验就是人类有限性的经验。真正意义上有经验的人是一个对此经验有认识的人，他知道他既不是时间的主人，又不是未来的主人。这也就是说，有经验的人知道一切预见的界限和一切计划的不可靠性。”[②] 关于经验的这种认识已经具有一种历史真理的意识。从这个意义上来认识学生的前见，实际也就是承认了学生的“前见”的有限性或局限性。

伽达默尔认为效果历史意识能让自身经验对传统、文化、前见等的期待保持一定的开放性。“虽然一个本文不像一个‘你’那样对我讲话，但我们这些寻求理解的人必须通过我们自身使它讲话。然而，我们却发现这样一种理解上的使本文讲话，并不是一种发端于我们自己的任意做法，而本身就是一个与本文中所期待的回答相关的问题。期待一个回答本身就已经预先假定了，提问题的人从属于传统并响应传统的呼唤”。[①]换而言之，学生的前见从

① 曹明海：《语文教学解释学》，山东人民出版社，2007。

② 〔德〕汉斯-格奥尔格·伽达默尔：《真理与方法》，洪汉鼎译，商务印书馆，2007。

属于传统，而传统也有它的历史局限性。从效果历史的概念来看，我们不仅可以认为从学生的前见出发可以达到普遍意义的历史的真理，我们也认识到学生的前见决定了这种意义在何种程度上具有“普遍性”。学生前见的这种有限性确证了理解的限度，学生前见的有限性对语文教学意义世界的把握具有非常重要的作用。

其三，独特性。前见与学生的世界观、人生观、价值观有着密切关联，每位学生的观念又各不相同，从这个意义上来分析，前见也是一种独特的存在。然而，我们的语文教学却恰恰忽视了学生前见的独特性，教师往往搞“一刀切”，将教参中对文本理解的固定答案生硬地塞给学生，讲求答案的单一性，学生无法依据自己的前见对文本进行能动性的解读，更谈不上对文本的创造性理解和建构。故而师生之间这种接受式的语文教学方式就会使学生缺乏自主性、想象力和创造性。因此，在语文教学中教师应充分尊重学生前见的独特性，做到“目中有人”，切实把握学生前见的差异性，采取个性化的教学方式，使语文教学过程成为培养学生个性的过程，成为学生对文本的创造性阅读的过程①。教师要善于引导学生表达对文本的不同理解，启发他们对文本进行自主性分析与建构，这样更有利于师生对话关系的建构。

其四，动态性。语文教学不是一个简单的线性过程，而是一个对活动本身理解与解释的循环往复过程。学生的语文实践是在前见的基础上展开的理解与阐释的活动，是一个不断拓展与丰富自我认识视域的循环往复的活动。随着知识的习得与丰富，语文素养、审美水平、阅读能力也随之提升，而这又会进一步开阔和丰富学生的前见。师生的前见作为潜在的心理图式限制并干预着语文教学过程，这是因为师生按其已有的前理解来了解、阐释文本所提供的信息或暗示的内在世界。如果学生没有前见，师生对话关系很难真正实现。可见，合理的前见是师生对话关系形成的基础，也是语文教学顺利进行的重要保证。

---

① 曹正善：《主体性课程教学模式初探》，《四川师范大学学报》（社会科学版）1999年第3期。

三 引入多元对话

语文教学是师生以语文文本为内容，从历时与共时维度进行一系列的理性和非理性的对话、共享、创造的活动，对话成了联系传统与现代、历史与现实、物质与精神的纽带。它不仅是历时性对话和共时性对话的融合，而且也是理性对话和非理性对话的统一。

其一，历时性对话与共时性对话。任何对话都是处于历史中的对话，语文教学中的师生对话也同样如此。师生与文本都处于历史之中，一起构成一个统一体。师生不可能置身历史之外来进行对话，师生与文本总是处于一种历史的互动关系中。语文教学活动中每一个当下的人都必须对文本进行理解，而文本是历史中的文本，师生要通过对话，使历史真正与当下教学场域发生意义关联，从而建构自己的精神世界。比如教授《离骚》时，师生的认识与理解、体验与感悟是在教学活动中的当下唤起与敞开，是在具体的情境中发生的，师生不仅要通过语言的分析把握《离骚》文本的意义，理解《离骚》用四条比兴主导思路通贯全诗，表现了诗人屈原对崇高精神境界的追求，这是师生共时性对话的产物；同时，师生还必须把整个诠释的范围扩大到《离骚》所赖以产生的文化、社会、历史等关联意义中，就此进行追根溯源，从而在《诗经》“大雅”和“小雅”的篇章中找到《离骚》的主旨和比兴的主导意象的渊源。就此而言，师生恢复《离骚》文本的意义乃意味着跟随作者一起返回至产生这些文本的历史背景之中。即便如此，任何时代都有着对经典文本的独特理解，没有一个时代能够达到所谓“绝对的”理解。“这种对认识的一切绝对性的放弃，看上去好像就是复活了一种否定的思想，同时也恢复了神圣事物的意义，因此在历史上没有意义的完全复活，而只是一种无限重返的相似”。[①] 可见，语文教学理解活动中师生每一个现实的意识都是与一定的历史文化传统相关联的相对意识。它既是当下师生对文本的一次共时性“对话”，也是对先行理解的一次“创新”，这一行

① B. 斯特万、王炳文：《解释学的两个来源》，《哲学译丛》1990 年第 3 期。

为本身就是一个连续不断展开的理解与诠释的“循环”。

在语文教学实践中，师生仅仅返回至产生这些文本的历史背景中还不足以达成理解，必须将历史流传物所承载的意义与师生当下的知识结构、价值观念、生活遭际、生命体验等关联起来。事实上，我们谁也不能跳出历史，重建作者创造文本时的特定情境，复制作者创作时的意图。师生无法恢复到文本创作时的情境，这一文本作为一种历史传统只能与师生的当下现实发生一种关联，从而凸显出属于师生当下建构的意义。只有当师生超越了时空的界限，将当下的体验一步步与历史流传物所承载的生命之体验直接统一起来，才算是完成了师生主体间对话的全过程。这既是一个适应历史的过程，又是一个重建历史的过程。师生主体间性的对话不仅是师生掌握他者、掌握历史的工具，也成为当下自身生命的一种存在方式。“视域融合不仅是历时性的，而且也是共时性的，在视域融合过程中，历史和现实、主体和客体、自我和他者都达到了无限的辩证统一”。[①]

其二，理性对话与非理性对话。人是完整的生命体，既是理性的存在，也是非理性的存在。[②] 在语文教学中，人的对话内容既包括理性的对话内容，又包括非理性的对话内容。语文教学中师生的理性对话追求对话内容的精确性和意义的确定性，是语文教学合规律性和目的性的体现。师生的非理性对话内容激活了语文教学中师生的思维，能够让师生间的对话始终保持开放性和持续性。理性对话和非理性对话作为语文教学的统一体，在语文教学中共生共存，使得师生双方都在理解中获得了沟通与共享，真正地实现了自我理解和自我超越。

语文教学中师生理性的对话追求文本内容的客观性、答案的统一性、讲解的精确性、意义的确定性等。西方哲学史对理性的理解主要有两层含义：一是指人认识事物本质和规律的抽象思维形式和思维能力；二是指人的抽象

① 何卫平：《试析伽达默尔效果历史原则的辩证结构》，《湖北大学学报》（哲学社会科学版）1998年第1期。

② 辛继湘：《体验教学研究》，湖南大学出版社，2005。

思维能力所支配的人的理智的、合理的、自觉的与合乎逻辑的能力和存在属性。[①] 前者立足于认识论，将理性看作人的一种推理能力，是人类认识客观世界的工具；后者立足于本体论，认为理性是人对自我的一种超越。它一方面是在人的"类"的属性上的一种提升，另一方面又是人寻求突破依附自然世界的一种方式。如梁漱溟所言，宇宙间所有唯一未曾陷于机械化的是人；而人所有唯一未曾陷于机械化的便是理性[②]。在他看来，"未曾陷于机械化"指的是人对自由的一种渴望和追求，即内在地承认了人是一种理性的存在。进而言之，理性也是语文教学顺利进行的前提和界限，缺少理性的规约，语文教学活动就会脱离语文课程标准，成为一种普遍的社会性活动。只有当语文教学中的师生理性地进行对话时，语文教学中的自由才是可以实现的，教师的教学自由和学生的学习自由只有在理性的指引下才能真正实现。

理性的对话还需要师生秉持求真、向善、尚美的态度、精神和能力，抱持质疑、批判和反驳的理性对话精神，这样师生才能从历史的维度对语文文本进行整体的观照，师生作为一种人的存在，自身具有反思和批判的意识。如卡西尔所说"火被宣称是一个在他生存的每时每刻都必须查问和审视他的生存状况的存在物。人类生活的真正价值，恰恰就存在于这种审视中，存在于这种对人类生活的批判中"。[③] 所以，反思审视、批判求真的理性精神更要被教化人类理性的教师与接受精神熏陶和灵魂转向的学生所推崇，更应该贯穿于整个语文教学活动，成为语文教学的重要内容。

另外，语文教学中师生间的非理性对话也很重要。如前所述，汉语言具有诗性特征和隐喻特征，多尔在《后现代课程观》中说："隐喻是生产性的，'帮助我们看到我们所没有看到的'，隐喻是开放的，引发对话的。逻辑是界定的，'帮助我们更清楚地看到我们已经看到的'，它旨在排除和结束，用塞利的话来说，'是扼杀……'。"[④] 可见，隐喻可以激发学生的想象

① 胡敏中：《理性的彼岸——人的非理性因素研究》，北京师范大学出版社，1994。

② 梁漱溟：《中国现代学术经典·梁漱溟卷》，河北教育出版社，1996。

③ 〔德〕恩斯特·卡西尔：《人论》，甘阳译，上海译文出版社，2004。

④ 〔美〕小威廉姆·E. 多尔：《后现代课程观》，王红宇译，教育科学出版社，2000。

和创造，而想象和创造可以进一步扩大语文教学中的意义世界，让语文教学中的师生在理性的思辨与非理性的经验之间找到两者之间的张力，从而促成意义的实现。吕格尔称意义的这种结构为“象征性”①。意义的象征结构决定了意义的理解离不开想象。想象是师生通往文本意义的重要方式。离开了想象，不仅人生黯然失色，而且意义也趋于干瘪贫乏。汉语言的丰富性、多元性、情感性为语文教学中的师生对话提供了更为广阔的想象空间，为语文教学中的师生提供了一个更加自主、更加开阔的阐释空间。在实践中他们可以结合自己的生活体验，充分调动各自的情感、想象、灵性等感受去进行对话，这个对话的过程也意味着一种新的情感的生成。师生间这种非理性的对话让彼此的情感进一步得到提升，视域进一步得到开阔，精神世界进一步得到升华，让师生超越外在的、世俗的、功利的目标，达到一个物我合一的自在境界。正如王国维在《人间词话》中所说的：“有有我之境，有无我之境。”“泪眼问花花不语，乱红飞过秋千去。”“可堪孤馆闭春寒，杜鹃声里斜阳暮。”有我之境也。“采菊东篱下，悠然见南山。”“寒波澹澹起，白鸟悠悠下。”无我之境也。“有我之境，以我观物，故物我皆著我之色彩。”②可见，语文教学中的非理性对话同样可以获得对文本的深刻感悟。

师生对审美、情感、想象、价值、文化、意义等内容的把握对于语文教学来说至关重要，这是客观、概念化的知识所不能取代的。不然，语文教学中的师生也不会为卖火柴的小女孩的悲惨命运感到难过，也不会为看不到鸟的天堂，听不到春天的脚步声感到忧伤……如此，世界将变得暗淡无光，学生也将日益成为感情淡漠、体验荒芜、没有人生趣味、缺乏内心敏感性的“单向度”的人。③

语文教学中的理性对话和非理性对话缺一不可、相依而存，为语文教学的意义阐释提供了多种可能。理性对话内容“总是指向客观、确定、统一，并试图把包括人的情感、精神在内的一切现存和可能统统予以客观化、确定

① 刘安刚：《意义哲学纲要》，中央编译出版社，1998。

② ［清］王国维：《人间词话》，上海古籍出版社，1998。

③ 曹明海：《语文教学解释学》，山东人民出版社，2007。

化。这样，人生及其对象世界的多样性、生动性、不可重复性，就势必受到遮蔽和戕害，并且脱离人及主观性的‘客观’并不能为人生设置意义和方向，客观世界自身所走的道路并不等于人生之路”。[①] 而非理性对话受师生主观因素的影响，师生容易从各自的经验、背景出发来参与对文本意义的理解，无法排除师生的不合理的偏见，在一定程度上不利于语文教学意义的生成。在语文教学中，我们应该给予理性对话和非理性对话以足够的重视。既不忽视师生在教学中的非理性因素，尤其是师生的审美、想象、情感体验等，也要重视师生批判求真的理性精神。唯有如此，师生之间才能真正达到精神上的相通，语文教学才能培养精神完整的人，才能真正实现个体生命价值与存在意义的彰显、扩展和提升。

四　创设师生对话的“边缘领域”

受主客观因素的影响，师生之间的对话无法避免地会产生阻隔。因此，需要打破师生交往的边界，创设师生交往的“边缘领域”。“边缘”是指二元对立之间或多元之间相互对话和交流、不断生发出新气象的地带，也是一个开放的和多元共存的地带。不同要素在这里接触和融合，滋生出新的东西，并迅速向周边扩散，有效地改变人们的意识和文化本身。[②] 这种边缘领域的建立能够在一定程度上消解相互对立的两个范畴，从而形成一种“之间”的边缘领域，而“之间”的这种边缘领域的界定需要从教师与学生的关系中得到确认。“边缘领域”存在于两极“之间”，在这个“之间”领域，二者平等地对话和作用，产生出某种既与二者有关又与二者不同的全新的东西。[③] 这种“边缘领域”或者说“对话域”诚如哈贝马斯所说的“公共领域”或“公共空间”。在哈贝马斯看来，公共领域既是公共权力领域与私人领域之间的中间地带，又是一个“交往共同体”，当私人与公众进行对话时，私人才能成为整体中的私人，个体才能成为公共领域中的个体。

① 张曙光：《生存哲学——走向本真的存在》，云南人民出版社，2001。

② 滕守尧：《文化的边缘》，作家版社，1997。

③ 滕守尧：《文化的边缘》，作家版社，1997。

任何人的生命活动都是在一定的“场”中完成的，都要受到他所处的特定的“场”的影响和制约，这种“场”被称为“生命场”。[①] 哈贝马斯站在意识形态批判的立场，揭示了伽达默尔的哲学诠释学缺乏反思与批判精神。他认为诠释学不能囿于语言学方面，不能仅仅停留在对文本表层意思的解释上，而应当是一种“深度解释学”（Depth Hermeneutics）。哈贝马斯强调，解释如果缺失了批判和质疑就会容易引发虚假意识，解释就无法认识到它的社会偏见或一直在语言背后操控它的那股力量，那么对话就具有霸权性。师生之间基本的对话规则是对话不可或缺的条件。对话是自由的但不是任性的，正是在对规则的遵循中自由才有可能。规则之于自由便如河床之于水流，是成全而非阻碍。可以说，只有合规则的对话才是真正意义上的自由对话。

为了让语文教学中的师生能够充分地进行情感、思想、精神上的交流和碰撞，形成真正的对话关系，应该在语文教学活动中建立一个平等、互相尊重的教学生命场，创设师生民主对话的“边缘领域”。让学生能够平等地与教师交流，而且乐于与教师沟通，能充分进入师生对话的情景之中，让语文教学活动能够充分体现语文化育精神、滋润情感的价值诉求。把语文教学与学生的生命境遇和人生经验融合在一起，使学生在知识、能力不断增长的同时，获得精神的丰富和完整生命的成长[②]。然而，并不是所有的师生交往都能有规律地形成哈贝马斯所说的“公共领域”，师生真正交往的形成受到条件的限制，必须遵循一定的原则。

第一，平等原则。平等原则旨在打破语文教学中“以教师为中心”的教学格局，让语文教学中的学生能与教师平等进行对话，遵守一般性的共同规范，让学生的主体性和自主性能够充分地彰显出来。平等是师生对话关系得以维系的基础和前提，尽管学生不像教师“闻道在先”“术业有专攻”，但二者在人格上、精神上是平等的。虽然教师由于经验丰富，在某些方面强于学生，确立了教师在学生当中的威信，但是这种权威是个人享有的、民主的、

---

① 李红恩、徐宇、余宏亮：《对话教学的生命意蕴及其建构》，《教学研究》2012 年第 1 期。

② 辛继湘：《教学价值的生命视界》，湖南师范大学出版社，2006。

智能上的权威。师生对话的发生需要教师将自身的地位和权威悬置起来，这种制度化的权威主要是指教师对学生的压迫、控制、规训等，而平等的对话关系中正如后现代课程专家多尔所说的，教师是平等中的首席。教师的权威不在于外在的赋予，而是在对文本理解中体现出一种独特的见解和品质，教师与学生都处于平等的对话关系中。对话关系的形成前提是每一个参与对话的人都能从各自前见出发，都享受平等的权利。当教师和学生共享“平等的权威”，学生成为与教师平等的个体，学生才能以完整的人格投入其中，才能自由地敞开个体的内在世界与教师对话。这种平等师生关系的建立，在一定程度上消解了由教师权威、人格依附等多种因素带来的师生之间的隔阂。师生在共同的理性层面进行交往，共同遵守由商讨形成的规范性条件。

第二，相互尊重原则。在语文教学中师生是根据自己的前理解或者心理图式来理解文本，正因为如此，师生在交往中各自有自己的“先入之见”，正所谓“一千个读者就有一千个哈姆雷特”。师生间的对话意味着差异、对立和冲突，意味着多元、多样，意味着“生活的多样性和人类情感的多层次性”，[①] 意味着“求同”及“存异”，对“异”的尊重乃是求“同”的前提与基础。教师在语文教学中不是将自己的意见强加给学生，而是与学生一起进入文本，了解学生对文本的理解程度，引导学生进行反思、联想、想象、迁移和追问，把每个人都看成一个独立而丰富的世界，使学生能够充分地展开自己的理解视域，从而丰富和扩大自己的理解视域，使思想和思维保持在一个开放、多元、活跃的状态。只允许单一文本观点、单一文本价值、单一文本声音的教学是没有生气的教学，充斥其中的只有灌输强迫和教师威权的无处不在的渗透，听不到学生这一弱势个体生命的卑微述说。唯有对学生的历史传统、前见等的尊重，对学生联想、想象的尊重，才可能有师生之间真诚的言说和倾听，才会有师生在对话中的独特感受和体验。

无论是“边缘领域”还是“公共领域”，对语文教学中师生对话关系的

① ［苏］M. 巴赫金：《陀思妥耶夫斯基诗学问题》，白春仁、顾亚铃译，生活·读书·新知三联书店，1988。

建立都具有非常重要的作用。基于以上对“边缘领域”的深刻理解，我们非常有必要创设师生对话的“边缘领域”，突破教师权力的限制，努力创设一种平等、理性、开放的“边缘领域”。这种“公共地带”的开放性有利于师生在对话过程中能够充分敞开自己的视域，促进意义的生成。在这个师生共在的“边缘领域”，可以听见师生围绕文本而发出的不同声音，教师充分尊重每位学生的意见，把学生看成独特的人、发展中的人、有自己主见和能动性的人。教师也不再把自己当成高高在上的师者，而是平等地与学生交流，与学生一起进入当下，将语文教学活动视为一种游戏，师生共同进入这种游戏的“边缘领域”。

在师生对话的“边缘领域”，语文教学不再是一种知识的灌输，而是教师与学生之间的一种真诚的、平等的对话。在这种对话交往中，既保持了师生的主体性，又超越了其一般的主体，体现出师生间一种民主平等、交流协作、互动参与的关系，师生也由此获得一种相互尊重、相互影响的人格。最主要的是“把学生从被动世界中解放出来，把学生培植成能动的、创造的、富有对话理性和健康心理的现代人，知识变成了‘话题’、变成了手段，课堂、学校真正成为育人、成人的乐园”。[①] 语文教学就是要让学生在这样的文化生命场域中“体验到平等、自由、民主、尊重、信任、友善、理解、宽容、亲情与关爱，同时受到激励、鞭策、鼓舞、感化、召唤、指导和建议，形成积极的、丰富的人生态度与情感体验”。[②] 当从哲学诠释学的视角来理解师生之间的关系时，师生的对话获得了生命的意义。

本章主要从对话的维度来审视语文教学场域中的师生关系，对语文教学世界中师生关系的实然现状进行现实检视，用哲学诠释学的理论来剖析师生对话疏离的原因，并构建一种真正的师生对话关系，由此实现师生关系对个体精神的陶冶和培育作用。

---

① 刘庆昌：《对话教学初论》，《教育研究》2001 年第 11 期。

② 钟启泉、崔允漷、张华主编：《为了中华民族的复兴为了每位学生的发展》，华东师范大学出版社，2001。

第六章　意义实现：语文教学方法中的体验

如果某个东西不仅被经历过，而且它的经历存在还获得一种使自身具有继续存在意义的特征，那么这种东西就属于体验。

——伽达默尔

早在两千多年前，孔子非常注重启发、内省和对话的教学方法，提出了“不愤不启，不悱不发，举一隅而不以三隅反，则不复也”的思想，他还推崇“内省”的方式，“见贤思齐焉，见不贤而内自省也”。[①] 魏晋玄学家也强调“言不尽意”“得意忘象”的“直觉体验”方法。任何文本都是作家的体验，是作家体验冲动、觉醒的表达。故而，语文教学中的方法不能单纯依靠教师的讲解和分析，更多地还需要依靠学生自身的体悟和内化。

19 世纪 80 年代，狄尔泰最初将体验引入哲学，并将其视为人文科学的方法论，从而与自然科学区别开来。他明确提出：“自然科学需要解释说明，对人则必须理解。”也就是说，人文科学需要以个体的人生经验去体验文本中他人的经验，这既是对文本的一种体验，又是对自我的一种确证，更是一种意义的实现。我们知道，自然科学所面对的是客观存在的物质世界，

① 张燕婴：《论语》，中华书局，2006。

一般人们习惯于用逻辑推理的方法来阐释，寻求的是一种确定的、客观的知识；而人文科学面对的则是具有丰富情感世界的人及其所创造的精神世界，人们一般用体验来感受这种精神世界从而追求人生的意义，它所寻求的是一种多元的、不完全确定的知识，而且没有终点。体验作为个体对客观世界的一种内心体认，综合了个体的全部人生经验。

诚如伽达默尔所说：只要某些东西不仅仅被经历了，而且其所经历的存在获得了一个使自身具有永久性意义的铸造，那么这些东西就成了体验。[①]体验不是一种顿悟，而是长期积累而成的一股持续的思维流，它的深刻性是其他意识活动所不能企及的，它能保持一种相对稳定的意义，语文教学就是师生由言外深入到言内，把文本的诱导因素化为具体的现实意义的过程，而这一意义的实现取决于师生体验。

第一节　语文教学之体验的本体性特征

语文学科特有的人文属性决定了语文教学必须通过人自身的体验才能将文本蕴含的内容进行内化。“体验”也因此成为《语文课程标准》所关涉的重点内容，包括体验的意义、内容、过程、方式、方法等各个方面。宋代严羽《沧浪诗话·诗辨》中也提到：“惟在妙悟”“惟悟乃为当行，乃为本色”。“悟”在文中就是指“内省体验”，通过自己的情绪、情感与心灵直接领悟，所谓“目击道存”是也。语文学科中有些知识是只可意会不可言传，只能依靠体验。只有将知识内化到师生的自身知识结构和情感体系之中，才是主体真正的知识。[②]

哲学诠释学认为，体验是“主体通过自身直接的活动认识和把握客体，并把对客体的认识纳入主体的身心之中，通过主体的内心体察而内化为主体体认、把握自身存在和外部世界的一种认识方式，在人的体验活动中，主体

① 〔德〕H-G. 伽达默尔：《真理与方法》，王才勇译，辽宁人民出版社，1987。

② 蒋成瑀：《体验：阅读教学的新航标》，《语文学习》2005年第2期。

和客体是融通、统一的，而不是分立、对峙的”。[①] 体验既是一种主体认识客观世界的方式，又是生命存在的重要方式，它将主客体从对象式思维方式中解脱出来，放置于一种关系式的场域中，在这种场域中感受着生命成长和周遭世界的变化。因此，注重体验的语文教学对于教师应对现代社会工具理性思维方式的危机，实现学生的内生式发展和生命价值具有重要的启示。语文教学的目的就是要寻找体验这种非规定性的思，语文教学的意义也依赖于作者和师生的体验才能实现。体验作为语文教学的本体之法有其特殊性，主要表现在以下方面。

一 言语体验的实践性

言语是指个人在特定语境中具体的语言运用和表现，言语不等于语言，但它包含了语言。关于语文课程的言语特性，叶圣陶先生早在《略谈学习国文》中隐约谈道：“学习国文就是学习本国的语言文字。”他在《语文是一门怎样的功课——在小学语文教学研究会成立大会上的发言》中解释何谓“语文”时谈道：“一九四九年改用‘语文’这个名称，因为这门功课是学习运用语言本领的。……功课不叫‘语言’而叫‘语文’，表明口头语言和书面语言都要在这门功课里学习的意思。”“口头语言和书面语言都有两方面的本领要学习：一方面是接受的本领，听别人说的话，读别人写的东西；另一方面是表达的本领，说给别人听，写给别人看。口头语言的说和听，书面语言的读和写，四种本领都要学好。”[②] 虽然叶圣陶先生没有直截了当地表明言语性就是语文课程的性质，但内在地隐含了这层意思。他对表现的语言（“言语”）缺乏明晰的界定，难免被工具论遮蔽。

夏丏尊先生是主张言语性的先驱，他对语文课程性质的言语性特征的认识具有重要的贡献。他主张“学习国文，应该着眼在文字的形式上，不应该着眼在内容上”。“只要是白纸上写有黑字的东西，当作文字来阅读来玩

① 庄穆：《体验的认识功能初探》，《福建学刊》1994 年第 6 期。

② 叶圣陶、刘国正：《叶圣陶教育文集》（第三卷），人民教育出版社，1994。

味的时候都是国文科的材料。国文科的学习工作，不再从内容上去探讨，倒从文字的形式上去获得理解和发表的能力。凡是文字，都是作者的表现。不管所表现的是一件事情，一种道理，一件东西或一片情感，总之逃不了表现。我们学习国文所当注重的，并不是事情、道理、东西或感情的本身，应该是各种表现方式和法则”。[①] 虽然他对于语文学习观的理解在某些方面还存有片面之嫌，主要是重文字、轻内容的理念不能被人们所接受，离真正的语文教学还存在一定的距离，但是他的认识道出了语文课程的基本属性。

接着我们还需要进一步明确语文教学实践的本质。按照马克思的观点，人类实践活动本质上是一种对象性的活动，主体以感性的形式把人的本质力量对象化为客观实在，从而创造出一个属人的世界[②]。以此来观照语文教学，语文教学最主要的体验就是语言文字符号形成的言语文本及文本中所蕴含的言语人生。语文教学实践的目的在于教师引导学生认识自然世界和人类社会世界，而学生在教师的指导下创造性运用语言文字符号去进行阅读与写作、理解与鉴赏、表达与沟通，感悟与体验言语作品所蕴含的丰富的言语世界，从而实现自我理解和自我超越，我们称依托语言符号进行的体验为言语体验。

语文教学中个体德行的生成、人的尊严和幸福的看护都离不开言语体验。只有通过言语体验才能让学生在言语实践活动中得到生命意义的彰显。言语体验是一种融听说读写于一体的综合性实践活动。它发生在具体的语文教学情境中，离不开语文教学生活。由于生活是开放的，发生在语文教学生活中的言语实践也同样是动态、生成、开放的。言语体验不是机械的重复和演绎，而是学生通过言语来体会生活中的人生百态，它是一个意义不断生成的过程。那么，语文教学中的教师如何才能将教师的“教”转变为学生的“言语体验”呢？接下来我们看一个案例。

---

① 《夏丏尊文集》，浙江文艺出版社，1983。

② 颜朝辉：《社会科学理性的当代建构》，科学出版社，2013。

> 叶才生老师执教《生活的杯子》一课。他上课之初端出一杯透明玻璃杯装的茶。叶老师将教室里的灯关掉，然后又开灯；放音乐，又暂停音乐。不做任何解释，在黑板上板书“这个杯子有变化”“杯子里还剩下”两个句式，让学生自己用言语去表达。结果学生纷纷用语言表达出“这个杯子有变化，变成了一杯灯光”“这个杯子有变化，变成了一杯跳动的音符”“杯子里还剩下一杯暖风习习”“杯子里还剩下一杯旭日东升”。①

从这个案例中我们发现，虽然杯子是我们日常生活中最常见不过的器具，盛水也是杯子最基本的功能，在日常的生活中，茶杯的形状、颜色都是眼睛“观看”出来的，杯子的功能基本上被思维定式化为“装水”或“盛茶”，但在课堂中，叶老师紧紧抓住言语体验这个本体，通过营造学生乐于表达的情境，先让学生从视觉上去“看一看”杯子，让学生仔细观察杯子、直观地了解日常生活中的实体的杯子，接着设置言语表达的情境，让学生去“说一说”杯子，基于一系列的观察和表达活动，一杯物质之水在学生言语体验中成为生活中的“一杯光”“一杯音乐”，成为情感中的“一杯叹息”，进而成为德性中的“一杯阳光”。叶老师通过将静态的、固化的、单一的文本语言分析转换成学生动态的、丰富的、多元的言语体验，让学生经历了从物象的杯子到情象的杯子，再到意象的杯子的层层体验。最主要的是学生通过自身真切的言语体验和言语表达，不仅将语言文字运用的规则内化吸收，而且还体验到了语言文字中所融通的温情和人文精神，更能自主地、开放地、创造地将静止的语言符号内化成个体自我的精神生命的一部分。从这个意义上来说，在言语体验的实践中，语文教师的“教”与学生的“学”双方就言语作品进行沟通、理解、对话的过程就是师生进行自我理解和自我实现的过程，师生以自己的生命去倾听、去感悟、去表达，以身体之，以心验之，而意义也就在言语体验的瞬间显现和绽放。

① 冯铁山：《启迪诗思　涵养诗情　弘扬诗教——叶才生教师〈诗歌的杯子〉课堂实录与评价》，《语文教学通讯》2004年第34期。

二　审美体验的丰富性

汉语言符号是一个颇具审美性的符号系统，它的审美特性既体现在汉字潇洒豪放的飘逸形体中，也体现在汉语有情有意的轻柔细语中，更体现在语言文本灵动浪漫的诗意铺陈中。简洁、蕴藉的文言与活泼、隽永的白话构成了一个个丰富的审美意象。汉语言符号的意义世界为语文教学提供了一个多层次、立体的审美空间。从这个角度来说，语文教学离不开师生的审美体验。

首先，审美体验是一种直觉的“思”，这种直觉不是瞬间的顿悟，而是对一般感觉的超越。它既与概念思维或逻辑推理不同，也与形象思维不同，它是个体的思想认识在头脑中长期积淀下来的具有一定期待的东西。审美体验与历史、传统有密切的关系。其次，审美体验也是一种情感的“思”，这种情感是“人的生命的激荡，人因这种激荡，特别是这种激荡得到适当形式的表现和抒发而获致一种精神上的满足感”。[①] 最后，审美体验还是一种自由的思、创造性的思。黑格尔说：“审美带有令人解放的性质。”[②] 而解放“就是重新恢复在那种徒劳于永无休止的竞争活动中不可能存在的感性的审美性能，正是这些审美的性能揭示出自由的崭新性质”。[③] 故而语文教学中的审美体验也是一种自由的、充满期待和创造性的思，这种思能够让师生摆脱周遭世界的烦琐，进入一种内在的、审美的精神世界。审美体验是一种最能体现人的优越感的体验，是个体人生经验的综合体现。

简而言之，语文教学中的审美体验是指师生以一种全身心的方式来感知、领悟文本，这种体验是对生存、生活、生命的一种独特觉知。它是一种基于现实而又超越现实的感受，是对人的生命意义的一种询问。“在艺术的体验中存在着一种意义的丰满，这种意义丰满不只是属于这个特殊的内容或对象，而且更多地代表了生命的意义整体。一种审美体验总是包含着某个无

---

① 张世英：《哲学导论》，北京大学出版社，2008。

② 〔德〕黑格尔：《美学》，朱光潜译，商务印书馆，1997。

③ 〔美〕赫伯特·马尔库塞：《审美之维》，李小兵译，广西师范大学出版社，2001。

限整体的经验”。[1] 语文教学中的审美体验是一种丰富的生命体验，是对过去、现在、将来的生命世界的一种期待，由于审美体验是对人的历史、语言、传统、文化的整体的询问，因此每次审美体验都不能重复，每一次审美体验，带来的也总是一种生命的张扬和激荡，具有多种可能的期待。

我国宋代杨时曾有“诗之用在我”论：

> “仲素问《诗》如何看？曰：《诗》极难卒说，大抵须要人体会，不在推寻文义。在心为志，发言为诗，情动于中而形于言，言者，情之所发也。今观是诗之言，则必先观是诗之情如何，不知其情，则虽精穷文义，谓之不知诗可也。……惟体会得，故看诗有味，至于有味，则诗之用在我矣”。[2]

从这段文字可以看出，“以身体之”“以心验之”是语文教学中诗歌欣赏的重要秘诀，不同的人在面对同一文本时，审美需求和审美体验是不一样的，“世上没有完全相同的两片树叶”，读诗也如此。也正如何良俊所言：

> “余尝谓《诗经》与诸经不同，故读《诗》者亦当与读诸经不同。盖诗人托物引喻，其辞微，其旨远，故有言在于此而意属于彼者，不可以文构泥也。……盖引伸触类，维人所用。”[3]

这里虽是说读《诗经》不能把重心放在恢复经典的原旨上，须注重读者的独特体验和自由诠释，但从语文教学的角度来认识，文本的意义不是确定的、固化的。师生的前见不同，对文本的理解和审美体验自然不同，师生

---

① 〔德〕汉斯-格奥尔格·加达默尔：《真理与方法》，夏镇平、宋建平译，上海译文出版社，1994。

② 杨时：《它山集·语录三：卷十二》，《影印文渊图四库全书》（1125册），台湾商务印书馆，1986。

③ ［明］何良俊：《四友斋丛说》，上海古籍出版社，1983。

在理解时都是唤起各自的前见，用各自的审美体验来构建自己的意义世界，从而在阅读中拓展自己的审美视域，提升自己的审美境界。语文教学中师生的每一次审美体验都与以往不同，不能脱离师生的审美期待。

因此，语文教学要从汉语言的特性出发，让学生在听说读写能力的训练过程中，在审美体验的充分觉知中受到文化的熏陶和感染，获得情感和心灵的陶冶，得到精神和人格的升华。

三　生活体验的独特性

语文教学作为一种培养人的社会实践活动，它与个体独特的社会生活体验有着密切的联系。语文教学活动与现实的社会生活之间具有内在关联性，它依赖于人的政治、经济、文化而存在，不可能脱离个体的现实生活环境而存在，而是必须反映现实社会生活的要求，充分认识到现实社会生活对于语文教学和学生发展的重要价值。师生对语文教学生活的体验，并不是简单地将现实社会生活搬到语文教学中，而是基于生活又超越生活的一种特殊体验。语文教学中的生活体验有其特殊性，它既要对现实生活保持一种反思和批判的态度，又要创造一种高于现实的生活，从而引导学生摆脱当下现实生活的困境，走向一种更有价值、更有意义、更符合人性的可能生活，让学生的身心得到全面、自由的发展。可见，语文教学中师生的生活体验不同于一般的现实生活，它具有独特性。例如，王崧舟老师的《亲情测试》教学实录片段：①

师：请拿出笔，听清楚要求：在这张最干净的纸上，写上你在这个世界上最爱的五个人。也许你最爱的人不止五个人，可要求只能写五个人。

生：……

师：说说，你在写下他们的名字的时候，你的心里是什么感受？

生：我觉得心中很幸福！好像一缕阳光射进我的心田。

---

① 节选自王菘舟老师作文教学公开课《亲情测试》教学实录。

师：最爱的五个人啊，带给我们的是快乐……好，现在请你拿起笔，听清楚要求：在我们最爱的人当中，请你划去一位。

生：……（沉思、为难）

师：孩子们，记住，这是规则！生活中，也会发生这样的事情……在一个雪花飘飘的早晨，或者一个黄昏，他们其中的一位真的会离开我们，永远永远不会再回来。孩子们，请拿起笔来，再划去其中一个。

生：……

师：你把奶奶划去了，还划去了什么？

生：划去了奶奶的哺育之恩。（哭）

师：对不起，老师让你难过了。请大家再划去一个。

生：……（陷入沉思）

师：这个世界没有了爱，将会是什么样？……请你抬起头来，闭上眼睛，你会看到一个个生活中的画面，可能是……也可能是……这些画面可能让你终身刻骨铭心。当你面对这两个人的时候，你的脑海里会闪现一个画面，什么画面？

生：我想到了我生病的时候，爸爸妈妈非常着急。

生：我的眼前是爸爸妈妈不顾一切，抽出时间来照顾我……

生：我想到了爷爷。他每天顶着烈日顶着寒风来接送我。

师：这就是阳光……这就是爱！孩子们，请拿起笔来，必须在这最爱的两个人当中，划去一个人。

生：（趴在桌子上，流泪）

师：……拿起笔来，告诉我们一切……我们现在用文字来重新记录生活中那段让你流泪的经历。

生活体验的独特性是由师生的人生经验决定的。作为独立的人，师生的人生经验各不相同，不可能进行置换、模拟、重复，因此，各自的生命体验也会不同。因为每个生命都是独一无二的，都是作为整体的人而存在，具有不可替代性。伽达默尔曾这样阐述体验：在体验中“所有被经历的东西都是自我经历物，而且一同组成该经历物的意义。即所有被经历的东西都属于这个自我的统一体，因而包含了一种不可调换、不可替代的与这个生命体的关联”。对被经历之物的意义的反思，“仍然被溶化在生命运动的整体中，而且持续不断地伴随着这种生命运动。正是体验如此被规定的存在方式，使得我们与它没有完结地发生关联”。[①] 现实生活中没有抽象的、概念化的个体，而只有独特的、鲜活的、发展中的人。语文教学活动既不能把学生作为一种工具来生产，也不能把学生当作一种程序来生成，而是应该把学生作为一个真实的、鲜活的、丰富的、接受教育的人来看待，注重学生独特的生活体验。语文教学活动赋予人以内在的现实规定性，不是为了规训，而是让学生从现实的规定性中筹划其未来发展的各种可能性，引导学生不断地批判、反思并超越这种现实规定性，丰富学生的生活世界，建构一种新的生活方式。卡西尔认为：“人被宣称为应当是不断探究他自身的存在物——一个在他生存的每时每刻都必须查问和审视他的生存状况的存在物。人类生活的真正价值，恰恰就存在于这种审视中，存在于这种对人类生活的批判状态中。”[②] 语文教学就是要通过价值引领促使学生不断地审视自己当下的生存方式和生活状态，关注他们独特的生活体验、内心感受和精神世界。

体验与师生的整个生活世界有着内在的关联，是人的一种存在方式。这种关联是独特的，是其他任何方式无法代替的。有学者指出：“所谓体验，就是主体在具体实践交往活动中被具有某种独特性质的客体、对象、他者深深吸引，情不自禁地对之进行领悟、体味、咀嚼以至陶醉其中，心灵受到震撼的一种独特的精神状态。”[③] 语文教学中师生的这种生命运动与它的独特生活体验息息相关，可以说，师生独特的生活体验为语文教学意义世界的建构提供了广阔的阐释空间。

---

① 〔德〕汉斯-格奥尔格·伽达默尔：《真理与方法——哲学诠释学的基本特征》，洪汉鼎译，上海译文出版社，1999。

② 〔德〕恩斯特·卡西尔：《人论》，甘阳译，上海译文出版社，2003。

③ 朱红文：《人文社会科学导论》，教育科学出版社，2011。

因此，语文教学既要训练学生听说读写的语文技能，尊重学生的独特的言语体验、审美体验、生活体验，又要陶冶学生的性情和人格，提高学生的语文素养和整体素质，为学生的个体生命发展奠基。

第二节 语文教学方法中体验的缺失

语文教学方法是语文教学改革的重心。众所周知，20世纪60年代“精讲多练”语文教学法因其追求实用的功效受到语文一线教师的青睐；70年代提倡的“读读、议议、讲讲、练练”语文教学法以模式化的教学方式独占鳌头；80年代钱梦龙倡导的“三主四式语文导读法”、魏书生追求的少讲多读“六步教学法”、李吉林的“情境教学法”、洪镇涛的“语感教学法”再到21世纪提倡的“自主、合作、探究”的学习方式等，可以说语文教学通过教学方法的实践探索建立了其自身的一套追求科学的语文教学逻辑结构。但从语文教学方法的变革来看，有的方法以教师个性化来标榜，也有的方法具有普遍操作性，但无论是前者还是后者，这些教学方法更多的是为了追求语文教学的效率，弱化了其作为方法在语文教学中的本体特性和独特价值，这些教学方法更多地停留在技术层面，语文教学方法的本体性和独特性难以彰显。

检视当下，师生试图像自然科学那样吁求为语文文本寻求一种客观、确定、单一的解释，语文教学方法在其运用中存在追求客观化、科学化、理性化等趋势，这为语文教学的开展带来了诸多弊端，与语文学科中的情感性、丰富性、多元性、创造性等特质相背离。语文教学与其他学科的教学有十分明显的区别，它重视学生在学习过程的真实体验，而并不仅仅重视学习行为的结果，教师的“教”就是要想方设法创设情境，让学生融合到真实的情境中去，确保学生拥有真实体验。然而在教学实践中，教师为了追求语文教学的效率往往有意无意忽视了学生的学习过程，甚至有时省略了学生亲身体验的环节，从而导致体验的缺失，这种缺失主要体现在：一是以一己之言代替学生的言语体验；二是以逻辑分析代替学生的审美体验；三是以学科训练代替学生的生活体验。

一　以一己之言代替学生的言语体验

语文是一门实践性非常强的学科。在马克思看来，教育的本体在于实践，那么，同理可以得出语文的本体在于语文教学实践，语文教学实践离不开言语体验，语文教学中的言语体验就是教师指导学生灵活地运用语言文字符号来开展一系列的认识文化、接受文化、创造文化的活动，它是一种凭借言语、在言语中，为了言语发展的实践。无论是听说读写等语文技能的提升，还是学生内在的思维发展能力、逻辑推理能力、语感推断能力、想象能力、创造能力以及学生高尚的道德情操、良好的语文素养、澄明的生命境界的发展都离不开师生的言语体验。

语文教师常常以追求客观知识、培养理性能力作为主要任务，把语文课程知识看作一种对人类社会历史经验的提炼和概括，这些知识往往具有客观性和价值中立的特性。在教学方式上，教师更多地注重引导学生以间接认识的方式去学习书本知识，忽视了学生直接的言语体验。在教学目的上，教师认为任务就是根据自己对文本的前理解来进行讲解，进而将教师的理解传达给学生。这种用教师的一己之言来代替学生的言语体验的方式，将一个丰富生动的语文教学世界简化成了一个机械的“物的世界”。如此一来，学生得到的体验并不是真正属于自己的体验，而是教师强加于学生的结果。例如某教师在教《背影》时，跟学生讲解《背影》表现的是“生之背、死之影”“背影”即“悲影”，这篇散文是在说“背的影是生命的虚幻，由背到影，生之背，死之影，那不能承受的生命之轻……”。[①] 虽然这位教师解读出了背景的深度和高度，但在这个教学过程中，教师更多的是用自己的客观分析代替了学生的言语体验，学生得到的仅仅是一种外化的结果，而不是学生自己在言语体验中的真实的独特感受。这个教师关于生命的这种感悟，并不是文本内在的、隐性的意义，并不符合文本的连贯性、逻辑性和规定性，是一

① 韩军：《生之背，死之影：不能承受的生命之轻（下）——〈背影〉新解码》，《语文教学通讯》（高中版）2012 年第 5 期。

种脱离了文本的生命感悟。问题的关键在于这位教师把自己的这种个人感悟强加到学生身上，代替了学生的言语体验。缺少了学生的言语体验，学生只是简单地获得一个结论，学生无法从字里行间去感受父亲的这份温情。

说到底，语文教学实践从本质上来说是一种言语实践，这种言语实践内在的依据是语言文字符号形成的言语文本内容，外在的形式表现为听说读写的实践，听说读写训练的过程其实就是进行言语体验的过程。学生对文本的感悟、理解无人能够代替，学生要通过言语体验来亲身感悟，教师可以给予方法的指导、价值的引领和疑难的点拨，但不能代替学生切身的言语体验。

二　以逻辑分析代替学生的审美体验

为了追求语文教学的效率和功用，教师通常采用逻辑分析的方法进行教学，常常按照固有的、程式化的流程来开展语文教学，导致语文教学中出现重知识轻审美、重区别轻联系、重理智轻情感、重分析轻想象、重方法的普遍性轻方法的特殊性、重方法的单一使用性轻方法的多元组合性等现象。这种逻辑分析的方法虽然也有其优势所在，但按照这种逻辑分析的方法来分析语文文本，孤立地讲解一个段落、一个层次，则很容易使融合在作品整体营构中的情境意味、神韵等内容被消解殆尽。面对语文文本，教师一般都离不开讲字、词、句，讲段落大意、讲中心思想、讲写作特点、讲语法，这样的分析在一定程度上破坏了文本理解的整体性，学生得到的也只是孤立的、局部的知识和对冰冷的语言符号表征意思的认识。学生缺失对文本理趣、情趣的深刻领悟和审美觉知，就像印度诗人泰戈尔所说的“采着花瓣时，得不到花的美丽”。在这样千篇一律的讲解中，学生获得的是一种普遍性的结论，与个体的独特审美无关。但最主要的是，如果语文教学中教师过于追求客观、确定性的答案，过于追求外在的、功利性的目的，容易导致学生的审美体验被忽视。

语文教学作为一种关乎师生生命存在的活动，它虽然不可能绕过各种语文教学事象而直接探寻其中的生命意义和价值，作为一种客观社会历史现实，它也需要进行一系列的说明和分析，但是语文学科自身的丰富性、情感性决定了教师不能一味讲究语文教学方法的科学性和精确性而忽视学生独特的审美感知。忽视了审美体验的语文教学其实是失落了师生前见中的审美期待，也就失落了缘于情意而非理性的语文魅力，从而无法让学生去触摸和感悟语文所蕴含的审美因素，无法让学生在语文学习中接受思想的熏陶与感染，更说不上培养学生高尚的审美情趣和审美能力。例如，杜甫的《古柏行》中有诗句云："霜皮溜雨四十围，黛色参天二千尺"，意在通过数字夸大古柏的高度，以抒发作者对诸葛武侯的仰慕之情。而大科学家沈括却用科学的眼光去评判，他在《梦溪笔谈》中指责说："四十围乃是径七尺，无乃太细长乎！真真可笑。"像这样用实证分析来进行文本理解的方式，在现今语文教学中依然可见。因此，我们既不能简单地以追求生命、追求审美为由来否定语文教学实验方法的科学性，对语文教学内容的真实情况缺乏正确的认知，这样很容易陷入主观主义的泥潭，其得出的结论往往只能停留在想象和推测层面；也不能一味追求量化的结果而忽视人的独特性和创造性，遮蔽人的价值和意义问题。

语文虽然属于人文学科，但不排斥自然科学中的方法，二者并不是对立矛盾的，而是有机统一的。因为语文教学中也有需要科学、客观、准确去认知的知识，最明显的就是小学低年级中的识字写字教学内容离不开自然科学中的方法。识字写字教学需要教师给学生传授明晰、确定的知识。但因为语文教学更多的是关乎人的心灵、精神、灵魂的教学，审美体验才显得尤为重要。母语的教育就是人的精神培植，是本民族文化的教化，这个过程"首先是一个丰富自我精神经验、培育自我精神、形成自我个性生命的过程，其次才是一个语言（言语）能力的训练和提高"。① 它外在体现为听说读写语文能力的提高，内在的却是个体精神经验的丰富、个体生命的成长。如果只强调语文的知识性、逻辑性，只采用实证的、分析的手段来进行语文教学，不仅语文内在的意义诉求会落空，就是外在的所谓语言能力也难以形成，整

① 韩军：《一个危险的倾向：重技术，轻精神》，《中学语文与教学》2001年第8期。

个语文教学必然是“少费差慢”（吕叔湘语）。

对于语文教学而言，采用逻辑剖析的方法只能让学生获得语言文字的表征意思，无法通达文本的真正意蕴。语文教学需从师生的审美期待出发，重新唤起学生对于物象、情境或事件的切身感受和鲜活体验，让文本中抽象的、静止的、固定的语言符号生动起来，成为鸟语花香、生机盎然的诗意空间，成为思想和智慧碰撞的场域。让语文成为主体放飞想象、诗意徜徉的天地，成为主体经由意义的建构提升自身生命境遇的所在，这一唤醒过程是自觉的、有意识的。因此，教师需要采用最恰当的方式方法为学生的意象感悟、感性体察、审美知觉铺路架桥，以激发学生对社会、对生活的美好情感，让学生获得的不仅是对现实世界的深刻认识，还有对人类美好彼岸世界的向往和理解。

三　以学科训练代替学生的生活体验

纵观语文教学方法的发展史，语文教学方法的尝试取得了较大的发展，为语文教学提供了有力的保障和广阔的空间。例如讲授法、问题教学法、精讲多练等，这些方法在语文教学中被广泛运用，进一步拓展和丰富了语文教学方法的内涵。

然而，在这繁荣景象的背后却也能明显地觉察出语文教学方法中的弊端。显而易见，语文课堂实践中学生被当作一个物化的存在，对理性知识和理性能力的孜孜不倦追求成为其最终诉求，以至于语文教学成了听说读写“训练”的代名词，缺乏对人的生活世界和生活意义的关涉。由于语文教学中教师往往搞“一刀切”，过于强调对知识的理性认知，教师更多地凭着对知识的优先掌握来控制学生。教师的任务就是去认识学生、征服学生，将学生当作“物”来看待，而学生也只是被动地接受知识，达到认识世界的目的。教师在运用语文教学方法的过程中，只追求方法的普适性，容易忽视个体独特的生活体验，未能把握住与学生的生活体验以及人的生活世界之间的密切联系，未能触及个体的内心世界和精神生活的深处，更谈不上展示出个体与生活世界之间活生生的“生活体验”和“生活关系”。“一个人如果只满足于把事物当成对象，只满足于在经验中认识事物，那么，他就只能生活在过去，他的生活便是缺乏当下的现实内容的，也就是说是空虚的、无意义的”。[①] 这样的师生理解不是相互理解，而是教师对文本的单方面阐释，解释的目的在于复制和再现作者的原意，在于将作者的原意传授给学生，让学生在心理上进入作者创作时所处的社会历史情境，并不是对学生周遭生活的一种体认。

教师把学生当作一个理性的存在，关注的也只是知识世界和理性世界，追求科学知识和崇尚理性成为教师的主要任务。语文教学实践中大多以理性认知为主，习惯对文本进行推理解析，无论对哪种形式的体裁，都按照固有的文本分析模式，从背景介绍到作者简介、从中心思想到故事情节、从写作技巧到艺术手法……将一个个蕴含丰富情感的文本进行一一剖析，把一个完整的形象肢解为若干部分。例如：郁达夫《故都的秋》是一篇令人回味无穷的优美散文，“秋味”是文章的灵魂，全文一共用了 42 个“秋”字来表达作者对北国之秋的一种生活体验，文中描写秋的“清”“静”“悲凉”，其实就是作者的一种真实的生活体验映射到了语言文字中。通过文本可以体验到郁达夫消极与积极两种情绪在不断地纠结与斗争，让人读起来情趣盎然。故都的“秋”，其实是郁达夫的“秋”，是表现了他主观感情、审美态度、人生态度的“秋”。但是若采用模式化的方式把文本内容肢解成三大部分，即“总——分——总”的结构模式，把具有完整意象的郁达夫的“秋”的意蕴全部消解掉了，又何谈对秋意的整体把握呢？若学生还未进入文本，教师就以知识优先者的姿态直接告诉学生结论，那么，学生的真实体验将会被直接排斥在门外。对此，宋代大学者朱熹也持相同的观点：“今人观书，先自立了意后方观，尽率古人语言入做自家意见中来，如此，只是推广得自家意见，如何见得古人意思。”[②] 换而言之，如果学生只是抱持一种成见去解读文本，并用文本中的话来证实教师的成见，而远离学生自身对文本的一

① 张世英：《哲学导论》，北京大学出版社，2008。

② ［宋］黎靖德：《朱子语类》，中华书局，1986。

种审美体验，获得的终不是学生自己的独特审美体验，只是一种理性的认知。

这样的语文教学脱离了学生的现实生活，将人与现实生活世界割裂开来，人的生活世界的丰富性、多样性和复杂性被悬置，导致语文教学中师生都陷入了一种具体化、抽象化的符号世界中。归根结底，这是对人的生活世界的一种淡忘，也是对人文精神以及人的生活意义和生命价值的遗忘。教师以语文知识的传授遮蔽了学生对现实生活的了解、对真实生活的体验、对人文精神的领悟。这样的语文教学难以给学生提供德性的支持、精神的补给和生活意义的养料，将原本丰富、鲜活的语文教学生活简化为单一的模式训练，造成学生精神生活的空虚，忽视了学生完满的精神世界的建构。这就要求师生双方都必须正视文本，抛弃个人的“先入之见”，抵达语言文字的深处，去感受语言文字本身存有的温度和温情。诚如胡塞尔所言，教师的未经验证的“先入之见”和理性都必须“悬置”起来，让学生有足够的空间和时间深入文本中去，让学生充分地把文本世界和自己的生活世界关联起来。

从上文可以看出，这种追求客观化、理性化的语文教学在确保语文教学准确的同时，在一定程度上也造成了对语文教学的异化，让教学中的师生失去了真切的言语体验、审美体验、生活体验。师生体验的失落也意味着师生自身情感的旁落，禁锢了师生想象和创造的空间。

第三节　语文教学方法中体验的强化

面对语文教学中体验的缺失，我们迫切需要强化师生的体验，使语文教学远离精神的危机，从追求客观性、精确性的方法论的藩篱中解放出来，使语文教学真正成为关涉学生心灵和意义世界的活动。伽达默尔强调：“每一种体验都是从生命的延续性中产生的，而且同时是与其自身生命的整体相联系的。”[①] 也就是说，语文教学中的体验不仅仅是一种个体敞开、接纳、领

① 〔德〕H-G. 伽达默尔：《真理与方法》，王才勇译，辽宁人民出版社，1987。

会知识的方法，还是师生对自身生命存在的一种确证，对自我的生存境遇、审美旨趣与精神追求的一种综合体现。

注重言语体验、审美体验、生活体验的语文教学是理解和丰富生命意义、实现生命成长追求的精神活动，是师生实现和超越自我生命意义的过程，我们必须拒斥单向度、灌输式的语文教学方式，构建一种师生双向互动式、体验式的语文教学。

一　生成自悟自创的言语体验

语文教学所面对的每一个文本都蕴含了作者的生命体验，文本的作者将其所体验到的悲欢离合都以言语的形式投射到了文本中。通过一段段优美的文字、一个个生动鲜活的形象呈现出来，可以说字字皆体验。师生要做的并非机械地去复原作者的言语体验，事实上文本产生的历史情境性也决定了师生不可能去复原作者创作时的言语体验，言语体验具有瞬间性，其意义也是在某一瞬间被创造出来的。再者，师生都是独特的人、发展中的人，他们都有着与作者完全不同的经历和体验，即伽达默尔所说的“前见”。这些前见也会影响师生的言语体验，师生需要做的就是在作者意向性的基础上通过自身的言语体验给文本赋予新的意义。言语体验作为学生生命体验的重要组成部分，它不是靠教师的讲解就能获得，而是要通过学生的亲身体验和言语实践才能获得。正如特级教师于永正所说，语文能力是教出来的吗？是学出来的吗？错！语文能力是读出来的！因此，在语文教学中，教师须从朗读入手让学生获得丰富多彩的言语体验。

言语体验对于师生来说，是一种内心的心智体验，它是情感、态度、价值观形成的前提，言语体验的过程就是全身心地感受文本中的人和事的过程，就是师生敞开自我、接纳文本世界的过程。作为语文教师，应该精心设计教学情境，引导学生进行言语训练、多形式朗读，启发学生从中获得语言能力的提高。朗读的过程也是学生与文本进行对话的过程，在朗读的过程中，学生不断地唤起自己的前理解，将自己的视域与文本不断地融合，学生的这种言语体验不是纯粹地回到作者那里，而是在具体的境遇中发生的对文本的一种内在理解。

例如：以王菘舟老师的《一夜的工作为例》。王老师引导学生学习了周总理聚精会神地审阅文件的内容后，他为学生创设了一个言语体验的环节，让学生循环往复地读。夜幕降临，华灯初上，我们敬爱的周总理坐在那张不大的写字台前，拿出了今晚要审阅的第一份文件，只见他——（老师拉长语气，学生紧紧跟着读）；夜很静，人们早已进入甜蜜的梦乡，而我们敬爱的总理依然在写字台前，只见他——（老师拉长语气，学生紧紧跟着读）；东方发白，天将破晓，敬爱的总理揉揉疲倦的眼睛，继续审阅他最后一份文件，只见他——（老师拉长语气，学生紧紧跟着读）。三种不同情境的朗读，学生在言语体验中一步一步提升自己体悟语言的能力，并通过自己的言语体验来表达对文本的理解，获致一种精神的陶冶和生命价值的体认。①

从上述这个案例我们可以看出，王老师在语文教学活动中为学生创设了言语体验的环节，让学生反复地进行言语体验，正是在这循环往复、形式多样的言语体验中，学生真正带着自己的前见走进了文本。我们可以说真正的语文教学并不局限于探寻文本的中心思想、分析文本的谋篇布局，解析关键字词的意思、讲解写作的技能技巧，更要深入文本的感情领域和文脉境界中，与文本对话、与作者对话。在师生对话的过程中进行听说读写多种形式的言语体验，达到心灵和精神上的契合。追求言语体验的语文教学，师生不停留于对言语形式的掌握，更要通过言语实践活动来抵达文本的深层世界，在言语体验的过程中领悟文本的独特意义，感受自身生命的独特意义。这样，师生才能在彼此的思想碰撞、情感共鸣和精神相遇中创造出新的理解和意义。

① 王崧舟：《王崧舟教学思想与经典课堂》，山西教育出版社，2005。

二 涵养澄怀味象的审美体验

所谓“澄怀味象”的审美体验，就是师生以清澄纯净的情怀，在非功利、超理智的审美心态中，品味、体验、感悟文本内部深层审美形态、情趣意蕴、生命精神，强调师生个体审美的自由及其个体审美认识的价值。语文教学的内容不同于一般知识，文本中塑造的鲜活灵动、呼之欲出的生动形象更是语文独有的美的表现。语言文字本身也有着其特有的语文美，如古诗中的节奏美、韵律美，汉字的音美、形美、意美，文本的结构美、形式美、意蕴美，等等。从这个意义上来说，语文教学的课堂不仅是知识传授的场所，而且是审美体验的生发场域。

语文教学中的体验既具有情感性特征，也具有理性内涵，如果脱离了文本的理性基础，其情感性特征也会失去发展的根基。语文教学中的审美体验是建构在理性的基础之上的一种内在的、动态的切身性体验，也是一种审美化的生命实践。面对语文教学中的审美世界，我们不能只用一种科学、准确、客观、量化的标准去考量，同时也应对语文教学中的非理性、情感性因素保持必要的审慎。从语文审美教学的一般规律来看，最主要的是着力树立学生的审美意识、精心创设审美情境、拓展审美想象空间、提升学生审美感悟，从而使学生获得深切的审美体验。具体来说，应该从以下几个方面来进行。

首先，树立审美意识。在哲学诠释学看来，人与物的最大差别在于人始终离不开自己的传统和历史而独自存在。人在世界中总是受到自己审美意识的影响，人的历史性决定了人不可能脱离自身的前见。我们也可以说，语文教学中的师生是具有审美意识的，审美意识也是人所独有的社会意识。故而语文教学中的师生在文本理解过程中、在对话交流过程中、在视域融合过程中，同样离不开师生的审美意识。范梅南（Max Von Manen）认为，“人是意义的诠释者和创造者，其意识作用的主动性是意义产生的源泉，同时也具有对外部环境的超越性。因此，所有活动应从自我意识的反省开始”。[①] 语

① 陈伯璋：《潜在课程研究》，台湾五南图书出版公司，1985。

文教学应揭示和促进学生审美“自我意识”的觉醒，而不是灌输抽象的客观知识。审美意识的自我觉醒不等同于主观主义，但我们还应清醒地认识到师生审美意识的主观性是不能避免的，应该合理看待它。

其次，精心创设审美情境。任何心理活动或精神活动的发生离不开它的具体情境。审美情境的创设有利于学生审美意识的培养、审美情感的熏陶、审美体验的铺展。审美的感受不是突然冒出来的，而是与学生的审美经验、审美心理、审美能力息息相关。相比单纯的说教，营造良好的审美情境更利于学生审美情感的表达。例如有位老师讲《荷塘月色》，一开始他就给学生描绘了一幅“月夜图”，把学生带入暖暖的月色中，创设了一个朦胧的、诗意的、美轮美奂的情境。随后他又用与荷叶有关的三首古诗，即“荷叶五寸荷花娇，贴波不碍画船摇”“接天莲叶无穷碧，映日荷花别样红”“荷叶罗裙一色裁，芙蓉向脸两边开”，打开了学生的审美心扉，让学生心驰神往，学生仿佛进入了一个荷香四溢的美好境界，这样学生就很容易体验到文本所要表达的审美境界，最主要的是学生的审美能力、审美视域、审美水平得到了进一步的拓展和提升。不难看出，审美情境的创设是师生进行审美体验的条件。

再次，拓展审美想象的空间。语文教学中的文本具有形象性、丰富性、情感性等特征，也无不包含着一个特定的形象世界、情感世界和意义世界，但这个丰富的意义世界不是与生俱来的，它是不确定的、未知的、是伴随着师生的想象活动而产生的。语文教学意义的理解需借助于想象，没有想象，语文教学中的师生就无法进入作品。虽然想象力是自由的，是超功利的，但并不代表漫无边际。语文教学中的这种想象要受到文本、师生的传统、前见等因素的规约，受到课程目标的限制。正如克拉克所言：想象力是人类塑造未来最有力的工具。想象力既表达现实，也使现实变异，进而创造新的现实。[①] 由此得知，语文教学中的想象是基于文本又超越文本内容的一种意向性活动，这种带有意向性的想象正在隐性地影响师生对语文文本世界的理解。

---

① 谢有顺：《现实、想象与实证》，《福建论坛》（人文社会科学版）2019 年第 2 期。

师生通过想象可以将文本中不确定点和空白处填满，还原语文教学一个丰盈的、诗意的意义世界。同样以《荷塘月色》为例，在教学过程中，教师可以紧紧抓住作者笔下的荷叶、荷花、荷香三个方面来促使学生展开想象。首先是荷叶。文本中说“叶子出水很高，像亭亭的舞女的裙”，教师可以把它和芭蕾舞演员的形象结合起来进行想象，唤起学生的前见，把芭蕾舞演员翩翩起舞的、亭亭玉立的形象通过联想的方式展现在学生面前，让学生领悟到荷叶的这种亭亭玉立的形态美。其次是荷花。文本中连用了三个比喻：“层层的叶子中间，零星地点缀着些白花，有袅娜地开着的，有羞涩地打着朵儿的，正如一粒粒明珠，又如碧天里的星星，又如刚出浴的美人。”教师在教学中可以通过拓展学生的审美空间，将历史、传统中描写荷花的诗句放在一起进行比照。最后是荷香。荷香本来是从嗅觉上来说的，作者却把它比喻成“高楼上渺茫的歌声”，将嗅觉转换成了听觉，使用了“通感”。教师可以从这一点出发，引导学生进行深远、广阔的想象和联想，让学生能够从各自的人生经验和前理解出发，去领悟作者描写的美丽的荷塘景象，让学生明白作者为什么要用这样一种方式来表达，让学生通过这种审美体验来领悟作者含蓄、委婉的表达其实是在抒发作者对现实生活的渴望、对自由的向往。语文文本的未定点和意义空白使得师生在阅读时有了更多的想象空间，成为吸引师生进行创造性填补和想象性链接的原动力。[①] 师生要善于捕捉到文本中空白处，通过想象的形式加以补充、建构。

最后，提升学生的审美感悟能力。语文教学“要用主要精力引导学生阅读作品，感悟作品，也就是加强文学阅读能力的培养。要把审美放在重要位置，把对中国文化、文学的感悟放在重要位置”。[②] 然而，语文教学中的这种审美体验更多的是要通过阅读来实现的。对语文学科来说，审美体验的感悟离不开鉴赏性阅读、研读性阅读、分析式阅读、互文式阅读，等等，多种形式的阅读体验可以加深学生对文本的审美体验。

---

① 曹明海：《语文教育智慧论》，青岛海洋大学出版社，2001。

② 温儒敏：《中文系应当有“文气”》，《文史知识》2008 年第 8 期。

例如：唐朝诗人张志和的《渔歌子》："西塞山前白鹭飞，桃花流水鳜鱼肥。青箬笠，绿蓑衣，斜风细雨不须归。"

对诗中那翱翔自如的白鹭、艳红如火的桃花、往来翕忽的游鱼、斜风细雨中乐而忘归的渔者，都需要在读中感悟。对于语文教学而言，教师如果采用独立分解的、逻辑剖析的方法，只能使学生获得字词的逻辑意义和字面意义，而文本的意境则会受到不同程度的破坏，从而无法让学生理解到文本中组合的意向、韵律效应和艺术之妙，自然也就不可能感受意向组合而成的审美空间的意义。学生缺少阅读基础与审美感知的教学是无源之水、无本之木，远离了文本的审美本质无法生成对生命的整体性领悟，也不可能让学生获得情感熏染、人格陶铸。因此，我们要积极引导学生阅读文本，生发澄怀味象的审美体验。

三　丰富知行合一的生活体验

学生的生活体验是一种本体论的体验，它是学生自身生命的一种存在方式，会显现出主体各自生命的底色。学生的前见不同，对周遭世界的体验也会各不相同。因此，在语文教学过程中，教师不仅要注重对语文学科知识的理解，还应丰富学生知行合一的生活体验，将语文学科世界与学生的生活世界有机结合起来。

通常在语文教学中，学生的主要任务是系统地学习人类在长期的认识过程中积累并保存下来的语文基础知识、训练听说读写的语文能力从而提高语文素养。教师的主要任务就是按照单元目标循序渐进地引导学生学习。虽然，这种语文教学方式有其合理性，但其局限性也非常明显。它在一定程度上忽视了学生的直接经验和生活体验，割裂了学生与生活世界的有机联系。美国存在现象学课程理论代表人物派纳（W. F. Pinar）曾指出："人的生活的深刻性只能在独立个体的领域中找寻。"① 语文教学中的文本是作家生活体验和生命体验的凝结，每一位师生都是通过自己的生活经验和生命轨迹走

① 张华、石伟平、马庆发：《课程流派研究》，山东教育出版社，2000。

进作品生命的某一个角落，当师生在文本理解中体验到作家生命意识和情感时，当一个生命与另一个生命相遇时，那种生命的节拍和韵律会给师生带来内在的灵魂震荡和感情的冲击，带来生命意义的觉醒。语文教学只有关注学生真实的、丰富的生活体验，关注学生与周遭生活的联系，才称得上是完整意义上的语文教学。

正如学者所言，语文的外延就是生活的外延。学生的直接经验与生活体验对于丰富、深化他们对文本的认识具有重要的价值和作用。关于生活体验的重要性，古今中外教育家都有着深刻的认识。陶行知认为："凡不是从经验里发出来的文字都是伪的文字知识""要以自己的生活经验做根，以这经验所发生的知识做枝，然乎别人的知识才成为我们知识的一个有机部分。"①杜威也强调传统的课程是由前人积累而成的系统的间接经验，是一种符号和文字构成的系统，这种课程无视儿童的现实生活和间接经验，超出了儿童的接受能力。"传统的教学活动把成年人的种种标准、教材和种种方法强加给仅是在缓慢成长而趋向成熟的儿童……这些教材和方法超出年轻的学习者的已有生活经验范围，是他们力不能及的东西"。② 无论是陶行知，还是杜威，都强调了生活体验在教学中的重要性。语文教学也同样如此，也需重视学生的直接经验和生活体验，缺乏生活体验的语文知识是贫乏的和干瘪的，是没有生命力的。如果学生只是停留在对知识的认知上，不能体认知识背后所包含的丰富的人生经验和意义，那么他就无法真正把握知识、内化知识，也从根本上失去了对学生个体发展的生活观照和人文关怀。因此，涵养学生虚静玄鉴的生活体验对于语文教学来说尤为重要。

然而，语文教学也不能因为强调学生的生活体验而否定间接经验和书本知识的重要作用。正如杜威所说的那样，虽然教科书对知识的简化和压缩导致儿童的推理能力、抽象和概括能力得不到充分的发展，但是，"这并不意味着教科书必须废除，而是说它的功能改变了，教材成为了学生的向导"。③

① 陶行知：《陶行知全集》（第2卷），四川教育出版社，2005。

② 褚洪启：《杜威教育思想引论》，教育科学出版社有限公司，2022。

③ 〔美〕约翰·杜威：《学校与社会·明日之学校》，赵详麟等译，人民教育出版社，2005。

事实上，在杜威看来，它倡导的是直接经验和间接经验的有机统一、书本世界与学生的现实生活的有机统一。在具体的语文教学中，教师应该将学生的直接经验与间接经验结合起来，既要以学生的直接经验为基础来丰富和扩展学生的认识，又要重视间接经验对于学生的重要性，从而打通书本世界与学生的现实生活之间的界限，帮助学生更好地感受每一个字、每一个词、每一句诗，追寻语文教学丰富的意义世界。

学生都是具有独特生命力的人，他们都在用体验的方式参与到语文教学中，体验着自己的生存状态，体验着世界的存在。“在体验中，主体以自己的全部‘自我’（已有的经历和心理结构）去感受、理解事物，因发现事物与自我的关联而生成情感反应，并由此产生丰富的联想和深刻的领悟”。[①]每一个学生在生活世界中的真实体验都是个体生命存在和发展的根基，是语文教学活动最真实、最坚实的基础和源泉。

总而言之，语文的学习不能局限于知识技能的层面，而要从审美、文化、精神、生命意义的高度去把握。语文教学既离不开师生冷静客观的理性分析能力，同时又需要师生以一种满怀期待的感性方式去体认文本，更需要用一种审美的态度去消解教师与学生、师生与文本之间的冲突。语文教学不仅是师生对自我的理解和对生命情态的观照，而且是师生生命意义的一种敞开和确证。无论是语文教学中的言语体验，审美体验，抑或生活体验，都是属于学生的生命体验，通过这种生命体验可以消除文本世界与自我世界之间的鸿沟，从而实现语文教学的意义。

① 陈佑清：《体验及其生成》，《教育研究与实验》2002年第2期。

结　语

> 没有经验研究的理论是空洞的，而没有理论的经验则是盲目的。
>
> ——康德

本书以哲学诠释学为理论指导，哲学诠释学是关于理解和意义的理论。在伽达默尔看来，理解不再单纯是寻求意义的工具或手段，更是被规定为生命本身的存在方式。语文教学是一个意义彰显、阐释、表达、实现的过程，语文教学的意义经由理解来实现，理解是找寻、生成、创造语文教学意义的内在理路。哲学诠释学并不像它的名称那样是一个玄深冰冷的抽象王国，相反它能让我们更切近地看清我们身边的语文教学生活，并对语文教学生活的当下境遇审慎明辨。

本书以语文教学为研究对象，不仅探讨语文教学的理解和解释问题，而且也观照语文教学行为。通过对语文教学中大量案例的剖析，探究语文教学的本质内涵，即语文教学中的意义世界。语文教学中的理解就是师生对生活与生命意义的理解，语文教学的意义就是构建师生丰富的生活与生命世界。

一　本书的主要观点和结论

本书从哲学诠释学的视角，围绕语文教学这一核心问题，探寻语文教学的意义和本真。通过对语文教学意义失落的原因进行分析与概括，提出本书需要解决的核心问题——语文教学意义的重拾，从哲学诠释学的理论框架中找寻语文教学意义世界的回归之路。

（一）语文教学指向更为丰富与完善的个体生命的生成

当代哲学诠释学的兴起及其在教育教学中的创造性运用，为我们解释语文教学的意义与本质提供了依据。在哲学诠释学的视域下，语文教学是一种特殊的社会文化现象，其过程是人的一种本体性存在方式，而这种本体性存在方式是以人的理解来实现的。语文教学有着具体的、明确的语文知识目标与效果期待，但不局限于某一种价值预期，它指向更为丰富与完善的个体生命的生成。

（二）语文教学的目标在于彰显师生的言语生命意义、生活意义、审美意义、文化意义

语文教学的目标不是静态的语文知识和技能，而是一个不断生成和变化的意义世界。在哲学诠释学视域下，语文教学是教师、学生和媒介等的一种共在，既是掌握知识与能力的过程，更是在“视域融合”中“意义”的获得与实现的过程，是一个价值追求、价值创造和价值实现的过程。它不仅承担着知识传递的使命，同时也肩负着对个体语文素养提高、能力培养、情感陶冶和德性教化的责任。语文教学的目的在于彰显师生的言语生命意义、生活意义、审美意义、文化意义。很显然，这些目标都已超越以语文知识为核心的教学认识论的范畴。

（三）语文教学文本理解是一个双向循环的意义阐释过程

语文教学中文本理解是一个不断循环往复的过程，这个循环理解的过程也是意义阐释的过程。哲学诠释学视域下的语文教学所面对的文本是当下正在发生的语文教学事件，是学生、教师、媒介同在的实践，是一个内向循环和外向循环相结合的推进的过程。具体来看，它首先是一个师生之间、学生之间的内向循环过程，是从教学中师生对文本的前理解到对语文教学的理解，再到各自对自我理解的循环。其次，与上述师生之间、学生之间、师生和文本之间以语文教学为中心展开的内向性的循环进程并行，语文教学过程还是一个人类文化不断传承与积累的外向性拓展循环过程，而这一过程有时并非直接呈现，有时甚至大多数情形下是一个符号化赋义过程。

文本意义存在于理解中，文本只有经过理解才能进入其鲜活的生命形态，只有经过理解才能进入其所蕴含着的丰富的人文情感世界中。文本的意义不是与师生相互独立的，不是外在于师生的，也不是事先预设的、固定的，而是在与师生的关联中被阐释和创造出来的，文本意义是文本与师生视域融合的产物。师生期待视域不同、前见不同，生成的文本意义就各不相同，文本理解具有历史性、情境性、自主性、创造性等特征。但同时语文文本又是一种静态的、非在场的语言符号系统，有其内在的逻辑性，文本理解是有边界的，不是天马行空的理解。文本理解之"界"，既受文本本身的历史和传统的规约，又受语文课程标准、文本内在的连贯性和逻辑性、理解视角与理解目的等因素的限制。

（四）语文教学中的师生关系是一种精神对话关系

从对话的目的来看，通过师生的对话，最终达到的不是一种视域代替另一种视域，也不是一种视域控制另一种视域，而是两种视域的交融；从对话的主体来看，语文教学中的师生之间不是教师对学生的有效性规训，而是师生双方均作为真实的活生生的主体的人投入教学场域中的共同对话；从对话的内容来看，师生对话也不局限于双方狭隘的语言交谈，它更意味着一种对对象世界的敞开和对意义世界的接纳；这种对话更多的是指向相互接纳和共同分享，指向双方精神的互相承领，师生的对话过程也是一种对语文教学意义的表达。

（五）语文教学中的方法侧重师生对自身生命情态和生命意义的体验

语文教学中师生主要依靠主体体验而不是用逻辑分析的方法去认识和把握世界。语文教学在本质上是一种开放的、生产性的结构，充分地体现了语文内在的诗性特征。师生不单单凭借语言具有的指称功能去认识、把握事物，进而获得与生活世界的某种关系，更通过语言与他人就生活中的经验和阅历，以及人生中各种世相和体验进行交流，并从中获得生活的智慧、生命的安顿以及民族意识的自觉。因此，语文教学方法从本体上来说就是师生对自身生命情态和意义的一种体验。这种体验是一种生命活动状态，是个体在当下的一种悟解、领会、观照、深思状态，是一种高度澄明的心灵境界。

语文教学中的体验既可体现言语、审美、生活等多样体验的存在，也可构建出一种可能的文化景观和生命意义，让学生通过体验感受到自身的"生存情感"和文本的"内在视域"，在体验中与文本对话、与作者对话、与自己的心灵对话，从而完成对生命意义的实现。语文教学意义的生成在于师生通过体验消解"此在"与"彼在"的鸿沟，将此在与彼在两个世界融合，构成一个新的世界，领略文本世界的真意，发现生命世界的奥秘。

总之，语文教学不仅需要对实存的语文知识和现实进行说明，并通过语文教学实践来解释、验证其知识的准确性；而且也需要通过师生的前见来对其间所隐含的审美、文化即语文教学的可能性进行解释，以此来彰显语文教学世界美好希望的愿景；不仅需要通过各种自然科学的方法来揭示、说明语文教学中蕴含的因果关系，也需要通过言语体验、审美体验、生命体验等来增强语文教学实践的人文旨趣，保持语文教学的人文倾向和精神品性，发现蕴藏在语文教学中的意义和生命价值。

二　本研究待完善之处

本研究是一个比较有难度的选题，因个人学识和能力有限，故研究还存在不足之处，主要表现在以下三个方面。

一是对于哲学诠释学思想的探源还待进一步深入。哲学诠释学的思想博大精深，本文主要对海德格尔和伽达默尔的"理解"思想进行了梳理，对诸多哲学诠释学专家的思想未能全览并进行比照分析。

二是哲学诠释学理论与语文教学实践的融合还需进一步加强。任何理论都应该在实践中有栖息之所，都应该为实践指明方向，否则，理论会陷入"玄虚"之境，实践会遭遇"漂移"之困。本文虽然试图从哲学诠释学的理论视角对语文教学实践进行审视，但由于个人能力有限，以及语文教学的复杂性，对哲学诠释学理论与语文教学实践两者之间的融合，还需进一步深入探讨。

三是本文对哲学诠释学视域下的语文教学评价要素没有展开深入分析探讨；对语文教学过程缺乏结构化、系统化建构和阐述，一定程度上会影响研究结果在语文教学实践中的应用。因此，哲学诠释学视域下的语文教学过程、语文教学评价的阐释也是本研究需要持续思考的问题。

三 后续研究的初步设想

没有经验研究的理论是空洞的，而没有理论的经验则是盲目的。在后续的研究过程中，还应从以下几方面拓展和延伸：首先，更加全面和深入地梳理伽达默尔的理解观。因为要理解和把握哲学诠释学思想，最为具体的做法是对哲学诠释学各个时期代表人物思想的领会，并在这种领会中获得具体的“在场”感。我们的理解不是简单的评判，也不是话语空间的拓展，而是对“共同意义的分有”。[①] 其次，加强哲学诠释学理论与语文教学实践的深度融合，力求真正达到哲学诠释学理论与语文教学实践相互结合、相互佐证的目的。再次，对哲学诠释学视域下的语文教学过程、语文教学评价的阐释也是本研究需要持续思考的问题；最后，对于哲学诠释学的思想体系还需要辩证地看待和研究，这些都只能容日后再细致探讨。

总而言之，语文教学的起点和终点都指向人，哲学诠释学视域下的语文教学目标就是要与人的生命状态结合，让人的生命意义得到彰显。

① 〔德〕汉斯-格奥尔格·伽达默尔：《真理与方法——哲学诠释学的基本特征》（上卷），洪汉鼎译，上海译文出版社，2004。

参考文献

一　工具书类

1. 许慎：《说文解字（影印本）》，中华书局，1963。

2. 北京大学哲学系外国哲学史教研室：《西方哲学原著选读》（上卷），商务印书馆，1981。

3. 顾明远：《教育大辞典》，上海教育出版社，1999。

4. 中国大百科全书总编委《教育》编委：《中国大百科全书·教育》，中国大百科全书出版社，1985。

5. 冯契：《哲学大辞典（修订本）》，上海辞书出版社，2001。

6. 〔英〕尼古拉斯·布宁等：《西方哲学英汉对照辞典》，人民出版社，2001。

二　哲学类著作

1. 〔德〕H-G. 伽达默尔：《真理与方法》，王才勇译，辽宁人民版社，1987。

2. 〔德〕汉斯-格奥尔格·伽达默尔：《科学时代的理性》，薛华等译，国际文化出版公司，1988。

3. 〔德〕汉斯-格奥尔格·伽达默尔：《赞美理论》，夏镇平译，生活·读书·新知三联书店，1988。

4. 〔德〕汉斯-格奥尔格·加达默尔：《哲学解释学》，夏镇平、宋建平译，上海译文出版社，1994。

5. 〔德〕汉斯-格奥尔格·伽达默尔：《真理与方法——哲学诠释学的基本特征》（上、下卷），洪汉鼎译，上海译文出版社，2004。

6. 〔德〕汉斯-格奥尔格·伽达默尔：《哲学生涯》，陈春文译，商务印书馆，2003。

7. 〔德〕汉斯-格奥尔格·伽达默尔：《解释学美学实践哲学》，金惠敏译，商务印书馆，2005。

8. 〔德〕汉斯-格奥尔格·伽达默尔：《真理与方法》，洪汉鼎译，商务印书馆，2010。

9. 〔德〕马丁·海德格尔：《存在与时间》，陈嘉映、王庆节译，生活·读书·新知三联书店，2014。

10. 〔美〕杜威：《经验与自然》，傅统先译，商务印书馆，1960。

11. 〔美〕杜威：《确定性的寻求——关于知行关系的研究》，傅统先译，上海人民出版社，2004。

12. 〔德〕马克思：《1844 年经济学——哲学手稿》，刘丕坤译，人民出版社，1979。

13. 〔德〕马克思、恩格斯：《马克思恩格斯选集》（第 3 卷），中共中央马克思恩格斯列宁斯大林著作编译局译，人民出版社，2013。

14. 〔德〕马克斯·舍勒：《人在宇宙中的地位》，陈泽环、沈国庆译，上海文化出版社，1989。

15. 〔德〕马克斯·韦伯：《学术与政治》，冯克利译，生活·读书·新知三联书店，1998。

16. 〔德〕恩斯特·卡西尔：《人论》，甘阳译，上海译文出版社，1985。

17. 〔德〕恩斯特·卡西尔：《语言与神话》，于晓等译，生活·读书·新知三联书店，1988。

18. 〔美〕罗蒂：《哲学和自然之镜》，李幼蒸译，生活·读书·新知三联书店，1987。

19. 〔美〕罗蒂：《后哲学文化》，黄勇译，上海译文出版社，2009。

20. 〔法〕保罗·利科尔：《解释学与人文科学》，陶远华等译，河北人民出版社，1987。

21. 〔法〕保罗·利科：《历史与真理》，姜志辉译，上海译文出版社，2004。

22. 〔德〕雅斯贝尔斯：《智慧之路：哲学导论》，柯锦华等译，中国国际广播出版社，1988。

23. 〔德〕雅斯贝尔斯：《时代的精神状况》，王德峰译，上海译文出版社，2013。

24. 〔德〕于·哈贝马斯：《交往行动理论》，洪佩郁、蔺青译，重庆出版社，1994。

25. 〔德〕哈贝马斯：《后形而上学思想》，曹卫东等译，译林出版社，2001。

26. 〔苏联〕巴赫金：《巴赫金全集·哲学美学》（第1卷），晓河等译，河北教育出版社，1998。

27. 〔苏联〕巴赫金：《巴赫金全集·文本、对话与人文》（第四卷），白春仁等译，河北教育出版社，1998。

28. 〔古希腊〕柏拉图：《理想国》，郭斌和等译，商务印书馆，1986。

29. 〔美〕霍埃：《批评的循环——文史哲解释学》，兰金仁译，辽宁人民出版社，1987。

30. 〔美〕W. 考夫曼：《存在主义》，陈鼓应等译，商务印书馆，1987。

31. 〔德〕姚斯、〔美〕霍拉勃：《接受美学与接受理论》，周宁、金元浦译，辽宁人民出版社，1987。

32. 〔美〕马尔库塞：《单向度的人——发达工业社会意识形态研究》，张峰等译，重庆出版社，1988。

33. 〔德〕胡塞尔：《欧洲科学危机和超验现象学》，张庆熊译，上海译文出版社，1988。

34. 〔美〕弗洛姆：《占有或存在》，杨慧译，国际文化出版公司，1989。

35. 〔意〕维柯：《新科学》，朱光潜译，商务印书馆，1989。

36. 〔美〕理查德丁·伯恩斯坦：《超越客观主义和相对主义》，郭小平等译，光明日报出版社，1992。

37. 〔美〕乔治·H. 米德：《心灵、自我与社会》，赵月瑟译，上海译文出版社，2018。

38. 〔德〕黑格尔：《法哲学原理》，范扬、张企泰译，商务印书馆，2016。

39. 〔意〕艾柯等：《诠释与过度诠释》，王宇根译，生活·读书·新知三联书店，1997。

40. 〔德〕威廉·冯·洪堡特著《论人类语言结构的差异及其对人类精神发展的影响》，姚小平译，商务印书馆，1999。

41. 〔美〕罗伯特·凯根：《发展的自我》，韦子木译，浙江教育出版社，1999。

42. 〔德〕马丁·布伯：《我与你》，陈维纲译，生活·读书·新知三联书店，2002。

43. 〔美〕拉尔森：《社会科学理论与方法》，任晓等译，上海人民出版社，2002。

44. 〔芬〕冯·赖特：《知识之树》，陈波等译，生活·读书·新知三联书店，2003。

45. 〔希〕赫拉克利特：《赫拉克利特的著作残篇》，楚荷中译，广西师范大学出版社，2007。

46. 〔美〕查理德·E. 帕尔默：《诠释学》，潘德荣译，商务印书馆，2012。

47. 〔法〕保罗·利科：《诠释学与人文科学——语言、行为、解释文集》，孔明安译，中国人民大学出版社，2012。

48. 张汝伦：《意义的探究——当代西方释义学》，辽宁人民出版社，1986。

49. 宗白华：《美学与意境》，人民出版社，2009。

50. 杨深坑：《理论·诠释与实践——教育学方法论论文集（甲辑）》，

台湾师大书苑有限公司，1988。

51. 殷鼎：《理解的命运——解释学初论》，生活·读书·新知三联书店，1988。

52. 李超杰：《理解生命——狄尔泰哲学引论》，中央编译出版社，1994。

53. 倪梁康：《现象学及其效应——胡塞尔与当代德国哲学》，生活·读书·新知三联书店，1994。

54. 陈嘉映：《海德格尔哲学概论》，生活·读书·新知三联书店，1995。

55. 王一川：《意义的瞬间生成》，山东文艺出版社，1988。

56. 艾柯等：《诠释与过度诠释》，生活·读书·新知三联书店，1997。

57. 涂成林：《现象学的使命——从胡塞尔、海德格尔到萨特》，广东人民出版社，1998。

58. 刘安刚：《意义哲学纲要》，中央编译出版社，1998。

59. 秦光涛：《意义世界》，吉林教育出版社，1998。

60. 张庆熊：《自我、主体际性与文化交流》，上海人民出版社，1999。

61. 刘放桐：《新编现代西方哲学》，人民出版社，2000。

62. 洪汉鼎主编《理解与解释——诠释学经典文选》，东方出版社，2006。

63. 洪汉鼎：《诠释学——它的历史和当代发展》，人民出版社，2001。

64. 洪汉鼎：《中国诠释学》（第二辑），山东人民出版社，2004。

65. 成中英：《本体诠释学》（第二辑），北京大学出版社，2002。

66. 黄寿祺、张善文：《周易译注》，上海古籍出版社，2010。

67. 张能为：《理解的实践——伽达默尔实践哲学研究》，人民出版社，2002。

68. 何卫平：《通向解释学辩证法之途——伽达默尔哲学思想研究》，上海三联书店，2001。

69. 何卫平：《理解之理解的向度——西方哲学诠释学研究》，人民出版社，2016。

70. 张世英：《哲学导论》，北京大学出版社，2016。

71. 王治河：《后现代哲学思潮研究》，北京大学出版社，2006。

72. 涂纪亮、陈波：《蒯因著作集（4）》，中国人民大学出版社，2007。

73. 杨国荣：《成己与成物：意义世界的生成》，北京大学出版社，2020。

74. 潘德荣：《西方诠释学史》，北京大学出版社，2016。

75. 章启群：《意义的本体论》，商务印书馆，2018。

三　教育教学类著作

1. 〔美〕约翰·杜威著《民主主义与教育》，王承绪译，人民教育出版社，2001。

2. 〔美〕约翰·杜威著《我们怎样思维·经验与教育》，姜文闵译，人民教育出版社，2005。

3. 〔美〕约翰·杜威：《学校与社会·明日之学校》，赵祥麟等译，人民教育出版社，2005。

4. 〔英〕斯宾塞：《教育论：智育、德育和体育》，胡毅译，人民教育出版社，1962。

5. 〔苏联〕赞科夫：《教学与发展》，杜殿坤等译，人民教育出版社，2008。

6. 〔日〕大桥正夫：《教育心理学》，钟启泉译，上海教育出版社，1980。

7. 〔捷克〕夸美纽斯：《大教学论》，傅任敢译，教育科学出版社，2015。

8. 〔波兰〕罗曼·英加登：《对文学的艺术作品的认识》，陈燕谷译，中国文联出版社，1988。

9. 〔德〕雅斯贝尔斯：《什么是教育》，邹进译，生活·读书·新知三联书店，1991。

10. 〔美〕拉尔夫·泰勒：《课程与教学的基本原理》，施良方译，人民教育出版社，1994。

11. 〔日〕佐藤正夫：《教学论原理》，钟启泉译，人民教育出版社，1996。

12. 〔美〕布龙菲尔德：《语言论》，袁家骅等译，商务印书馆，1980。

13. 〔美〕安德森等：《布卢姆教育目标分类学——40年的回顾》，谭晓玉等译，华东师范大学出版社，1998。

14. 〔美〕小威廉·E. 多尔：《后现代课程观》，王红宇译，教育科学出版社，2015。

15. 〔加〕史密斯：《全球化与后现代教育学》，郭洋生译，教育科学出版社，2000。

16. 〔加〕马克斯·范梅南：《教学机智——教育智慧的意蕴》，李树英译，教育科学出版社，2001。

17. 〔巴西〕保罗·弗莱雷：《被压迫者教育学》，顾建新等译，华东师范大学出版社，2001。

18. 〔美〕布鲁克菲尔德：《批判反思型教师ABC》，张伟译，中国轻工业出版社，2002。

19. 〔德〕赫尔巴特：《普通教育学·教育学讲授纲要》，李其龙译，浙江教育出版社，2002。

20. 〔美〕肖恩·加拉格尔：《解释学与教育》，张光陆译，华东师范大学出版社，2009。

21. 金生鈜：《理解与教育：走向哲学诠释学的教育哲学导论》，教育科学出版社，1997。

22. 金生鈜：《规训与教化》，教育科学出版社，2004。

23. 熊川武：《反思性教学》，华东师范大学出版社，1999。

24. 熊川武：《实践教育学》，上海教育出版社，2001。

25. 熊川武等：《教育研究的新视域》，辽海出版社，2003。

26. 熊川武、江玲：《理解教育论》，教育科学出版社，2005。

27. 熊川武、江铃：《教学理解论》，教育科学出版社，2005。

28. 曹明海:《语文教育智慧论》，青岛海洋大学出版社，2001。

29. 曹明海:《语文教学解释学》，山东人民出版社，2007。

30. 曹明海:《语文教学本体论》，山东人民出版社，2007。

31. 曹明海:《语文陶冶性教学论》，山东人民出版社，2007。

32. 辛继湘:《体验教学研究》，湖南大学出版社，2005。

33. 辛继湘:《教学价值的生命视界》，湖南师范大学出版社，2006。

34. 辛继湘:《解读实用主义教育思想》，广东教育出版社，2007。

35. 辛继湘:《课堂教学管理策略》，北京师范大学出版社，2010。

36. 辛继湘:《日本中小学课程与教学》，湖南师范大学出版社，2011。

37. 张传燧:《中国教学论史纲》，湖南教育出版社，1999。

38. 张传燧:《课程与教学问题研究》，大象出版社，2013。

39. 张传燧:《课程与教学问题研究——当代中国重大教育问题史》，大象出版社，2013。

40. 叶澜:《教育概论》，人民教育出版社，2006。

41. 叶澜:《新编教育学教程》，华东师范大学出版社，2006。

42. 叶澜:《教育研究方法论初探》，上海教育出版社，1999。

43. 叶澜:《教育理论与学校实践》，高等教育出版社，2000。

44. 瞿葆奎:《优秀语文教师上课实录》，人民教育出版社，1980。

45. 瞿葆奎:《教育学文集·教育与社会发展》，人民教育出版社，1989。

46. 瞿葆奎:《教育学文集·教育与教育学》，人民教育出版社，1993。

47. 王本陆:《现代教学理论：探索与争鸣》，安徽教育出版社，2007。

48. 王本陆:《课程与教学论》，高等教育出版社，2009。

49. 王本陆:《中国教育改革30年：课程与教学卷》，北京师范大学出版社，2009。

50. 李森:《教学动力论》，西南师范大学出版社，1998。

51. 李森:《现代教学论纲要》，人民教育出版社，2005。

52. 李森、陈晓端:《课程与教学论》，北京师范大学出版社，2015。

53. 和学新:《基础教育课程的变革与反思》，广西师范大学出版社，2015。

54. 李定仁、徐继存：《教学论研究二十年》，人民教育出版社，2001。

55. 李定仁：《教学论研究》，甘肃教育出版社，2002。

56. 靳玉乐：《对话教学》，四川教育出版社，2006。

57. 靳玉乐：《反思教学》，四川教育出版社，2006。

58. 靳玉乐：《理解教学》，四川教育出版社，2006。

59. 刘要悟：《教育评价基本问题研究》，甘肃文化出版社，1997。

60. 石鸥：《教学别论》，湖南教育出版社，1998。

61. 董远骞：《教学论》，浙江教育出版社，1984。

62. 王策三：《教学论稿》，人民教育出版社，1985。

63. 路冠英、韩金生：《教学论》，河北教育出版社，1987。

64. 唐文中：《教学论》，黑龙江教育出版社，1990。

65. 吴也显：《教学论新编》，教育科学出版社，1991。

66. 李秉德：《教学论》，人民教育出版社，2001。

67. 刘克兰：《现代教学论》，西南师范大学出版社，1993。

68. 张武升：《教学论问题争鸣研究》，南开大学出版社，1994。

69. 田慧生、李如密：《教学论》，河北教育出版社，1996。

70. 张楚廷：《教学论纲（第2版）》，高等教育出版社，2008。

71. 项贤明：《泛教育论——广义教育学的初步探索》，山西教育出版社，2002。

72. 钟启泉：《现代学科教育学论析》，陕西人民教育出版社，1993。

73. 张广君：《教学本体论》，甘肃教育出版社，2002。

74. 王策三：《教学认识论》，北京师范大学出版社，2002。

75. 黄甫全、王本陆：《现代教学论学程（修订版）》，教育科学出版社，2003。

76. 中华人民共和国教育部：《全日制义务教育语文课程标准（实验稿）》，北京师范大学出版社，2001。

77. 语文课程标准研制组：《全日制义务教育语文课标标准（实验）解读》，湖北教育出版社，2002。

78. 叶圣陶:《叶圣陶教育文集(第2卷)》, 人民教育出版社, 1994。

79. 周庆元:《语文教学研究概论》, 湖南人民出版社, 2005。

80. 陈晓端:《当代教学理论与实践问题研究》, 中国社会科学出版社, 2007。

81. 陈晓端、郝文武:《西方教育哲学流派课程与教学思想》, 中国轻工业出版社, 2008。

82. 张立昌、郝文武:《教学哲学》, 中国社会科学出版社, 2009。

83. 裴娣娜:《现代教学论基础》, 人民教育出版社, 2015。

84. 王尚文、李维鼎、李海林:《语文教学新论》, 上海教育出版社, 2000。

85. 刘国正、陈哲文:《语文教学在前进》, 人民教育出版社, 1984。

86. 夏家发:《小学语文教学设计与案例研究》, 科学出版社, 2012。

87. 张隆华:《语文教育学》, 重庆出版社, 1987。

88. 张隆华:《中国语文教学史纲》, 湖南师范大学出版社, 1991。

89. 张鸿苓、吴亨淑、张锐、孙炳铨:《语文教学方法论》, 北京师范大学出版社, 1982。

90. 于满川、顾黄初:《语文教学论》, 南京大学出版社, 1989。

91. 倪文锦:《小学语文新课程教学法》, 高等教育出版社, 2010。

92. 倪文锦:《初中语文新课程教学法》, 高等教育出版社, 2003。

93. 张志公:《传统语文教学初探》, 上海教育出版社, 1962。

94. 李杏保、顾黄初:《中国现代语文教育史》, 四川教育出版社, 2001。

95. 王纪人:《文艺学与语文教学》, 上海教育出版社, 1995。

96. 王丽编《中国语文教学忧思录》, 教育科学出版社, 1998。

97. 包建新:《语文教学设计与案例分析》, 浙江大学出版社, 2012。

98. 张隆华:《中学语文教学法》, 湖南人民出版社, 1980。

99. 刘铁芳:《新教育的精神: 重温逝去的思想传统》, 华东师范大学出版社, 2007。

100. 刘铁芳:《重申知识即美德: 古典传统的回归与教养性教育的重

建》，北京师范大学出版社，2015。

101. 施良方：《学习论》，人民教育出版社，1994。

102. 施良方：《课程理论：课程的基础、原理与问题》，教育科学出版社，2020。

103.《中国历代诗歌鉴赏词典》，中国民间文艺出版社，1988。

104. 赵祥麟：《外国教育家评传（第3卷）》，上海教育出版社，1992。

105. 邹进：《现代德国文化教育学》，山西教育出版社，1992。

106. 王岳川：《后现代主义文化研究》，北京大学出版社，1992。

107. 刘士林：《中国诗哲论》，济南出版社，1992。

108. 陈晓明：《本文的审美结构》，花山文艺出版社，1993。

109. 金元浦：《文学解释学》，东北师范大学出版社，1997。

110. 吴庆麟：《教育心理学》，人民教育出版社，1999。

111. 张华、石伟平、马庆发：《课程流派研究》，山东教育出版社，2000。

112. 潘德荣：《文字诠释传统：中国诠释传统的现代转化》，上海译文出版社，2003。

113. 冯建军：《生命与教育》，教育科学出版社，2004。

114. 孙兰英：《意义的失落与重建》，吉林人民出版社，2005。

115. 彭正梅：《现代西方教育哲学的历史考察》，上海教育出版社，2010。

116. 叶闯：《语言·意义·指称：自主的意义与实在》，北京大学出版社，2010。

四　硕博士论文

1. 范庭卫：《教学过程理论研究》，苏州大学博士学位论文，2003。

2. 邓友超：《论教育的理解性》，华东师范大学博士学位论文，2004。

3. 周险峰：《教育文本理解论》，华东师范大学博士学位论文，2006。

4. 张光陆：《对话教学之研究——解释学的视域》，华东师范大学博士学位论文，2010。

5. 李本友：《文本与理解——语文阅读教学的哲学诠释学研究》，西南大学博士学位论文，2012。

6. 李冲锋：《语文教学范式研究》，华东师范大学硕士学位论文，2004。

7. 王庭波：《小学语文“视域融合”教学范式研究》，东北师范大学博士学位论文，2013。

五　期刊论文及外文文献

1. 潘德荣：《诠释学：从主客体间性到主体间性》，《安徽师范大学学报》（人文社会科学版）2002 年第 3 期。

2. 熊川武：《说“理解教育”》，《高等师范教育研究》2002 年第 2 期。

3. 熊川武：《论理解性教学》，《课程·教材·教法》2002 年第 2 期。

4. 熊川武：《论理解教育的学校道德场建设》，《思想·理论·教育》2002 年第 11 期。

5. 熊川武：《教学理解论》，《教育研究》2005 年第 8 期。

6. 杨四耕：《教学理解与人文化成——教学诠释学研究》，《华东师范大学学报》（教育科学版）2004 年第 4 期。

7. 杨四耕：《论教学理解的客观尺度》，《当代教育论坛》2004 年第 8 期。

8. 杨四耕：《教学理解的“循环”：一种新的教学过程观》，《教育发展研究》2006 年第 2 期。

9. 杨四耕：《论教学理解的结构》，《新课程》2008 年第 3 期。

10. 尹弘飚、靳玉乐：《现象——诠释学课程理论及其对基础教育新课程的启示》，《外国教育研究》2002 年第 12 期。

11. 杨明全：《论课程研究的诠释学取向》，《全球教育展望》2002 年第 2 期。

12. 邓友超、李小红：《哲学解释学教育学三题》，《外国教育研究》2003 年第 10 期。

13. 邓友超：《教育解释学论纲》，《教育理论与实践》2006 年第 23 期。

14. 王敏：《从认识走向理解——教学的理论基础转换》，《当代教育科学》2003 年第 9 期。

15. 唐德海、马勇：《理解性教学理论的发生根源与逻辑起点》，《广西师范大学学报》（哲学社会科学版）2003 年第 3 期。

16. 辛斌：《论理解的历史性和解释的客观性》，《四川外语学院学报》2004 年第 5 期。

17. 曹正善：《理解：向教学本体论的回归之路》，《四川师范大学学报》（社会科学版）2004 年第 6 期。

18. 陈振中：《论教育诠释学的研究向度》，《西北师范大学学报》（社会科学版）2004 年第 5 期。

19. 马勇等：《论理解之于教学的意义》，《教育理论与实践研究》2004 年第 2 期。

20. 刘万海：《教学即德性生活：走向新的教学理解》，《全球教育展望》2005 年第 7 期。

21. 张静、魏建培：《一种理解教学的新框架：现象学的视角》，《当代教育科学》2006 年第 13 期。

22. 周险峰：《教育文本理解的尺度：一种解释学的视角》，《华东师范大学学报》（教育科学版）2006 年第 4 期。

23. 黄永红：《教学中的诠释与理解》，《湘潭师范学院学报》（社会科学版）2007 年第 5 期。

24. 王凯：《教学作为德性实践——基于麦金太尔实践概念的教学理解》，《全球教育展望》2007 年第 10 期。

25. 和学新、张健：《试论理解的教学价值》，《教育理论与实践》2009 年第 1 期。

26. 王兆璟、陈婷婷：《教学理解何以可能——概念来源及相关意旨反思》，《西北师大学报》（社会科学版）2009 年第 5 期。

27. 王金福、王瑞东：《关于理解的“真理性”的几个问题》，《东岳论丛》2010 年第 10 期。

28. 宋岭：《教师教学理解的本质与策略研究》，《教育探索》2015 年第

10 期。

29. 刘铁芳:《教学:一个可能的价值世界——教育的价值关怀》,《教育理论与实践》2000 年第 4 期。

30. 辛继湘:《论交往教学模式与学生主体性发展》,《湖南师范大学学报》1999 年第 6 期。

31. 辛继湘:《试论体验性教学模式的建构》,《高等教育研究》2005 年第 3 期。

32. 辛继湘:《论教学的审美品格》,《高等教育研究》2006 年第 6 期。

33. 辛继湘:《自由是研究性教学的基本精神》,《高等教育研究》2009 年第 9 期。

34. 辛继湘:《知识教学与生命关怀》,《湖南师范大学教育科学学报》2011 年第 1 期。

35. 辛继湘:《当教学遇上人工智能:机遇、挑战与应对》,《课程·教材·教法》2018 年第 9 期。

36. 张传燧、石雷:《论课程与教学论的本土化》,《教育研究》2012 年第 3 期。

37. 张传燧:《教育到底应该如何面对生活》,《教育研究》2017 年第 8 期。

38. 刘要悟:《适合学生的教学:要义、理念和面临的困境》,《当代教育与文化》2014 年第 4 期。

39. 刘要悟、柴楠:《从主体性、主体间性到他者性——教学交往的范式转型》,《教育研究》2015 年第 2 期。

40. 刘旭、梁婷:《高校课堂教学改革:一种教师课程意识视角的思考》,《教师教育研究》2012 年第 6 期。

41. 刘旭:《中国教育学研究的伦理责任》,《湖南师范大学教育科学学报》2013 年第 4 期。

42. 李三福、马进:《论教育中的此在师生及其价值》,《教育学报》2016 年第 1 期。

43. 李三福、马进、胡立：《深化课堂教学改革的先行基础和能在观照》，《中国教育学刊》2016 年第 3 期。

44. 杨启亮：《关怀普及：淡化教育教学实践中的精英化取向》，《教育研究》2003 年第 9 期。

45. 杨启亮：《体验语文：一种教学方法论的解释》，《语文教学通讯》2002 年第 19 期。

46. 吴小鸥：《关怀型课堂：生活世界的还原与超越》，《课程·教材·教法》2007 年第 2 期。

47. 张广君：《教学存在的建构交往观：内涵·特征·意义》，《西北师大学报》（社会科学版）2001 年第 6 期。

48. 张广君：《教学存在的发生学考察：一个新的视角》，《教育研究》2002 年第 2 期。

49. 张广君：《反思·定位·回归：论“教学认识论”》，《西北师大学报》（社会科学版）2002 年第 5 期。

50. 王本陆：《教学认识论：被取代还是发展》，《教育研究》1999 年第 1 期。

51. 王本陆：《教学认识论三题》，《教育研究》2001 年第 11 期。

52. 浦心文：《教学过程本质新探》，《教育研究》1981 年第 1 期。

53. 魏贻通：《关于教学过程本质的探讨》，《厦门大学学报》（哲学社会科学版）1990 年第 3 期。

54. 严成志：《教学本质的对比研究》，《四川师范大学学报》（社会科学版）1995 年第 4 期。

55. 叶澜：《让课堂焕发出生命活力——论中小学教学改革的深化》，《教育研究》1997 年第 9 期。

56. 何卫平：《试析伽达默尔效果历史原则的辩证结构》，《湖北大学学报》（哲学社会科学版）1998 年第 1 期。

57. 王金宝：《现代解释学对传统认识论的批判及其困境》，《求是学刊》1998 年第 4 期。

58. 洪宝书：《教学过程本质若干问题之我见》，《教育研究》1984 年第 11 期。

59. 王靖：《试论后现代思潮的价值及其在教育中的体现》，《南京师大学报》（社会科学版）1999 年第 4 期。

60. 张东娇：《超越生存：素质教育是一种服务性教育——对素质教育与应试教育关系的求证》，《辽宁师范大学学报》1999 年第 5 期。

61. 徐继存：《教师生活重塑与基础教育课程改革》，《教育研究》2002 年第 9 期。

62. 范宝舟：《论知识的意义及其实现机制》，《武汉大学学报》（人文科学版）2002 年第 1 期。

63. 陈佑清：《体验及其生成》，《教育研究与实验》2002 年第 2 期。

64. 童庆炳：《语文教学改革的哲学思考》，《语文建设》2003 年第 8 期。

65. 米靖：《马丁·布伯对话教学思想探析》，《外国教育研究》2003 年第 2 期。

66. 尹艳秋、叶绪江：《主体间性教育对个人主体性教育的超越》，《教育研究》2003 年第 2 期。

67. 冯建：《走向生命关怀的教育研究》，《高等教育研究》2004 年第 3 期。

68. 郭晓明：《知识的意义性与“知识获得”的新标准》，《华东师范大学学报》（教育科学版）2004 年第 2 期。

69. 沈大安：《教学呼唤真诚》，《小学语文教学》2004 年第 6 期。

70. 张华：《试论教学认识的本质》，《全球教育展望》2005 年第 6 期。

71. 李召存：《知识的意义性及其在教学中的实现》，《中国教育学刊》2006 年第 2 期。

72. 刘旭东：《现代性教学理论批判》，《高等教育研究》2007 年第 6 期。

73. 孟凡丽、程良宏：《生成性教学：含义与价值》，《课程·教材·教法》2009 年第 1 期。

74. 吴支奎：《论课程与学生幸福——基于知识意义的视角》，《教育评论》2009 年第 5 期。

75. 陈佑清、高文平：《符号转换与知识意义的理解》，《中国教育学刊》2011 年第 6 期。

76. 滕衍平：《教学意义的迷失及回归》，《中国教育学刊》2013 年第 8 期。

77. 余虹：《语文文本解读之边界探寻》，《课程·教材·教法》2016 年第 9 期。

78. 刘桂辉、陈佑清：《知识教学本质的遮蔽与超越》，《中国教育学刊》2016 年第 7 期。

79. 张俭民、董泽芳：《理解型师生关系的诠释学建构》，《湖南师范大学教育科学学报》2017 年第 5 期。

80. 徐继存：《教学的价值自觉》，《课程·教材·教法》2018 年第 12 期。

81. 万俊人：《教育作为一项人文使命》，《现代大学教育》2018 年第 2 期。

82. 王卉、周序：《虚无的对立与事实上的统一——论“教师中心”与“学生中心”的关系》，《现代大学教育》2019 年第 3 期。

83. Gibson，R. *Theory and Education* ［M］. Hodder and Stoughton，1986.

84. Pinar，W F. et al. *Understanding Curriculum as Phenomenological and Deconstructed Text* ［M］. NY：Teachers College Press，1992.

85. Habermas，J. *Moral Consciousness and Communicative Action* ［M］. Trans. C. Lenhardt et al. Cambridge：MIT Press，1990.

86. Sainbury，M. *Meaning，Communication and Understanding in the Classroom* ［M］. Ashgate Publishing Limited，1992.

87. Hans-Georg Gadamer. *Truth and Method* ［M］. Translated by Garpett Barden and John Cumming. Beijing：China Social Sciences Publishing

House, 1999.

88. Erich Fromn. *The Revolution of Hope*: *Towards a Humanized Technology* [M] . New York: Harper&Row. 1968.

89. Hans-Georg Gadamer. *Text and Interpretation* [*M*], *in Gesammelte Werke*, *Bd.* 2, *Tübingen*: *J. C. B Mohr* (*Paul Siebeck*), 1986.

后　记

窗间过马，提笔展卷，念韶华之易逝，转睫数年。举目远方，烟雨之中，望山河之形盛，恰如青黛。独坐幽斋，叹岁月潋滟，白驹过隙，恰似以手掬水，无所遮计，终归逝去。

余自少时求学于岳麓十余年矣。古人云："读书不觉已春深，一寸光阴一寸金。"由此观之，余与岳麓之缘深，可见矣。

辛继湘，余导师也。辛师者，美皙如玉，秀眉而长目，顾盼烨然，依依如瑶林琼树，濯濯如春柳之月，自是风尘外物。每每与之秉烛夜谈，抚今追昔，或言行文如何，或言稀疏琐事，或言家国情怀，皆辛师之教化。然卷帙浩繁，如烟如海，每风生竹苑，月上蕉窗，余伏于案前，思绪如溪流遇断石，跬步难行。当此时，感念辛师言语之教诲，目中之关切，余遂驱除倦惫，砥砺前行。犹记戊戌某日，辛师下问，余未曾细备，故顾左右而言他，心有戚戚，忐忑不安。翌日，辛师对余所言悉心指正，余愧万分。犹是某日，余神疲体倦，昏聩非常，遂求于医馆，辛师闻风而来，情意拳拳，余难以言表。家有小女，其名江岚，辛师爱之甚矣，每逢六一，以礼馈赠，余私念何德何能耶？

亦有恩师张传燧，教余百折不挠，识经据典，五车之学。余尝以文托张师检阅，自知鄙陋，难登大雅。然张师泰然评之，褒贬相间，以言勉余；其常言五字——"宽、深、实、通、脱"，良友理也。亦有恩师刘要悟，教余空谷幽兰，求知若渴，天道酬勤。授业之时，刘师与余同坐，曰："与君更近。”解惑之际，恰如其名，告诫酬勤，要思要悟。亦有恩师刘旭，教余刚正不阿，虚怀若谷，脚踏实地。切忌人浮于事，眼高手低，华而不实。其一言一行，可谓“纸上得来终觉浅，绝知此事要躬行”；其一字一句，可谓“一针见血，入木三分”。亦有恩师张楚廷、刘铁芳，教余学习、工作当持守理想，无论何时定要多读经典。亦有恩师肖湘愚、雷庆娥、刘澍心、龙永干、邓姿，教余做人做事做学问之道。

恰同学少年，风华正茂，得遇同窗，实金兰之交。如师兄金国、同学建亚等。得益诸卿众多，恕难一一而表。感恩各位解余之急难落魄，拓余之视野胸襟，消余之疑团块垒，岂容忘哉？倾听诲语，如闻金玉良言，茅塞顿开；谨蒙诲教，胜似甘霖灌顶，疑惑冰释。

执子之手，与子偕老。数年来，先生任劳任怨，既需悉心照顾小女，又需顾及余之所念所感，余常奋笔至子时，夜路凄然。然，无论何时，先生终为余留灯一盏，照暮夜，暖余心。

文末掷笔，沉思良久，难以忘怀。

罗燕

二〇二四年七月

于长沙岳麓山下

图书在版编目(CIP)数据

理解与意义：语文教学的哲学诠释学研究 / 罗燕著 . 北京：社会科学文献出版社，2024.10（2025.9 重印）. --ISBN 978-7-5228-4356-8

Ⅰ. H19-02

中国国家版本馆 CIP 数据核字第 2024ZB4232 号

理解与意义：语文教学的哲学诠释学研究

著　　者 / 罗　燕

出 版 人 / 冀祥德
责任编辑 / 陈晴钰
责任印制 / 岳　阳

出　　版 / 社会科学文献出版社
地址：北京市北三环中路甲 29 号院华龙大厦　邮编：100029
网址：www.ssap.com.cn
发　　行 / 社会科学文献出版社（010）59367028
印　　装 / 北京盛通印刷股份有限公司

规　　格 / 开 本：787mm×1092mm　1/16
印 张：14　字 数：211 千字
版　　次 / 2024 年 10 月第 1 版　2025 年 9 月第 2 次印刷
书　　号 / ISBN 978-7-5228-4356-8
定　　价 / 108.00 元

读者服务电话：4008918866